贵州省2014年省级重点支持学科（中国语言文学）建设成果
贵州省2013年“专业综合改革试点”项目（汉语言文学专业）成果

文化论丛

（第3辑）

吴 俊 夏德靠 周 江 主编

知识产权出版社
全国百佳图书出版单位

图书在版编目（CIP）数据

文化论丛．第3辑／吴俊，夏德靠，周江主编．—北京：知识产权出版社，2016.1

ISBN 978-7-5130-3816-4

Ⅰ．①文…　Ⅱ．①吴…②夏…③周…　Ⅲ．①文化—文集　Ⅳ．①G-53

中国版本图书馆CIP数据核字（2015）第228499号

责任编辑：徐　浩　　**责任校对**：董志英

封面设计：Sun工作室　　**责任出版**：孙婷婷

文化论丛（第3辑）

Wenhua Luncong（Disanji）

吴　俊　夏德靠　周　江　主编

出版发行：知识产权出版社有限责任公司　　**网　　址**：http：//www.ipph.cn

社　　址：北京市海淀区马甸南村1号　　**天猫旗舰店**：http：//zscqcbs.tmall.com

责编电话：010-82000860转8343　　**责编邮箱**：xuhao@cnipr.com

发行电话：010-82000860转8101/8102　　**发行传真**：010-82000893/82005070/82000270

印　　刷：北京中献拓方科技发展有限公司　　**经　　销**：各大网上书店、新华书店及相关专业书店

开　　本：720mm×960mm　1/16　　**印　　张**：18

版　　次：2016年1月第一版　　**印　　次**：2016年1月第一次印刷

字　　数：280千字　　**定　　价**：60.00元

ISBN 978-7-5130-3816-4

编委会

卷首语

记得有段贵州人描述自己的顺口溜，开头说："地无三尺平，天无三日晴。"前者是说贵州多山，后者是说贵州多水。这应该是很好的地方了，山水之乡，人生梦境。好多年前我到贵州，深刻感受到这山水之乐，为之撰写竹枝词一组，开头有云："东日西雨杨柳青，一日三遍洗兰城。"贵阳遍种兰花，人称兰城，给人有极好的印象。但是前述那个顺口溜的最后一句却说："人无三文银"，那就是说穷了，这样的山水便是穷山恶水，前面的山水失去了色彩，有山有水反倒是一个问题。

同一山水对象，为什么会出现这样截然不同的表述呢？这固然有经济发展的因素，但是，与人文学者、文人雅士没有对地方风景与风物很好地加以颂扬、加以解读、加以传播，没有正面表述语，却是有着绝大关系的。梵净山不好吗？荔波水不好吗？黄果树不好吗？人称云贵高原，四季如春，这样的山水是天下绝佳山水。为什么就没有弄出来一句像"桂林山水甲天下"那样的俗语呢？

除了绝佳山水，贵州还有着近边多彩的西南民族民俗文化，其原真性、神秘性十分突出，所以称其为"多彩贵州"。做人文研究的人都会感到自己的幸运。生在此地，犹如金矿四围，多少文化资源可以开掘啊！

人文学者对于地域文化的研究和传播不是王婆式的自卖自夸，而是对于文化资源的辛勤搜集、整理、解读、应用、传播和传承。人文学者是文化的研究者，更是文化的建构者。我们举一个例子说吧。文化资源犹如田野里的萝卜，需要去拔回来，这就是资源搜集。但是还是不能吃，因为很脏很乱，所以要洗涤、要去泥，大小区分归类，这就是整理。我们还要确定萝卜的属性、生长规律、功用价值等，这就是解释研究。根据我们认识到的萝卜的属性功用，分门别类地对萝卜进行加工，比如有的做成萝卜干，有的做成萝卜丝，有的加工成萝卜酱，有的生吃，有的泡成酸菜吃，有的下火锅吃，等等，这就是应用。这还没完，做成的萝卜干等得卖出去。过去我们生产萝卜干都是自己吃，自给自足，现在不行了，如果这样就会破产、落伍，所以卖出去才是生存之本，这就是传播和交流。对于萝卜生产者来说，还有最为重要的事情，就是得准备来年的萝卜种植，不然萝卜失传了，来年还哪有萝卜呢？这就是传承。萝卜的生产加工与种植的循环程序，就是一个标准的文化工作者的研究程序。人文研究者中有能够全程掌控的高人，也有某一环节的专家，缺一不可。人文研究是一个系统工程，需要人文学者的高度合作以及有效管理。学术研究不是纸上谈兵，而是惠及民生、传承文化、为万世开太平的伟大事业。

地域文化一般由语言的口头与档案形态、仪式的行为形态和物象的物质形态三个层面构成，文化通过叙事叙述而发生功用，因此，我们又将人文的诸形态称为语言（语言、书写）叙事、行为（仪式、日常生活）叙事和物象（景观、图像）叙事。这种三位一体的结构，有的文化是三种形态完整保留且和谐生存，如屈原的传说，有其投江传说（含屈原诗歌）故事，又有端午节之赛龙舟、吃粽子之仪式，更有屈原塑像、屈原庙景观并粽子龙舟之物质制品，所以关于屈原文化遗产的形态是语言传说、节日仪式和景观物象的合一，是一种复合的文化形态。贵州地区的傩文化也是这样的三层结构，有神话传说，有仪式舞蹈，更有傩面等诸多的物质载体。文化的叙事性转化为观赏性，因此，我们从最初的语言审美的形态到关注动态的艺术表演以及静态的景观，审美世界的空间拓展了，而文化资源的开发空间也就大大拓展了；自然的山水与人文的山水景观变成人文空间，转化为表演的世界，一种可观赏、富含人文价值的文化景观，文化的多方面的巨大能量就会焕发出来。这些都有赖于人文学者思维空间的拓展，有赖于人文学者的辛勤劳动。

过去的文化研究往往区别所谓雅文化研究和俗文化研究，这不是一种科学的分类方法。文化研究只有一种雅致文化的研究，一种提升日常生活境界的文化形态的研究。以贵州为例，过去似乎没有太多的所谓的雅文化，屈原、李白、杜甫、唐宋八大家等，都不是贵州出生的，但是贵州是不是就没有高雅文化呢？贵州最为突出的高雅文化就是贵州的民族民俗文化。

民俗是生活的华彩乐章，是提升日常生活境界的文化要素，是一种超越性的存在，这是我们一贯的民俗学的主张，希望以此改变各地对待民俗文化资源的态度。以安顺蜡染为例，作为世世代代传承的民族服饰文化，可谓国之瑰宝、灿烂无比，是不是很雅致。民俗之俗不是通俗之俗，而是文化遗产。再以传统饮食民俗的代表中国白酒为例，贵州茅台这样的地方特产是国酒的代表，是珍贵的国礼。因此，贵州之美在民间，贵州之美在民俗，贵州之美在各民族之心灵。

70 年前，在中华民族灾难深重的岁月，上海高校一路西南行，颠沛流离，来到了贵州，贵州人民以热忱的胸怀接纳了这批流浪的、坚定的人文学子。贵州人民的优秀儿子、上海大夏大学文学院院长、杰出的神话学家和民俗学家谢六逸教授，带领着吴泽霖教授等一大批学者，开展西南地区民族文化调查研究，为贵州文化进入学术视野，做出了开拓性的贡献，其功绩载入史册。前年，当我来到黔灵山，伫立在谢六逸先生墓前，深深感动。大夏大学学者拯救国家民族文化，献身学术事业的精神，一直鼓励着一代又一代学者为之奋斗。新中国成立后，大夏大学整体并入华东师范大学。谢六逸、吴泽霖先生开创的传统，是华东师范大学的人文研究传统，希望也能够成为贵州师范学院的人文传统，因为贵师是贵州文化研究的直接继承者，而大夏的这项传统是在贵州开创的，是我们的共同遗产。

中国的发展进入了一个新的时期，以消耗资源为代价的制造业时代即将过去，一个文化共享、文化竞争的时代即将到来。多彩的文化资源将成为贵州发展的核心竞争力，贵师的同仁获得了一个学术发展、事业发展的难得机遇，为贵州文化的发展和社会的发展做出杰出的贡献。衷心期待《文化论丛》继往开来，书写贵州文化的华章。

2014 年 10 月 6 日

目　　录

黔地文化

民族民间文化

中国传统文化

现代文学与文化

外国文化与文化比较

现代传媒与文化

黔地文化

【文学研究】

出尘逸韵　入古高风

——袁本良教授《癸巳金秋吟菊十六绝》品读

■ 汪守先*

数月前，袁老从网上发来一组咏菊诗，颇为可观！咏物之作，本来就难写。对一物，一般的作者，能写好一二首就算不错了。他却一气写了十六首。且这组七绝清雅自然，各具神态，各有所寄，读来令人一快！读后，不得不佩服作者笔势之开阔，笔力之劲健。我虽对组诗这种形式向来钟爱，不时在实践中体悟，但面对吟菊这古老的题材，却从未有创作之想。主要是这一诗题写的人太多，被写得太滥、太熟，古往今来作品纷繁，写一二首要跳出他人藩篱都难，莫说要写好这么多首趋新之作。关于组诗的写法和咏物诗的创作，他的这组作品或许能给我们一些启示。现特以直解暨品评的方式来谈谈感受。

一、视角多维，各具情态

组诗这种独特的诗歌表现形式，包容性极大，因其中的每首作品都能独立存在。要写好组诗，就要从多角度下笔，且每首都要选取不一样的角度。若视角稍一重复，就让人觉得沉庸。他的这组诗表现角度多维，每首各具情态、不同凡俗。

俊骨生成厌俗氛，冷香寒蕊碍何人。黄巢果若做青帝，红粉队中羞煞君。（其九）

---

* 汪守先（1965～），男，贵州遵义人，2001年名列《中国当代诗词艺术家大辞典》。

作者顺着黄巢《题菊花》一诗的思维着墨，以议论的笔致写菊之品性，抒发了一种傲然的隐逸之情。黄巢原诗后二句：“他年我若为青帝，报与桃花一处开。”言外似说：“他年若当了皇帝，定要让如‘菊花’这样高洁的隐士同那些若‘桃花’一样媚俗的人一起相处。”其本意是表达一种爱惜人才之情，不让真才归隐，让能者都来为国效力。袁诗却从别样的角度再现出一个因环境的恶浊不得不归隐的雅士形象。

秋心自不竞妖娆，寒叶素枝气也豪。应笑百花须妒我，何人霜后敢开苞。（其十一）

天下之花，只有菊开放于秋霜之时。作者抓住这一常见的角度，以“笑”和“敢”字拓展诗意，表面写菊自抱“秋心”“不竞妖娆”，虽“寒叶素枝”却能傲霜独开，实则隐含着诗人孑立人间、啸傲红尘之真性。

这组作品之表达视角，每首无一雷同，且每首主旨各异。如其一，用“事”切入，以“我”为主体，写近重阳、亲近菊花；其三，以议论切入，写菊为诗人而开；其九，从人切入，写菊不与凡卉为伍的品性，隐含着诗人孤清之怀；其十二，以古事入菊，写人之雅韵流风；其十四，付菊以情，写人淡宕之怀和奉献之心。

二、手法多样，各有所寄

咏物诗的表现手法有白描、比拟、对比、衬托、烘托等，这组诗把这些常法都用到了。以多样手法来写，每首章构迥异，各有寄托，各见其长。如其八，以对比之法入题，以菊寓人，展现其“不堪粉夷世”的独立品格；其十，从古意引入，写菊花自抱孤根，不同凡品；其十三，以设问来托意，写菊之“悲慨”；其十五，通过反衬来隐现菊之高洁。

于此组诗，他用得最好的当是白描和比拟之法，达到了“白描出象，比拟生韵”的艺术效果。

梨白杏红竟几时，荷开榴谢任由之。阶前香散桂初陨，盼到君来梦也痴。（其二）

作者在诗中说：“春日，梨花白，杏花红，无论她们开到几时，我都不去过问；夏日，榴花谢去，荷花开放，我都随它，不去关心。菊啊，我却在乎你！直到秋天，阶前桂花的香气都已散尽，盼到你开放时，我的梦都凝集成了团!”此首全用白描之法，无一处雕饰。白话写来，自然有味，将作者对菊花的盼望之情作了充分的表达。然此菊又何尝不是人？所谓韵外有韵、意出言外也。

无香不盼玉人摘，冷淡却堪处士夸。天下皆肥我独瘦，西风摇落恋霜华。(其五)

诗中说：“菊啊，你说你本来就无多少香味，也不盼望美人来摘取，但你冷淡的秉性却值得高人逸士们夸赞。天下的花儿都那么肥硕，唯独你却那么清瘦！但在西风里，万花都摇落殆尽，你却依恋着霜华!”此首用比拟之法，一个“瘦”字，付菊以人的特征，付菊以感情，恰当地呈现出其傲霜的风致。

三、以象付物，各见真韵

咏物之诗，欲使物更为生动，必付之以象。以恰当、准确、独特的意象来表达，才能使诗意更为彰显、诗味更为含蓄。总体看，这组作品达到了“以象付物，各见真韵”的效果：

不到节寒君不开，此间秉意费疑猜。吟边应俟知心友，落落淡妆临镜台。(其三)

菊啊，为什么不到节寒你不开放？你的心意总让人难以猜测。大概你是在等我这样能够吟咏的知心友人吧。看见你，就像见到了一个身披淡妆在镜台前将梳妆的美人，那么洒脱，那么落落大方！作者以“淡妆临镜台”之意象来形容，写菊像一个洒脱清高的女子，十分形象。让人如临其境，如见其貌。其萧萧风致，奕奕动人。

珍重黄衣并绿裳，一番秋雨一番凉。花将休致人将老，何计有无遗世香。(其十四)

作者在诗中以菊的口吻说：无论“黄衣”还是“绿裳”，都要自珍重，一番秋雨过后又是一番凉。花将凋谢，人将老去，哪个还去管有无香气“遗世”！作者以“黄衣”“绿裳”来描摹菊之形象，又以“一番秋雨一番凉”之句刻画菊之生成环境，意象自如；并能将物和人很好地结合在一起，见境见情，其意感人。

四、以物寓人，各自生色

咏物之诗，最基本的是抓住物的某些特征着意描摹，使其形象彰显。但若只写到这一步，再好也只能是下一等之作。咏物的关键是托物写人、以物言志。主要是通过物理的独特发现和物象的独特描绘来表达自己的喜怒哀乐、精神境界、品德思想等，即通过由实到虚的意象转换，将物的形态、色泽、所处环境等特性隐射、映照到人身上，写出人的精神品格，寄托作者的情志。这组诗就是如此。其中首首有“我”，首首见“人”。只是有的较显，有的较隐；显者如在目前，隐者足堪回味。“以物寓人”是此组诗的最大特点，也是其成功的关键所在。其每首中所寓之“人”各不相同，却各自生色。

> 牡丹国色贵妃腔，秾李夭桃小旦妆。独有青衣似君韵，沉浑一段锁麟囊。（其六）

牡丹素有国色之誉，但就像杨贵妃的腔调，因太娇媚，终摆脱不了俗气；秾李夭桃，就像戏剧里小旦的衣装，太小气而无品味。戏曲中，独有性格刚烈的“青衣旦”同菊的韵致差不多；菊恰似那受赠锁麟囊、演绎了一段深沉传奇的贫女，品高德美。此首句句见人，写出了菊之韵致。

> 孰料花中是与非，此君独步任霜摧。秋深荒圃无俦伴，头白不知究为谁。（其十三）

我们似乎听见诗人在述说：“谁去料想花中的是是非非，你（菊花）独立而行，一任霜风摧打。深秋的荒圃中，你虽无朋友相伴，却一生奉献直到白头，不知究竟为了谁?”“秋深荒圃无俦伴”，菊花却独自开放。写菊之处境和孤高，表现的是逆境中不断奋进、默默奉献的人。从诗中，我们读到了菊“胸中”的一丝丝凉意，不禁为诗中之“人”而嗟。

五、写情出类，各成逸格

写诗为何？写诗就是写情，唯表达作者的思想感情而已。写咏物诗更离不开一个“情”字。把物象刻画得再好，没有感情的贯注，诗句自然苍白少味，诗境自然匮乏，终就难成高格。他的这组诗，赋予了菊各种真挚之情和怡然风致，真可谓“写情出类，各成逸格”。

高论何妨居外篇，自标格致待谁怜。韶光尽让百花宠，占断秋高别样天。(其七)

我们仿佛听见了菊的声音：“一篇好的文章，不放在‘正篇’，而放在‘外篇’，这又有何妨？我自标格致并不奢求谁来怜爱。美丽的春光都让百花去宠爱吧，我独自占尽秋光，也别有一番韵致。”写菊花“占断秋高”之快慰、不随时流的本性，人之高情贯穿于诗中，对菊之赏，实乃对人之赞也。

劝君莫诵菊花诗，寒韵孤风已过时。惟有色光入世眼，金黄银白慰贪痴。(其十五)

还是不要吟诵上面这些菊花诗吧，“寒韵孤风”在当今早已过时。只有令色和花光才入世人之眼，只有金银才能慰藉那些贪欲的痴心。诗中真情曳荡，作者一片忧世叹时之心可览。

六、高风出尘，各呈气质

咏物诗的创作，要使物带上人的感情色彩，要把某种人格或感情融于物，达到物与人的意象结合，传达作者之“志趣”，方见品味。这组作品，从不同视角赋菊，凸显出了人之高逸、清雅、孤傲、落脱、淡泊等真性，可谓“高风出尘，各呈气质”。

百花邀宠媚朝堂，寂寂幽丛遗路旁。素墨不堪粉夷世，孤心兀自傲寒霜。(其八)

百花们为了邀宠都去春殿里向春神献媚，你这一丛寂寞沉静的菊啊，却自愿弃置在路旁。你就像那胸怀素韵的墨客，不愿为所谓的太平盛世涂脂抹粉，孤心在寒霜中傲然挺立！我们从菊花身上看见了诗人的风骨和遗世独立的气格。

应节吟成急就章，忘言心事忆柴桑。一丛抵得千金寿，即席且倾君子觞。(其十六)

为应重阳节的到来，诗人急就吟成了以上菊花篇。“欲辩已忘言”，心事无穷，又不由得想起了柴桑的陶渊明。一丛菊能抵千金寿礼啊，即席且尽情地倾杯饮酒吧。菊花在作者心中之“重”，从诗中可览。作者之高逸之情和淡寂之心，悠然可见。

七、入古趋新，各得其意

当世诗坛，有人片面强调创新，不顾传统，不重古典，不学古人。殊不知，无视传统，就根本不可能有创新；不从几千年的诗歌海洋中吸收营养，整天在公众语汇和大白话中打转，一首像样的东西都写不出，还谈什么创新。先入古，后求新，才是学诗的正途。

其实，对当代创作，古代词汇、古典意象、古人境界并非完全不可用，关键看你怎么用？关键看如何才能使之出新？我以为，袁的这组诗“入古趋新，各得其意”，值得一赏。

夕餐终古三闾花，篱采悠然五柳家。帘卷西风人比瘦，吟边酒冷月初斜。（其十）

屈子夕餐素菊之花，陶渊明悠然采菊东篱，李清照帘卷西风、同菊一样瘦，这些都说的古人之事，且都来自于古典，然这些都是诗者的生成状态，一经组合，就让“吟哦吟到酒冷月斜”。这一种超然的新境界活灵活现，“我”之形象呼之欲出。全诗古意盎然，意味毕现。

落帽龙山未可羞，插花重九亦风流。等间吟得千秋句，绝胜簪缨万户侯。（其十二）

诗人说：“就像东晋名士孟嘉那样，在龙山赏菊，风吹帽落，依然气度恢恢，未觉羞愧；重九时插一枝菊花在头上，自感风流。随便吟得几句流传千秋的妙句，也胜过‘簪缨’的万户侯啊！”虽“龙山落帽”是古典意象，“重九插花”也是古人的雅兴，但一个看淡名利，有古人雅致、自由洒落的当代诗人形象却又是全新的。且其后二句也是他人所未道。此作融古见新，意蕴卓然。

八、自然清雅，各臻其妙

于诗，“自然”是一种难求之境。唐诗之所以胜于宋诗，“自然之美”是其关键所在。“自然”并非随意、不讲法度、一任原始。有境界之上的自然才是真自然，才是诗之所求。于诗，求“雅”并不太难，但要加一个“清”字，却又是一重境界；能达“清雅”之格者，绝非等闲。这一组诗出句自然，无雕琢之象，句构和章构多如行云流水；格调清新雅致，又不失气韵，真乃各尽其意、各臻其妙矣。

娱目长忆霜后葩，清心时饮裹苞茶。西风乍起重阳近，欲解相思去就她。(其一)

诗中说：“菊啊，你这让人娱目、霜后才开的仙葩，让人久久相忆！为了清心，我不时在饮胎菊精研制成的裹包茶。西风乍起，重阳快要到了。为了解除无尽的相思，我不由自主去靠近你!”由“长忆菊”到“时饮菊花茶”，从“近重阳”到“靠近菊花”，这些事的发生都是合情合理的，诗的写就也是顺理成章的，那么自然，让人一下就洞见了诗人的内心。这样的诗绝对不是作者挖空心思想出来的，而是感情在笔端的自然流露。因其表意自然，才使其诗风也清雅怡人。

晶露夜凝三径幽，晨飔催蕊感清遒。诗人元自爱寒素，撷得秋光置案头。(其四)

诗人说：“菊啊，在有霜的夜晚，你独倚荒径，那么自在、幽逸、静雅；当晨风吹开你的心花，让人感觉清气逼人。诗人本来就爱清寒和素雅，所以我撷取一枝来放在案卓上，你就像一缕秋光温暖着我的心。”诗人看到夜菊和晨菊之不同气格，因太爱她的缘故，撷取一枝来放在卓案之上。这么一件小事却成了一首诗，诗的语序、句势自然流出，用语一派自然，清机自见，雅逸可人。

2014. 1. 14 于枕云

明弘治《贵州图经新志·风俗志》的民俗学价值

刘海涛*

【摘　要】《贵州图经新志》是贵州建立行省之后官方设局修纂的第一部省志，其《风俗志》记载了众多少数民族的装扮、服饰、语言、饮食、生产劳作、婚丧习俗、祭祀活动以及记事方式、议事方法等，这些最原始的田野资料具有极高的民俗学价值。

【关键词】贵州图经新志　风俗志　民俗学

贵州是少数民族聚居区，多民族在此繁衍生息。成书于明弘治年间的《贵州图经新志》是贵州建立行省之后官方设局修纂的第一部省志。作为草创之作，此书虽“有各不相通，悬越难合，义例未精、考据失当等缺点”，但其重要性是不言而喻的。张新民先生评价此书时曾说：

> 此书兼准《方舆胜览》和《大明一统志》两书，以府、州、卫、所领事实、人文。虽有“摘比分标，不相联合”（《文史通义·释通》）之处，然筚路蓝缕，草创之功不可淹没，且其所采录之郡邑旧志，今俱亡佚，资料溢出正史之外者甚多，是研究贵州明代以前历史的重要地方文献。❶

《贵州图经新志》中的《风俗志》记载了众多少数民族的生活习俗，就出现的名称而言，即有罗罗、宋家、蔡家、仲家、龙家、曾竹龙家、红犵

---

* 刘海涛（1972～），男，贵州师范学院文学院教授、民族学与人类学高等研究院兼职研究员，研究方向为民族文献。

❶ 张新民．贵州地方志举要［M］．长春：吉林省地方志编纂委员会，吉林省图书馆学会，1988：21.

狫、花犵狫、东苗、西苗、紫江苗、洞人、土人、南客、上人、佯獚、木猺、猫、僙、仡獠、犵头、沐獠、生苗、熟苗、八番子、黑苗、木獠、黑罗罗、白罗罗、康佐苗、打牙犵獠、僰人，等等。在众多记载中，《贵州图经新志·风俗志》主要记载了少数民族的装扮、服饰、语言、饮食、生产劳作、婚丧习俗、祭祀活动以及记事方式、议事方法等，从多个侧面展示了当时贵州各少数民族的生存状况。本文将对《贵州图经新志·风俗志》所记载的少数民族的装扮、服饰、语言、饮食、婚俗、丧俗、祭祀以及记事方法进行梳理，以探讨其中所包含的民俗学价值。

一、《贵州图经新志·风俗志》对少数民族习俗的记载

（一）装扮、服饰、饮食

《贵州图经新志·风俗志》中对少数民族习俗记载最多的即是各少数民族的装扮、服饰和饮食，“挽髻”“短褐”“徒跣”“饮食粗秽”则是最常用的词语。如《贵州图经新志》卷一《贵州布政使司·风俗》记载罗罗时写道：

> 罗罗，即古乌蛮，亦有文字，类蒙古书。其人深目长身黑白齿，挽髻、短褐、徒跣、戴笠，荷毡珥，刷牙，金环纳臂，佩长刀箭箙，左肩佩一方皮，腰束韦索。性好洁，数人共饭，一盘中植一匕，复置盂水于傍，少长共匕而食。探匕于水，抄饭一哺许，搏之，盘令圆净，始加之匕上，跃以入口，盖不欲污匕防他人食也，食已必漱口刷齿，故齿常皓然。坐皆席地，器用如俎豆。犷黠，喜斗狠，然甚重信人，不敢示以妄。❶

记仲家服饰则曰：

> 仲家，皆楼居，好衣青衣。男子戴汉人冠帽，妇女以青布一方裹头肩，细褶青裙多二十余幅，腹下系五彩挑绣方幅如绶，仍以青衣袭之。

❶ 沈庠修，赵瓒．贵州图经新志［M］．弘治刻本．贵州省图书馆影写晒印本：10．又，下引据同书者，不另注。

记载“龙家”：

龙家，绾髻，白布束之，妇人亦绾髻，皆以白布为衣，亦用汉人文字。以七月七日祭先祖，甚敬。曰曾竹龙家，其俗与龙家同，但妇人以布作冠，形如马镫，加於髻上，以金、木或骨角为长簪焉。

对于各少数民族分支的区分，有的即从其服饰的差异上进行。如《贵州图经新志》卷一载有红仡佬和花仡佬：

红犵狫，男子旧不着冠，今渐作汉人之服饰。语言侏离。妇人以毛布染红作裙，无襞积，谓之桶裙。曰花仡佬，俗同红犵狫，但裙用五色，故云花犵狫。

《贵州图经新志》卷七《黎平府·风俗》记洞人：

男子科头，跣足或趿木履，出入持镖架弩，暇则吹芦笙、木叶、弹琵琶、二弦琴，牵狗臂鹰以为乐。妇女之衣，长短裙，作细褶裙，后加布一幅，刺绣杂文，如绶胸前，又加绣布一方，用银钱贯次为饰头。髻加木梳于后。男女常浴于溪，女以水沐发，不施膏粉，好带金银耳环，多至三五对，以线结于耳根，织花铀如棉，针缝一尖于上，为盖头，脚趿无根草鞋。冬衣无棉絮，惟以茅花御寒，饮食炊爨以鼎罐，不食盐酱，以草木灰汁腌鱼、肉、笋、菜，如鲊，食之积岁不败。

《贵州图经新志》记载的各少数民族“饮食粗秽”，从某种程度上也反映了其生活的艰辛。

（二）婚俗

贵州各少数民族的婚俗与汉族婚俗最大的不同在于不经媒妁之言，情意相合的青年男女在歌舞欢聚中自行结合。而对于财礼的索取，则在其后，晚的甚至在男女结合后三五年。如男家财力不足，则“累岁征之”，其方式犹如现今的按揭。如《贵州图经新志》卷一《贵州布政司·风俗》记载仲家的婚俗时写道：

婚嫁则男女聚饮歌唱，相悦者然后论姿色妍媸索牛马多寡为聘礼。

东苗的婚俗：

其俗，婚娶男女相聚歌舞，名为跳月。情意相悦者为婚。初不较其财，远至一年方遣人责之。

《贵州图经新志》卷五《镇远府长官司·风俗》记载境内生苗、熟苗婚俗较为详细：

> 尤尚端午、正日二节。男女会集饮酒，未婚者相唱和戏舞，情意相合则为伉俪，不用媒妁焉。

《贵州图经新志》卷七《黎平府·风俗》载洞人：

> 男女婚姻，或自相悦慕，或答歌，意合而成。聘礼以茶酒、玉帛，俱入母舅之家。为女子时，父母不禁其出入，男女或唱和于山中，或坐歌于月下，既合则防闲之，而人不敢犯。

《贵州图经新志》卷九《镇宁州长官司·风俗》记康佐苗，称其俗为“跳月成婚”：

> 郡民曰康佐苗者，语言聱诘，服食粗鄙，不循约束，作事顽拗，喜于深林僻野结屋以居。男则束发不冠，女则服花衣，杂以五色细珠为饰。男女未婚者，每岁三四月聚集于场圃间，中立一竿为鬼竿，环绕跳跃，戏谑歌唱，相得者至晚则负女以归男家。父母初不较，久方请媒通说，索牛为聘。

《贵州图经新志》卷十一《龙里卫军民指挥使司·风俗》载东苗：

> 春月以木刻马为神，召集男女祭以牛酒，曰木马鬼。老者坐饮马傍，未婚男女俱盛饰衣服，吹笙唱歌，旋马跳舞，类皆淫佚之词，谓之跳月。彼此情悦者遂同归男家。父母杀鸡占卜纳焉。女父母论姿势色索牛马，多至十五六，力不足者，累岁征之。

《贵州图经新志》卷十一《新添卫军民指挥使司长官司·风俗》记东苗“婚不用媒，相悦则奔，既婚之后，始以牛马聘礼”。而对于财礼而言，从上述资料中可以看出，多为牛马，但亦有其他财物。如《贵州图经新志》卷六《石阡府长官司·风俗》记犵狫“婚配以花褥为聘”。洞人，即佯獚：

> 婚姻论财问名之日，女家先宰一牛为开口钱。无牛则以钞贯及花布代之。男家贫，不能成婚，女家先以女归之，逾三五年，然后索财礼焉。

虽然明代贵州的少数民族婚俗多不经媒妁之言，青年男女自行结合，但亦有与汉族婚俗相同的民族分支。如《贵州图经新志》卷十二《清平卫军民指挥使司长官司·风俗》记载：仲字以字为姓，衣服与汉人同，言语稍异，婚姻用媒妁，树桑供蚕；男知读书，女务纺缉。即使是青年男女自行结合，有的民族对其结合的范围仍有一定的规定。如《贵州图经新志》卷十《普安州·风俗》记载夷人“累世为婚”的习俗：

夷人之类不一，男女未婚配者，父母不禁其出入，任其自相会集歌謔，情合者为婚。多有累世为婚者。然男家常以为男家，女家常以为女家，成婚之日，妇见舅姑不拜，惟侧立于前，以水器进盥，漱水为礼，与酒则立饮之。

（三）丧俗

明代贵州少数民族的丧葬俗与汉族亦有很大的不同，其“唱歌以相乐”“不服缞麻”“不设灵位”“牛革裹尸”“死丧不用棺”的习俗是记载最多的。而就安葬方式而言，除土葬外，火葬、洞葬则是主要方式。如《贵州图经新志》卷六《石阡府长官司·风俗》记洞人，即佯獚“有丧则屠羊豕为祭，槌鼓动唱歌以相乐。”《贵州图经新志》卷十一《龙里卫军民指挥使司·风俗》记载仲家：

范铜为鼓，其制类鼓，无底。遇死丧，待宾客，击以为乐。相传诸葛武侯之所铸者，价值牛马或以百计，富者倾产市之，不恤也。

《贵州图经新志》卷七《黎平府·风俗》记洞人：

人死不服衰（缞）麻，但以尺布裹头，丧家未葬，不食酒肉，送殡者，至葬所欲醉，各执火由别路而回，不设灵位，名曰送哭。

土葬的记载见之于新添卫的犵獠族。《贵州图经新志》卷十一《新添卫军民指挥使司长官司·风俗》记载犵獠：

以耕猎为生，死丧负尸就圹，周身蔽以薄板而葬。杀牛具酒食饮墓前而散。

洞葬见于康佐苗。《贵州图经新志》卷九《镇宁州长官司·风俗》记康佐苗：

有丧则举家以杵击臼，更唱迭和三五日方置尸岩穴间，藏固閟，人莫知其处。

火葬见于罗罗及犵獠族。《贵州图经新志》卷九《安顺州长官司·风俗》记宁谷长官司部落黑罗罗“人死以牛革裹尸，焚之”。《贵州图经新志》卷九《镇宁州长官司·风俗》记载罗罗对于战死者亦是牛革裹尸：

民居十二营者皆白罗罗，近水西者皆黑罗罗。凡死丧，宰牛祭鬼，披甲执枪，乘骏马往来，状若鏖战，以迎神鬼，祭毕用牛皮裹尸，焚之。

而火葬的习俗在犵獠族中也存在，如《贵州图经新志》卷九《安顺州长官司·风俗》记载：“西堡长官司部落皆犵獠……死丧不用棺，积薪焚之。”

明代贵州少数民族对先民的追远亦有其独特之处，如《贵州图经新志》卷五《镇远府长官司·风俗》记境内生苗、熟苗三年一祭的习俗：“每三年一次，杀牛祭祖。”《贵州图经新志》卷八《程番府长官司·风俗》记苗民：

性恶，善杀，僻居鲜俦，然甚重信，亦知爱亲。每春暮，闻鹃啼，则比屋号泣，声振林谷，问之，则曰：“禽鸟去，犹岁一至。父母死，不再来矣。吾思吾亲，故闻鹃而泣。”

《贵州图经新志》卷十一《新添卫军民指挥使司长官司·风俗》记仲家在办丧事时，其邻里亦素食：

（仲家）男女衣青黑衣，死亡不变服，邻里皆素食，不禁鱼虾，祭以枯鱼，哀戚颇至。

贵州自建立行省以来，来到贵州的汉人越来越多。在多民族交往的过程中，贵州少数民族的习俗，当然也包括丧葬习俗，也在渐渐发生变化，故《贵州图经新志》卷六《石阡府长官司·风俗》记洞人丧葬习俗时即说：“今则渐染中华之教，所变易者多矣。”

（四）重巫卜

明代贵州各少数民族巫风、占卜盛行，病不服药，惟祭祀鬼神。对于这种习俗，《贵州图经新志》记载甚多。如《贵州图经新志》卷一记仲家“疾病不服药，惟祭鬼而已。卜用茅，或铜钱、鸡骨”；卷四记思州府郡内洞人“疾病不事医药，惟用鸡卜瓦卦以占吉凶，屠牲祭鬼而已”；卷四《思南府长官司·风俗》记信巫屏医的习俗，“蛮有佯獚、犵狫、木猺、猫、僙数种，疾病则信巫屏医，专事祭鬼”；卷七《黎平府·风俗》记洞人“病不服药，惟于古木水边祭鬼，用鸡以卜吉凶，或结草为卦”；卷九《永宁州长官司·风俗》记顶营长官司所部仲家“卜用鸡骨”之习，“顶营长官司所部皆仲家，与汉人友善，呼曰同年。……疾病不服药，惟取鸡骨以卜之”；卷十一《龙里卫军民指挥使司·风俗》记载仲家“疾病不服药，惟杀牲祷鬼而已”。

除得病祭鬼外，《贵州图经新志》亦记载思南府苗民有“得兽祭鬼”的习俗。《贵州图经新志》卷四《思南府长官司 · 风俗》云：

> 居山野者谓之苗民，其性凶狠，不惮深渊，不畏猛兽，出入时持刀负弩及鱼筌木叉，以渔猎为乐，得钱则祭鬼而后食。

（五）民间调解方式

明代贵州少数民族没有政府及法治的概念，遇到民间纠纷时往往找理老来协商调解。《贵州图经新志》对此民间调解方式有详细的记载。《贵州图经新志》卷五《镇远府长官司 · 风俗》记载境内苗民议事“俗用媒讲”的习俗：

> 苗俗有事，则用行头媒讲。行头能言语讲断是非者，苗讲苗以苗为行头，民讲民以为行头。凡行头讲事，皆用筹以记之，多至一二百筹，少亦二三十筹。每举一筹曰：“某事云云”，其人不服则弃之。又举一筹曰：“某事云云”，其人服则收之。如一二百筹，讲至数十筹、二三十筹，讲至数筹，然后往报，所为讲者曰：“某事，其人不服”，所为讲者曰：“是”，则令其人依数赔偿。或不以为然，行头又复如前往讲之，至有十数往，或经月始定。若所讲筹尚多，其人不能尽偿，则劝所为讲者掷一筹与天、一筹与地，又掷一筹与和事之老，然后约其余者，责令赔偿。凡讲杀人，谓之“算头”，讲偷盗牛马曰“犯瓦”，苟以一□为一瓦，皆酌量事情轻重以为等差。谓之媒讲者，如婚姻，用媒以通两家情好也。凡讲行头，皆用银布，名曰“缚行头”，言缚之使不二心也。大概苗易生衅，凡□□□□。

如果调解不成，则会造成仇杀，但相互残杀终究解决不了问题，仍会回到协商、调解的轨道上来。如《贵州图经新志》卷七《黎平府 · 风俗》记洞人：

> 性狠不驯，有所争，不知讼理，惟宰牲聚众，推年长为众所服者，谓之乡公，以讲和。不服即相仇杀。久之，欲解，复宰牲聚众而论之。侏离终日，负者词穷，则罚财畜以与胜者，饮酒血为誓。

二、《贵州图经新志·风俗志》的编纂心态及其价值

（一）汉本位的编写心态

《贵州图经新志》是明代建立行省后官方编纂的第一部省志。就《风俗志》的编纂而言，虽然《贵州图经新志》不满旧志的记载，主张“据实”，如其凡例中云：

> 贵州夷汉杂居，风俗美恶不一。自入圣朝，渐摩仁义，去其故习久矣。然旧志所载，尚循其常。今据实书之，不敢厚诬民。其夷俗有未变者，则仍其旧。

但其编纂，仍有浓厚的汉本位思想。最明显的标志，即是文中时常流露出的对各少数民族习俗的鄙视，“性恶”“好杀”“奸狡多诈”“习俗鄙陋”“习俗皆丑”等字词时常出现在记载中。如《贵州图经新志》卷一《贵州布政司·风俗》记罗罗“犷黠，喜斗狠”，记紫江苗“性犷恶，好杀，饮食粗秽”；卷四《思州府长官司·风俗》载“民性刚悍，外痴内黠”；卷七《黎平府·风俗》载“民生刚狠”；卷十七《永宁卫指挥使司·风俗》载“习俗鄙陋，性格野朴”；卷十五《安南卫指挥使司·风俗》载“性尚刚勇，出入佩刀”；卷十七《赤水卫指挥使司·风俗》载“环境之夷有黑罗罗，俗与贵州水西罗罗同。有羿子，性凶犷，以摽略为生。有苗，性憨而勇。种类不一，习俗皆丑，无足可观焉”。

虽出于汉本位的思想，但当看到夷风变化时，《贵州图经新志》的编纂者仍有一种欣慰感，因此，书中记载了众多“被德化”的新变。如《贵州图经新志》卷四《思南府长官司·风俗》载：

> 思南之地渐被华风，饮食言语素所服习，椎髻之俗、悍劲之性靡然变易矣。
>
> 夷獠渐被德化，俗次中华，务本力穑。

《贵州图经新志》卷六《石阡府长官司·风俗》云：

> 郡夷多种曰犵狫，性勇而谲……洞人即佯獚，奸狡多诈。……今则渐染中华之教，所变易者多矣。

虽然《贵州图经新志》的编纂者有浓厚的汉本位思想，但在编纂中也

保留了大量的资料，这些资料从另一个侧面表现了少数民族的质朴、守信。如贵州部分少数民族有“刻木为记”的习俗，《贵州图经新志》卷九《永宁州长官司·风俗》记本州夷民：

> 皆广西泗城州分拨而来……凡有借贷，以一小木刻其物之多寡、日之久近，折而分之，彼此各藏其半，以为信。

这种方式，也体现出少数民族的守信，故《贵州图经新志》卷十一《龙里卫军民指挥使司·风俗》记载仲家“俱刻竹木为契，不相欺绐”。《贵州图经新志》卷四《思南府长官司·风俗》记载当时夷人“以泥封门”的习俗：

> 夷人山居野处，衡门荜户，不知扃锁，出则以泥涂之，他人不敢辄取。

（二）民俗学的价值

对于贵州少数民族习俗的记载，《贵州图经新志》之前的各种志书或过于简略，或已亡佚。《明一统志》卷八十八记贵阳府风俗时云：“种类非一，习俗各异。”其后注引《旧志》只列出各民族名称：“曰罗罗，曰宋家，曰蔡家，曰仲家，曰龙家，曰曾竹龙家，曰打牙犵狫，曰红犵狫，曰花犵狫，曰东苗，曰西苗，曰紫姜苗，曰卖爷苗，习俗各异。”除此之外，并未作详细说明。而《贵州图经新志》的记载则较为详细，保留了最原始的田野资料。因此，《贵州图经新志》所记载的资料，也成为后来学者描述贵州少数民族习俗时最重要的参考资料。如明嘉靖《贵州通志》、田汝成的《炎徼纪闻》、郭子章的《黔记》以及清田雯的《黔书》等，记载详略不同，重合的部分甚多，但均未脱离《贵州图经新志》的窠臼。由此，亦可见《贵州图经新志》的文献学价值。

尤为重要的是，《贵州图经新志》记载了部分现在已经“消失”的少数民族，如“龙家”“曾竹龙家”等，这些民族的族属问题一直是学术界争论的热点和难题。在对此问题进行考论时，只有正本清源、回归最原始的文献，方能做出最贴近实际的判断。如吴正彪在考论“龙家”族属的归属问题时，爬梳了元、明、清三代有关“龙家”的史籍文献，并结合当代民族学田野调查资料，指出“龙家”可能曾包含苗族、布依族、汉族和彝族等民族，是特定政治背景下形成的一个稳定的民族集合体。❶ 吴正彪所征引的文献众多，但基点是《贵州图经新志》所记载的“龙家”习俗风情。由此，亦可见《贵州图经新志》的民俗学价值。

❶ 吴正彪．贵州“龙家”族属考辨［J］．中南民族学院学报：人文社会科学版，2001（2）：71～74.

明清时期的贵州山水诗研究

■ 孙金贵

【摘　要】 山水蕴涵天地间的无穷变化，是天地生命的物质呈现，对中国传统文化产生了深远的影响。而山水诗正是人与山水的相遇，无论是《诗经》《楚辞》，还是道家、诗人，都对其有着生命的契合与思考。贵州诗学的发展和繁荣主要是在明清时期。其山水诗的发展，继承了中国历史上山水诗的风格，但也存在其独特性。文章力求在明清时期中国诗学的大背景中探索和还原明清贵州诗学的原貌，探求其与传统山水诗的联系，推动更广阔的贵州山水诗研究。

【关键词】 明清时期　贵州　山水诗

山水诗，是指描写山水风景的外貌、状态和内涵的诗。这里的山水风景，包括大范围的名山大川，也包括小范围的宫苑、庄园等带有人工色彩的人文山水。而诗中主要描绘的是山水的声色形貌、大小状态。当然，这里的山水内涵中，常常会带有诗人独特的情绪和知性，故在诗歌描写的过程中一般不会有完整的诗篇来描写山水的全貌。它们都是写景与抒情的结合——写景是为了辅助写情，写山水是为了写“情志”。

众所周知，在元明清时期，文学的繁盛类型主要是戏剧和小说。而在诗歌领域，也不乏前七子的“诗必盛唐”、李贽的“绝假纯真”等诗学状况，还有“独抒性灵，不拘格套”的公安派、“以学为诗”和“诗宗杜韩”的宋诗派等诗学流派，这也影响了贵州的诗歌创作。例如，郑珍、莫友芝等贵州的大诗人受宋诗派的影响非常大，他们的山水诗也有后者的明显特征。从明清时期贵州山水诗诗人的数量、作品的数量、艺术风格等方面来看，其山水诗呈现出相对成熟的地域风貌，有着共同的诗学规律，在取材、主题思想、艺术手法上都有共同点。在取材上，因贵州多山多水且奇形怪状，故诗歌中多名山大川、秀水灵物、旅途山水；在主题思想上，因贵州山水怪绝奇秀，故多有赞叹之笔。同时，有的诗人也借助山水题材抒发壮志未酬的家国情绪、怨世而归的隐逸情怀和怀古伤今的感触，体现了前人“诗缘情”“诗言志”和“诗道性情”的特征。在艺术手法上，多有“随物赋形”的特征，在此基础上展现出丰富的联想和飘逸的色彩。但是，受清朝经训派和宋诗派的影响，如郑珍等诗人的诗歌语言呈现出奥涩生僻与平易朴实的双重特质。同时，这些诗学特征都是明清时期贵州山水诗人的思想观念、生活环境和社会背景所造就的。

后世对明清时期贵州山水诗的研究也不少，呈现出三个特点：一是研究明清时期贵州文学的论著较少，研究其山水诗的论著更是少之又少；其中，更多的是在论及大的知识点时略论一些。例如，孟晓晓的《莫友芝诗歌研究》第一章第三节论述了莫友芝“寄情山水的诗歌”；❶ 黄万机先生的《莫友芝山水诗试论》也论及莫友芝山水诗的艺术特点，并对个别诗歌进行了分析。❷ 但这些都只是从一个角度来论及，无法全面探究明清时期贵州山水诗的全貌。二是目前国内外的贵州山水诗研究主要着眼于个别诗人的特点。例如，黄万机的《莫友芝山水诗试论》认为，莫友芝的山水诗“走的是宋诗的路数”，也用到了“镵刻之笔”“平笔”的艺术技巧，讲究字句锻炼，蕴藉峭拔。袁行霈主编的《中国文学史》介绍翁方纲时，说他与郑珍“所产生的学人之诗和宋诗运动，都由肌理说推动而来”。王珺的《郑珍山水诗研究综述》系统地梳理了文史著作、专题论文、鉴赏词典、作品选以及郑珍诗研究专著中对其山水诗的介绍和评价。❸ 王英志的《郑珍山水诗论略》认为，郑珍的山水诗平易自然又独特，笔调生涩又颇多风格，等等。❹ 三是在相关研究中，对郑珍、莫友珍等人的研究比较多，其余人的山水诗

❶ 孟晓晓．莫友芝诗歌研究［D］．沈阳：沈阳师范大学，2012.

❷ 黄万机．莫友芝山水诗试论［J］．贵州社会科学，1990（4）.

❸ 王珺．郑珍山水诗研究综述［J］．和田师范专科学校学报，2011（1）.

❹ 王英志．郑珍山水诗论略［J］．齐鲁学刊，2005（4）.

很少有人研究。

对明清时期贵州山水诗的研究，有着重要的价值。首先，贵州山水秀丽，对山水诗的研究有利于后世更加“知其美，爱其神”，对贵州的山水旅游和特色文化等行业有补充和增色的作用；贵州古代文学的欠缺，使得中国明清文学史也存在地域研究的欠缺，对山水诗的研究有利于“补其缺，拓其域”。其次，在古代，贵州的文化相对落后，直到出现了夜郎文化、屯堡文化、沙滩文化、“奢香”文化、阳明文化等文化现象，才使得贵州的文化推向了全国，引来了外界的关注。研究明清时期的山水诗，有利于展示贵州的诗歌文化，寻找诗歌文化和其他文化的关系。最后，贵州的山水诗中有很多是借助山水来描写和反映贵州社会现状的，如郑珍的山水诗，故相关研究有利于了解贵州明清时期的社会状态、文化风貌和人文精神。同时，部分山水诗中呈现的“诗史”特征，展示出历史方面的研究价值，为拓宽相关的研究提供了更多的资料。

一、明清时期贵州山水诗的创作群体

明清时期的贵州山水诗人，最主要的特点是在特定的历史阶段以特定的群体出现。首先，从数量上来看，贵阳和黔北（主要是遵义）占了主要部分；在这个群体中，主要呈现出家族性和地域性的特点。从总体来看，家族中出现了“贵阳潘氏诗人群”“铜仁徐氏诗人群”等，地域中出现了“遵义诗人群”“瓮安诗人群”等。但是有些诗人不以群体而论，如凯里孙应鳌、贵阳谢三秀等，他们的诗作依然达到了上层水平。其次，从文化程度上来考察，具有举人以上占主要、秀才以下次之的特点。但也有一部分人没有参加科场考试，主要是女性诗人。最后，明清时期的贵州，也是风云变幻的地域，诗人们在饱受动乱和饥饿带来的生存痛苦之时，也从文化交融的环境中吸纳了外来诗歌流派的创作思想，丰富了贵州的山水诗学。

（一）创作群体的地域分布

综观明清时期的贵州山水诗人，可以发现，他们具有一定的地域性和集团性。在贵州这片土地上，因为交通、经济、政治等因素的影响，大多数地方处于相对独立和隔离的环境中。尤其是在明朝时期，这些诗人很少有机缘与外界交流、唱和，故而形成了一个地域性的诗群。他们的创作交流以及思想、风格都形成了相对统一的模式和流派。

同时，明清时期的贵州山水诗人还具有一定的家族性。这些家族中，有的有很大的诗歌贡献。他们有的是父子，有的是兄弟，有的甚至几代人都是有名的诗人。他们受到家学的影响，有着良好的诗歌创作氛围和深厚的传统。例如，贵阳的潘氏，从明万历到清道光的数百年间，代代有诗人，人人有诗集，后辑为《潘氏八世诗集》，共收入 13 家诗作。其中，潘润民是潘氏诗人的始祖，其子潘驯、潘骧也是著名的诗人。潘驯之子潘德征，是康熙年间的有名诗人。潘德征之子潘奕、潘快，孙潘文潘、潘文苞为第四代、第五代，曾孙潘晓、玄孙潘以溶为第六代、第七代，来孙潘桐、潘桴为第八代。他们就是贵阳有名的“潘氏八世诗家”。在贵州境内，像这样的家族性的诗人群是非常多的。这表明，贵州的诗人很少出现单一的、没有集团渊源的诗人。他们有的是师徒关系，有的是朋友关系，有的是同僚关系。总之，他们构成了一个庞大的、相互关联的系统。

由此可见，由家族关系衍生出来的家族性诗人群，都是在一定的地域内产生的。考察明清两代的诗人，大多数的出生地、诗歌创作的繁盛期之地，都具有明显的地域性特点。从总体上来看，贵阳地界中的诗人数量最多，成果也非常丰硕；其次是黔北地区，其中遵义的成果是最突出的；黔东北和黔西北的诗人也很多，黔东和黔东南的诗人数量较少。

（二）诗人群体的文化

文化、学识对诗歌创作有直接影响。最能体现出这点的，是清朝末年的宋诗派。这个在当时文坛影响很大的诗派，把宋诗推向了复兴，推向了文学史的前沿。其领袖人物是程恩泽、祁寯藻，主要作家包括程恩泽的门生何绍基、郑珍、莫友芝以及曾国藩。他们偏于宋诗格调，循于传统，主要“以开元、天宝、元和、元祐诸大家为职志”（陈衍《石遗室诗话》），即以杜甫、韩愈、苏轼、黄庭坚为宗。陈衍说他们“合学人、诗人之诗二而一之”。“以学为诗”“学人之诗”是宋诗派诗作的重要艺术风格。例如，郑珍是一位重要的经学家，饱读诗书，文化修养非常高。莫友芝称赞他：“平生著述，经训第一，文笔第二，诗歌第三。而唯诗歌为易见才，将恐他日流传，转压两端耳。”而钱仲联以“清诗三百年，王气在夜郎。经训一畬畲，破此南天荒”称赞郑珍经学之才，实非过誉。

贵州地处边远的西南地区，贫穷落后，地形崎岖，与外界联系非常困难，所以古代人们都说这是“蛮夷之地”。例如，三国时期的诸葛亮南征“南蛮”等。可见在古代人的心目中，贵州这个地方不仅是地形怪奇、贫穷边远，而且是没有开化的地区。所以“夜郎自大”“黔驴技穷”等典故都是带有强烈的贬义色彩的。此外，古代贬官，一般都会选择贵州。例如，王昌龄就被贬谪到了贵州。李白还为此写诗《闻王昌龄左迁龙标遥有此寄》安慰他。

但是，贵州也并不像古人普遍认为的那样没有文化，是十足的“蛮夷”。刘学洙在《贵州名贤录》的序中说：

> 长期以来，外界对贵州很是陌生，有许多误会、曲解甚至偏见。贵州人对贵州本土历史文化也不甚了了。贵州久处被边缘化境地，这对黔人形成了无形的心理压力。[1]

这是十分实际的肯定和评价。其实，贵州自古以来都是有十分可观的文化的。例如，距今约2 000年前的东汉教育家、书法家尹珍，就是有《后汉书》可证的。他师从著名的经学家、文字学家许慎，后来开创了贵州的文化教育，是贵州引为自豪的古文化象征。可见，贵州的文化与中原地区相比，从客观上来说，是历史上的落后。另外，明代嘉靖以前，贵州没有科举的考场，考生必须远赴云南、湖南等地。因为路程艰难、条件辛苦，参考的人数是非常少的。但是，明永乐十一年（1413）贵州建省，嘉靖十六年（1537）首开科场后，人才是联袂而起。三四百年间，就涌现出“六千举人，七百进士”“三状元两探花”等一系列令人瞩目的人物，印证了600多年前刘伯温“江南千条水，云贵万重山。五百年后看，云贵胜江南”的诗句，印证了明代贵州籍官员田秋的预言——他在奏请贵州首开科场的奏章《请开贤科以宏文教疏》中所说的“设科之后人益向学，他日云贵又安知不若两广之盛乎”。只是因为地域和交流等客观因素，才使得贵州的才俊们“有之而人不知，知之而不能采，采之而不能得”（吴中蕃《敝帚集》）。

---

[1] 封培定．贵州名贤录［M］．贵阳：贵州教育出版社，2011.

贵州的山水诗人正是在这样的文化大环境中成长的。明清时期的科举考试达到了历史上的鼎盛时期，直到光绪三十一年（1905）废除。科举采用八股文考试，内容主要是四书五经，程序上主要分为童子试（县试、府试、院试，全部通过得到“秀才”称号）和正试（乡试、会试、殿试，通过了乡试就叫“举人”）。同样，明清时期的贵州山水诗人，基本上都是受到科举考试的影响的。他们的文化程度和学习经历主要有三个突出的特点：一是科场举人以上文化程度占多数；二是科场秀才以下文化程度的占少数；三是没有参加科场考试的诗人凤毛麟角。

（三）创作群体的人文环境

贵州山川秀丽，物产富饶。远古时代，先人们便在这里留下了生长的足迹。据相关史料记载，自战国、秦汉以来，荆楚和巴楚的人们便逐渐迁移到这里。这块原始的处女地，便有了人烟；元、明、清三朝，又有中原及江淮的大量屯军、汉民入黔。他们带来了各式各样的先进文化，与贵州原始的、民族的、地域性的文化进行了交流和融合，共同创造了贵州灿烂辉煌的文化和丰富多彩的文学。此外，在元、明、清时期，这里也是战争的多发地带，有少数民族之间的战争和外界入侵的战争，等等。由此带来的赋税和移民变化，对贵州当时的文学题材、主题、思想等方面都产生了重要的影响。

二、明清时期贵州山水诗的题材类型

明清时期的贵州山水诗，在题材类型上，主要可以分为书写名山大川、体察秀水灵物和描摹旅途山水。首先，多数山水诗是描述名山大川。这些名山大川有的是贵州境内的，有的是境外的。其次，是体察秀水灵物。这类题材描写的是除了名山大川之外的不出名的山水，但是在诗人的审美眼光之中，却具有别样的情趣。最后，有一部分诗人，常常游览于贵州和外地的山水，所以他们的山水题材也具有旅途书写的特征。

具体来说，贵州诗人书写贵州山水的规模比较宏大，而外地诗人书写贵州山水和贵州诗人书写外地山水的规模较小，但是也同样不可忽视；体察秀水灵物的题材，诗作的数量较小，主要表现在“小山小水”及其“附带物”的书写上；描摹旅途山水的诗作主要是集中在泛爱山水游览的诗人身上，他们因为贬谪、游学、入幕等经历，在描写山水的形貌、状写山水自然之美的同时，总是带有强烈的社会和生活的色彩。

同时，也可以看到，有的诗人在写作同一首诗时，这三个方面的题材类型都有一定的渗透和表现。它们在很多时候是互不可分、同时连用的。

三、明清时期贵州山水诗的书写主题

综观贵州山水诗，有着明显的书写主题思想。

首先，是赞美怪奇绝秀的贵州山水，把贵州美丽的山水都描摹得生动淋漓，有着很高的审美效果。其次，是表达壮志未酬的家国情怀。贵州诗人因为地理等条件的限制，难以实现自己的理想、抱负，只有面对山水发出无限的哀怨。再次，是流露出怨世而归的隐逸情怀。对于山水之“隐”，贵州的山水诗中与中国古代山水诗中的隐的思想具有很大的一致性。最后，贵州的山水诗也展现了登览怀古的对照视角，力求从眼前的山水中，寻找古人的影子、历史的痕迹，以及与自己生命的契合点。

在山水诗创作的主题思想方面，最主要的赞美贵州山水。贵州山水“怪、奇、绝、秀”的特点，常常流露在山水诗人的笔下。同时，贵州的山水诗人都生活在儒家思想中，所以儒家“入仕”的思想常常主导着他们的生活目标。这可以从广泛的科考事例中看出。所以，当理想遭遇挫折时，他们也会借助山水以淡化和慰藉。同样，有的诗人仕途不顺时，或看破人生，或受到道、佛思想的影响，会选择归隐，这使得归隐诗也大量出现，其中常常流露出怨世的情怀。诗人们生活的特殊背景，如战乱、贫穷、流离等因素，使得他们面对山水的更替怀有一种怀古伤今之感。这些山水诗作的特殊情感，是历史和山水相结合的产物。

四、明清时期贵州山水诗的艺术分析

明清时期的贵州山水诗，有着丰富的艺术特征。正是如此丰富多彩的艺术特征，才给了贵州山水诗几百年来不变的魅力。

首先，表现在随物赋形的艺术特征上。诗人借此艺术方式把各式各样的山水形貌表现得全面而细致、有逻辑而多角度，而且，这一艺术手法在贵州山水诗中占有很重要的地位。其次，是丰富的想象性。由于贵州山水的怪奇绝秀，往往会引起诗人丰富的想象力，从而创造出别具一格、雄奇磅礴的山水诗作。复次，是空灵飘逸的艺术特征。这是怪绝奇秀的山水特点和独特的心理情感相结合的产物，也是贵州山水诗继承和发展历史优秀诗学精神的表现，是诗学与佛学、与道家思想相结合的表现。再次，是景与“情”“志”相融合的艺术特征。这一点与中国以往的山水诗是一致的，是由其内容决定的。最后，其艺术特征还表现在奥涩生僻与平易朴实兼具的语言风格上。这主要是由于清朝经训的人文环境和宋诗派诗学主张的影响。但是，这两种风格的兼容并不具有绝对性。

其艺术特征上的随物赋形，是山水诗中最普遍的描写方式。同时，其丰富的想象，也使得贵州山水诗带有了神秘的浪漫主义色彩；其空灵飘逸的突出，在艺术上继承、发展了中国传统的山水描写精华，带有了冷静与激昂、空灵与广阔的艺术思维。而在情景的处理上，其景与“情”“志”兼容的特征。以上几项特征，共同构成了贵州山水诗完整的内部结构。至于其语言艺术的奥涩生僻与平易朴实兼具，主要是受到当时文化背景的影响，而平易朴实仍然是明清山水诗较普遍的语言风格。

五、明清时期贵州山水诗的接受

文学的影响是多面的，因为它是当时社会的产物，所以承载着诗人观察到的社会、体味到的情感。所以，对于后人研究当时的社会、地理、文化、经济以及政治等，都是一种资料的补充和思路。作为文学中的一个重要类型，诗歌的影响在历代都是重要的。不管是其诗史的特点、审美的特点还是抒情的特点，都有着简约性和集中性。后世的研究者往往能从这些文字中阐发出深刻的思想和重要的社会发展脉络，为其学术等方面做出贡献。

明清时期的贵州山水诗，是贵州古典诗歌重要的组成部分，其对于后世的影响也主要表现在学术、创作、文化和经济方面。

首先，明清时期的贵州山水诗对其后世的学术研究具有重要影响。其著作的大量出现，为后世的各方面学术研究提供了丰富的材料和纵深开拓的空间。同时，明清时期诗人的大量出现，是以往贵州历史中所没有的，这为后世的诗人学术思想研究提供了契机；而且，当时大量流传下来的山水诗，也为后世的贵州诗学研究提供了丰富的内容。其次，他们在创作上的影响也是值得关注的。明清时期诗人的大量出现，其创作之艰辛与成果之丰硕，给了后来的贵州诗人以极大的激励，使得山水诗创作不断发展，硕果累累。同时，明清时期的山水诗有着很高的诗学艺术，这些也被后人所继承、发展和弘扬。再次，其在文化上的影响也非常大。这主要体现在，构建了贵州的诗学文化，为各地文化圈注入了诗学的力量，为黔中文化注入了诗学的血液。同时，山水诗人在每个地区、每个文化领域都被打造成了文化的代表者。最后，其在经济上的影响也是不容忽视的。这些山水诗给旅游经济注入了活力，为旅游的发展带来了良好的契机和推动力，让文化与经济找到了更多的契合点，促进了贵州经济的多元化和人文化，从而催生出更多的文化产业。

六、结　语

> 黔处天末，崇山复岭，鸟道羊肠，舟车不通，地狭民贫。无论仕宦者视为畏途，即生长于黔而仕宦外者，习见中土广大繁富，亦不愿归乡里。（陈法《黔论》）

这是对贵州的自然及人们心理最真实的表达，但也从另一个角度肯定了贵州山水的特点，所以他在下文谈到贵州之“八便”时又说：“奇山水可供游观六也。”同样，田雯在《山水》一文中说：

> 黔，跬步皆山，然童阜也。至于水，舟楫不能通，又井干之观也耳。水细矣，而山亦不雄。峰攒搁列，荦确而为蹄辙之妨，皆无足道。

这是对贵州山水总体特征的较细致的描写，说明贵州山水已经成为人们生活与审美的一个重要的因素。正是基于这样独特的山水特征，使得明清时期的贵州山水诗具有了特殊的创作群体、题材类型、思想特征、艺术特点，对后世的影响也非常广泛和深远。

【民族艺术与审美文化研究】

论苗族传统音乐中的生态伦理思想

■ 杨小红*

【摘　要】苗族传统音乐的原生态和历史继承性，充分保留和反映了苗族人民对大自然的保护和崇拜。其中，蕴含着丰富的山地民族生态伦理思想。这些思想是苗族人在山地生存环境中的生态智慧的集中体现，对我国生态环境保护和生态文明建设具有重要的启示意义。

【关键词】苗族　传统音乐　生态伦理

作为我国人口众多的少数民族之一，苗族拥有着悠久的历史。同时，苗族也是一个能歌善舞的民族，苗族音乐格调淳朴、种类繁多。根据内容的不同，苗族传统音乐可分为古歌、情歌、酒歌、丧歌、叙事歌，等等，囊括了苗族的生产、生活、情感等各个方面，是苗族历史文化的重要组成部分。苗族传统音乐大多轻快活泼、内容积极向上，即使是在极其恶劣的自然环境下，所表现出来的仍是轻松乐观，毫无畏惧，充分反映出苗族人豁达的人生态度和顺应自然、积极适应环境的心态。苗族没有文字，音乐成了他们口耳相传的传承工具。在苗族质朴的音乐声中，处处都传递着人与自然和谐相处的信息。苗族传统的音乐歌词，也就不自觉地表现出苗族对自然生态伦理的态度和价值观。

* 杨小红（1985～），女，重庆万州人，贵州师范学院文学院工作。

一、对自然的崇拜与尊敬

同所有初民一样，由于认知的有限，苗族祖先对无法解释的自然现象和万物的起源充满了好奇。大自然给了苗族人丰厚的赐予，同时也会带来一些他们无法阻止的诸如洪水、干旱等自然灾害，他们在自然面前几乎是无能为力的。

> 太阳、月亮、雨水、雷电、土地等，对生产和生活起着非常重要的作用，但由于它们具有神秘和缺稀的特点，自然就成了古代苗族崇拜的对象，因而苗族传统文化中具有自然崇拜的特点。❶

因此，许多自然物就成了古代苗族的崇拜对象。

苗族古歌可以说是苗族整个民族的发展史，它涵盖了物种的起源、人类的诞生、民族迁徙及苗族日常生产生活等诸多方面，是苗族历史文化传承的重要依据。在苗族古歌当中，苗族的祖先认为世间的物种包括人类皆是由枫香树演化而来。比起汉族“女娲造人”的传奇和距离感，苗族关于人类起源的传说显得朴素很多。苗族古歌《枫树生人》认为人类的起源即是由枫树树干演化而来，借此来寻求人和自然的同一感及自身的认同感。高大的枫树在苗族人的眼中成了“神树”。苗族人对树有着特殊的感情，几乎每个村寨都有自己的“村寨树”和“风水林”。“村寨树”首选枫树，松树、楠木、秃杉等古木次之。苗族人认为，“村寨树”能保佑村寨人民安康、六畜兴旺，“风水林”象征着整个村寨的风水。任何人不得破坏“村寨树”，即使是“村寨树”和“风水林”里的树木干枯掉落的枝丫，村民也不得拾取。如果“村寨树”意外断枝或死亡，村里就会举行隆重的祭祀仪式以求平安。苗族人将树视为自己的精神依归、正义的象征。在黔东南苗族一些村落，村寨树还具有评判功能。村寨里遇到民事纠纷，在没有确凿证据、无法根据法律村规裁决的前提下，当事人双方聚集在村寨树下，要求树神给予裁决；双方赌咒发誓证明自己的清白，而对神树的敬畏会让心虚

---

❶ 文新宇．少数民族乡村治理的本土资源问题研究：以贵州苗族传统法文化为例［M］．贵阳：贵州人民出版社，2007：104.

的一方不敢应诉或赌咒而自然败诉。因此，树神神判虽然并无任何科学依据可言，但是经过神判的案件却往往能得到公正的结果，败诉的一方也都心悦诚服。苗族人这种对树木的独特情感与他们生存的环境密不可分。苗族是典型的山地民族，多生活在绿树环抱的山岭之中，树木不仅是他们的精神寄托，也为他们提供了日常所需。他们的房屋建筑、日常生活都离不开林木。村寨里的村民每家都有属于自己的自留林地。那片林地，承载着他们对生活的美好向往。

除了树木崇拜，苗族人对其他自然物也有着特殊的崇拜与尊敬之情。例如，普通的自然现象——缥缈、无生命的雾气在苗族人心中则带有了极其神秘的色彩，它具有天梯功能，是沟通天上和人间的桥梁：

> 天上和人间，没有梯子下，宝薪福仙郎，用啥作梯架？雾罩作梯子，作天梯搭架。

在苗族古歌中，牛作为人类始祖耕作的唯一耕畜，陪伴并见证了苗族的发展和变迁。从苗族歌谣里，也能看出苗族人同牛的亲密关系：

> 爷兹力瑭卸下犁索，抱牛跳下河，给牛洗了个澡，抱牛跳上河岸，放牛自去吃草。❶

爷兹力瑭亲自抱牛下河给它洗澡，牛对他来说已不是普通的耕田牲畜，更像是家人和宠物。在黔东南苗族地区，对牛的疼爱程度更是非同寻常：

> 平常的耕牛，过年过节时，必先于人之前将酒、饭以供之后人再食用。有的地区，凡长相独特或叫声奇异的牛，被称为“保家牛”，不得屠宰，不准买卖，让牛自然老病死后葬于人迹罕至之处。❷

他们用牛角装酒，将家中腰门的门枢削成牛角状。在这里，牛受到的待遇和尊敬远超过一般的家畜，甚至已经带有了图腾的某些性质。

二、对生命的认知

苗族人相信万物皆有灵，认为很多自然物都是有生命的，即所谓的神

---

❶ 燕宝．中国民间文学集成：贵州省苗族歌谣选［M］．北京：中国民间文艺出版社，1989：262，258.

❷ 雷秀武．试论黔东南苗族图腾问题［J］．贵州民族研究，1996（2）.

性。世上的一切事物，大到太阳、河山，小到青蛙、水蛭，在苗族人眼中都是具有生命的个体。在苗族传统音乐里，随处可见人与自然物、自然物与自然物之间的对话。老鹰、雷公、螳螂、河水、鸭子……它们具有人性化的特征，和人一样有着不同的性格，或凶狠、乖张，或胆小、善良，或勇于牺牲。古歌中描述到万物的起源，认为它们同人类拥有共同的祖先，与人类就仿佛兄弟姐妹一般。

首先，以无生命的自然物来说，由于它们满足了苗族人衣食住行的需求，苗族人对它们有着天然的感情和喜爱。譬如《“醅酒婴”歌》里所唱到的：

> 有个大闺女，打扮最稀奇：头插八层针，层粗一层细。哪位大闺女？莫说大闺女，误将稻穗比。稻穗八层须，层粗一层细。田头随风摆，窈窕又美丽。

还有《种棉歌》中的棉花姑娘：

> 良辰吉日，种点棉花。棉花姑娘，这里安家……佑棉姑娘，免受糟蹋。快快成长，早早开花。❶

普通人看来毫无生命可言的稻穗、棉花因为供给了苗人的饮食和穿戴，在苗族人眼里就成了充满吸引力的窈窕貌美的姑娘。另外，苗族广为传唱的爱情叙事长诗《娘阿莎》则将清水比拟成世上最美的女子娘阿莎，通篇描写了娘阿莎同月亮及太阳之间的一段感情纠葛。这些优美的形象，不但显示出苗族人对美好生活的向往，也表达出他们对自然的热爱。

而以有生命的动物而言，在苗族人的心目当中又占有特殊的地位。苗族古歌讲述人类的起源时就阐释得十分详细。古歌中描述道，人类是由枫香树心变化而来的、蝴蝶妈妈与水泡玩耍有感而孕产下的12个蛋之一，后来由不同的飞禽一起做窝孵化；在大家的共同努力下，历尽千辛万苦终于孵化成功。同时，古歌还指出，人和动物“大家都是枫树生，清过去又清过来，清来本是两姊妹，一个家族的弟兄”；❷ 认为人和动物是同根同源，

---

❶ 燕宝．中国民间文学集成：贵州省苗族歌谣选［M］．北京：中国民间文艺出版社，1989：4，11～12.

❷ 贵州省少数民族古籍整理出版规划小组办公室．苗族古歌［M］．贵阳：贵州民族出版社，1993：492.

也表明了苗族人将动物视为自己的兄弟。西部苗族古歌《狗拿粮种》中传说，是黑母狗带来了苗族人赖以生存的水稻种子，保证了苗族人的生活所需。苗族传说人类的灵魂会变成蜘蛛向知情人表白，因为蜘蛛在苗族人眼中是一种灵巧聪明的动物。苗族古歌中，也随处可见小动物和人类一起共同劳动的场景：

香两没有姐和妹，谁来跟他捞鱼虾？聪明的喜鹊，跟他捞鱼虾，傍着休纽捞蝌蚪。❶

也有人类和动物共同欢庆舞蹈的场面：

姜央解索放了牛，把牛放在田中央，爬上田坎来跳舞，轻轻三步往前跳，慢慢三步向后转。会跳不会转腰身，会扭又不会换步。水中瓢虫在跳舞，瓢虫教央转腰身；蜜蜂来教腊跳舞，央学踩鼓像蜜蜂，才像祖先吃鼓藏，像南良祭祖一样。❷

这是一个非常温馨、和谐的场景，瓢虫和蜜蜂主动教姜央跳舞，大家一起庆祝祖先的节日，一片祥和、安宁的美好景象。

苗族人认为人去世之后，灵魂会顺着祖先迁徙的道路返回东方，回到蝴蝶妈妈居住的月亮上去。在苗族人民看来，人类并非是大自然的主人和世界的主宰，人只是作为大自然的过客暂居在这个世界上，自然物才是世界的永恒主人。丧歌《焚巾曲》里所唱，当人去世后，灵魂要和他生前经常接触的大自然的事物一一告别，就如同跟他的家人告别一样，希望它们能够在他死后继续供给家人的吃穿。苗族人将世间万物视作自己的家人与手足，人类和鸟兽虫鱼等其他生物之间是一种和平友好的伙伴关系，他们之间是平等的，他们共同劳动、共同收获、共同享有整个世界。

三、对生态的维护

正是由于对树木的崇拜，苗族人认为，寨子里的古树和大树是全寨人的守护神，保佑全寨人的平安和安康。因此，他们对村寨里的古树、大树

---

❶ 苗族史诗［M］. 马学良，今旦，译注. 北京：中国民间文艺出版社，1983：145.

❷ 贵州省少数民族古籍整理出版规划小组办公室. 苗族古歌［M］. 贵阳：贵州民族出版社，1993：646.

加以保护，不允许它们遭到丝毫的破坏，任何人都不得砍伐。同时，他们也禁止乱砍滥伐的行为，大多数苗族村寨还设立了村规，对乱砍滥伐的行为给予严厉的惩罚。例如，《雷山县也利村村规民约》规定：

村民要自觉依法管理好自留山、管理山上的林木、林果和柴草，有计划的栽种、采伐和开发利用，不许他人私自侵犯，凡偷砍、乱割、采折他人自留地、保管山、田边地角、房前屋后的杉、松、柴、草及经济林果、药材的依下列民约予以处罚。❶

同时，详细列举了偷砍盗伐的处罚措施，甚至细致到每片树叶。对“村寨树”和“风水林”的精心维护，客观上也促进了苗族地区的山林保护和林业发展。贵州苗族情歌里也唱道：

封山的树木不许砍，乡规民约里已说清，谁违背规约就要遭非议。❷

男子用砍伐封山的树木会遭到非议来比喻两人持久的地下恋情总会有曝光的一天，以期能与女子结百年之好。可见封山育林的思想已经深入苗族人的心里。

除此之外，苗族人还在长期的生产实践当中逐渐摸索出一套完备的栽培技术。他们知道在什么样的地方种植哪种类型的树才是最有利于其生长的——苗族古歌《栽枫香树》里已有详细的记载：

枫树要栽山坡旁，枫树长得白生生，枝枝都长得平直；杉树要栽在西冲，株株树干一样直；松树要栽在山弯，株株松梢都平直；还有柏杨和麻栎，随便丢在山冲口，送给孩子拾柴火。❸

关于不同品种的树木混种，苗族人也有一定的实践经验：

栽枫要栽竹子陪，竹子伴着枫树长，栽枫脚下绿茵茵，枫树要栽竹作伴，竹伴枫树冲天长，枫树脚下青幽幽。❹

---

❶ 文新宇．少数民族乡村治理的本土资源问题研究：以贵州苗族传统法文化为例［M］．贵阳：贵州人民出版社，2007：225.

❷ 燕宝．中国民间文学集成：贵州省苗族歌谣选［M］．北京：中国民间文艺出版社，1989：168.

❸ 贵州省少数民族古籍整理出版规划小组办公室．苗族古歌［M］．贵阳：贵州民族出版社，1993：458～459.

❹ 苗族史诗［M］．马学良，今旦，译注．北京：中国民间文艺出版社，1983：157.

枫树是典型的温带植物，喜阴凉湿润，而成片的竹林与枫树混合种植则可以为枫树提供良好的生长环境。以上可知，苗族人从他们的祖先开始就已经深谙树木的栽培之道，并且他们的栽培技术是具有一定的科学性的。

对山林的保护和封山育林的做法，起到了防风固沙的作用，减少了水土流失和泥石流的发生，同时也给当地居民提供了良好的栖居之所，使苗族人在恶劣的自然生存环境下能够较好的生存下去。

而对于大自然的其他生物，苗族传统的宗教伦理观所反映出来的“同根同源”思想，也使得苗族人不轻易打杀动物。即使出于生存的需要，苗族人也会在宰杀动物之前细数它的种种罪状来表明自己的迫不得已，以期减少自己的罪过。《苗族史诗·溯河西迁》描写道：

> 射死岩鹰落地上。叫谁来审判，数说了它的罪状，才能剖来吃？……“你住你的地方，我们造我们的船。跟你往天没有仇，近日没有冤。你却要吃我们爹娘，箭才射到你身上。”❶

众人为了保住爹娘的性命，用箭射死了岩鹰，并在煮食岩鹰之前推举燕子对岩鹰进行审判。当然，苗族这种处置动物的方式带有一定的宗教禁忌性质，也鲜有科学性可言，但却能从客观上起到防止滥杀动物的作用。

苗族人对水资源的保护同样值得注意。由于长期居住在深山之中，水资源对于苗族人来说就显得特别珍贵。在《苗族史诗·撒播种子》里，我们了解到，苗族人在很久之前就已经知道掘井饮水、灌溉池塘。井水是苗族人民饮用水的主要来源，因此，他们十分注重井水的清洁和神圣，不准往井里倾洒污物。若是过路人饮用了井中之水，还要结草以谢神灵。

在人口与生态资源的关系上，苗族人很早就意识到过多的人口会造成资源的匮乏：

> 雀多窝窝住不下，人多寨子容不了……吃的是写葛根饭，芭蕉叶来作衣穿；又吃箩装秕糠饭，拿笋壳叶作衣穿。❷

人口过多超出了自然资源的负荷，不仅会导致住房紧张，还会严重影响到人们生活的质量。为了缓解人口过度增长所带来的压力，苗族祖先不

---

❶ 苗族史诗［M］. 马学良，今旦，译注. 北京：中国民间文艺出版社，1983：275～276.

❷ 贵州省少数民族古籍整理出版规划小组办公室. 苗族古歌［M］. 贵阳：贵州民族出版社，1993：655～656.

得已远离地势平坦但已无力生存的东方，开始跋山涉水，迁徙到生态资源更为丰富的西方去。当然，苗族人单靠迁徙来解决问题尚没有切中要害，但已经意识到生态环境问题产生的原因之一是人口过多，这在当时是具有一定的前瞻性的。

苗族的生态伦理观在其传统音乐当中体现得淋漓尽致，苗族音乐充分反映了苗族人民对自然的敬畏和尊重。对于自然，苗族人想到的不是如何开发和利用它，而是如何与它和谐相处。在传统思想里，人类一直视自己为大自然的主人，为了获得经济利益而对大自然大肆开掘，严重破坏了自然界的生态平衡。随着社会的不断发展，人类渐渐意识到生态保护的重要性，思想也开始从传统文化向生态伦理文化转变。虽然苗族传统音乐所表现出来的生态伦理观在一定程度上还显得单纯和朴素，甚至带有迷信色彩，但不可否认，它为少数民族在发展经济与保护自然之间如何取得平衡提供了新的思路，同时也为我国保护生态环境提供了良好的借鉴。

【民俗研究】

从肇兴侗寨鼓楼的名称看中国传统文化对侗族文化的影响

■ 杨慧琴*

【摘　要】贵州省黎平县肇兴侗寨有“仁、义、礼、智、信”五座木构建筑鼓楼。侗族人民把本民族价值观念、理想追求和民族精神熔铸到这五座鼓楼中，形成了包含侗族传统习俗在内的独具特色的侗族文化体系。我们可以从肇兴侗寨五座鼓楼的名称来探求侗家文化，了解中华传统文化与侗族文化的源流关系及前者对后者所产生的深远影响，从而更好地保护和传承受到现代文化强烈冲击的侗族文化。

【关键词】肇兴　鼓楼　传统文化　侗族文化

侗族多居住在“溪峒”之地，即四周环山的平坝。坝中多溪流之地，其首领称为“峒主”“峒首”，其族民多称为“峒民”；故称侗族为“峒人”，后改称为“侗人”“侗族”。❶ 据清嘉庆时的《梦广杂著》记载，“每寨必高鼓楼”。民国时期姜玉笙撰著的《三江县志》记载：“凡侗族所居地方……村中必建鼓楼，栖外辟广场，铺石板，以供集会。”❷ 侗寨鼓楼是侗族地区特有的一种公共建筑物，是侗寨的标志。在侗族南部方言区，几乎村村寨寨都有鼓楼，是侗寨风光的一大特色，鼓楼文化和侗族人民的生活

* 杨慧琴（1975～），女，贵州天柱人，文学硕士，贵州师范学院文学院讲师，研究方向为中国古代文学。

❶ 张民．侗族简史［M］．贵阳：贵州民族出版社，1985：9.

❷ 石开忠．侗族鼓楼［M］．贵阳：华夏文化艺术出版社，2001：11～12.

息息相关。世界著名建筑大师贝聿铭曾经说过：“建筑是有生命的，它虽然是凝固的，可是它上面蕴含着人文思想。”侗寨建鼓楼，是吉祥的象征，兴旺的标志，由全寨人集资修建。鼓楼的作用有：（1）侗寨的标志；（2）侗族族姓的标志；（3）侗族群众休闲的场所；（4）年轻人社交的场合；（5）接待客人的地方；（6）集会议事的要地；（7）传递信息或报警的工具。

黎平肇兴，旧称“肇洞”，位于黎平县城南67公里。肇兴侗寨有1 000余户，号称“天下第一侗寨”，是全国最大的侗寨。肇兴侗寨依山傍水，鼓楼矗立、花桥横卧、吊脚楼鳞次栉比，错落有致，风光秀美，民风淳朴。肇兴侗寨由陆姓侗族分居在五个自然片区，当地称之为“团”，分别称为仁团、义团、礼团、智团、信团。寨中五团，共建有鼓楼五座，花桥五座、戏台五座。这五座鼓楼组成了闻名遐迩的“仁、义、礼、智、信”肇兴侗寨鼓楼群。五座鼓楼的外观、高低、大小、风格各异，玲珑雅致，雕梁画栋，蔚为大观。其中信团鼓楼有一副楹联：“鼓乐声声京城震动雄证当今盛世；楼阁巍巍侗寨欢呼讴歌天下太平。”有人写诗赞道：“春夏秋冬任浪漫，仁义礼智信风流。”

从肇兴侗寨仁、义、礼、智、信五座鼓楼的名称，可以感受到侗族历史悠久的文化传统。侗族文化常发和谐之音，常现和谐之美，常展和谐魅力，孕育着和谐美德。侗族文化在长期的历史沿革和演变中，不可避免地受到中华传统文化的全面影响和渗透，传承着中华传统文化遗产，保持着中华传统文化的优良传统。

侗族文化，作为一种独立的而又具有严重依附性的文化类型，从它产生到形成、发展，其文化变迁都是在文化涵化、整合中发生和进行的。如果说侗族文化的独立的文化品格是侗族社会内部变化的结果的话，那么，侗族文化具有的严重依附性的特征，则是文化涵化的结果。说得更直接些，即是汉族文化的辐射，是历史上汉族文化作为一种强势文化强制移入、渗透、滋扰、整合的结果。对侗族文化形成和变迁的轨迹进行勾勒和描述会发现，汉文化的辐射在其中发生了多么巨大的作用。这是无可避免的，也是不能避免的，说得偏激一些，汉文化或许已经成为侗族文化成长和发展的背景场。[1]

从唐代起，中央王朝就在侗族地区建立羁縻州、土司制度，其社会处在早期封建社会。

自元代始，侗族地区的采矿业得到发展，商业贸易也日趋繁荣。从这个时期开始，侗族地区的文化教育也逐渐发展起来，开始有文化人和学者到侗族地区传播汉文化，侗族地区出现了由汉族学者执掌的书院，向侗族子弟讲授汉文化和封建礼教。汉规汉习、封建礼教逐渐成为侗族上层人物行守之纲常，各地方土司兴修族谱时均将封建礼教列为族人必遵之条规。[2]汉文化、封建王朝的文化已经渗透到侗族文化的方方面面。汉文化对侗族文化的辐射不再是局部的，而是全方位的，这无疑推动了侗族文化的汉化与整合。

自明王朝起，开始在边疆大兴屯田，实行军屯、民屯、商屯三种形式。汉人遍布侗族各地区，各府州县城内基本都是汉人居住。汉族人口超过城内侗族人口，汉族移民大量进入侗族地区。随着移民的进入，在文化教育、习俗风情等方面，都对侗族地区产生了巨大影响。

雍正八年（1731），朝廷控制了苗疆，强行把侗族纳入封建一统政治的统治中。“开辟苗疆”的行动，进一步强化了封建王朝的文化以及汉文化对侗族文化的影响。

元明清历代王朝实行的一系列强化中央王朝政权统治的措施，如设立流官制、开辟苗疆、移民屯田等，大大加快了侗族地区的社会发展、变迁进程，打破了边地长期封闭孤立的格局，对侗族地区的文化结构形成了根本性的冲击。汉族文化的全方位移入，削弱了侗族文化的独立性，强化了侗族文化的依附性，加速了侗族文化的变迁的进程。

侗族文化注入了汉文化的“血统”，虽然侗族文化不像汉文化那样“成熟厚重”，但侗族人民的精神文化却有自己纯朴本真、表现独到的一面。侗族人民受到汉文化的滋养，并将汉文化吸收消化，拿来为本民族服务，最终成为侗族文化的重要组成部分。

---

[1][2] 贵州省侗学研究会．侗学研究·三·民族意识新觉醒［M］．贵阳：贵州民族出版社，1998：89，96．

一、侗家文化中的“仁”

《墨子》的“兼爱”理论提出：“兼相爱，交相利”，“爱人者，人必从而爱之；利人者，人必从而利之。”孔子在《论语·颜渊》中倡导“仁者爱人”的理念。《孟子·离娄下》提出：“仁者爱人，有礼者敬人。爱人者，人恒爱之；敬人者，人恒敬之。”

侗族文化也十分重视“仁”。走进黔桂湘侗乡，走进侗寨举目观望，只见人们相互关爱，彼此温良善待，好人善事蔚然成风，人际关系融洽和谐。当你走在边远的侗乡农村，人生地不熟，傍晚敲敲任何一家门，人家都会热情地邀请你进屋，一定好饭好菜把你当客人款待，这就是侗族的“仁”。贵州天柱籍古稀侗族歌师秦廷锡采编、刊印的三集《北侗民歌》就形象地体现了侗族文化的“仁和”（“兼爱”“博爱”）美德。歌师敬爱一切母亲，便采编了长歌《十月怀胎》。歌师倡导孝道，便采编了叙事组歌《二十四孝》。歌师景仰行善、做善事的好人，便采编了长歌《洛阳桥》，赞颂蔡状元排除万难修成洛阳桥益民济众的德行。贵州天柱县侗乡三门塘完整保留着侗家刘氏宗祠，刘氏家谱上刊刻着训诫刘姓后世子孙的族规：“和乡党以息争讼；重农桑以足衣食；隆学校以端士习；尚节俭以惜财用；讲法律以警顽愚；息诬告以全善良；完钱粮以省催科。”❶ 这是一首非常优美和谐的教育诗，也是一篇极为感人的警世律人绝。侗族刘氏族谱这段家规名言，反复强调人与人和睦相处，和谐共事，注重人事协和，做到民心和乐。一言以概之：重仁和。

二、侗家文化中的“义”

孔子在《论语·里仁》中提出：“君子喻于义，小人喻于利。”孟子在《孟子·离娄上》中提出：“大人者，言不必信，行不必果，惟义所在。”朱熹在《四书章句集注》中提出：“义者，宜也。”“义”在中国古代是一种

---

❶ 陈茂荣. 隆里古镇［M］. 北京：中国文联出版社，2002：65.

含义极广的道德范畴，指公正、合理而应当做的事情。

“义”在侗族文化中同样具有重要的地位。侗寨，各家各户无论大门，还是房间门，多数不上锁，或者是锁挂着而不锁死，很少有被盗的。保管粮食的仓库，关养牲畜的圈栏也都建在寨外，无须看管也不会丢失，真可谓是“夜不闭户，路不拾遗”。侗族老百姓独自在山上劳作，看见地上长着一片鲜嫩的蘑菇，正想采，看见旁边有一个草标，表示“此物有主”，是别人先发现了，就毅然弃而不采。这是侗族人的“义”，能做到慎独而不乱。侗族人热衷于修建公益性的大型公共建筑，这是侗族人改善生存环境、提高生活质量的有效手段，也是侗族人重情义及集体主义精神的体现。如智团花桥的重建就体现了侗族人民重“义”、顾大局的精神。智团花桥原建于民国4年（1925）5月，1985年6月的一天突然暴雨滂沱，惊涛拍岸，洪水暴涨，冲毁原桥。智团人团结一致，齐心协力，踊跃捐献，投工投劳，于1992年7月重建了一座新的水泥桥。

三、侗家文化中的“礼”

《释名》曰：“礼，体也。言得事之体也。”《礼器》曰：“忠信，礼之本也；义理，礼之文也。无本不立，无文不行。”《论语》曰：“不学礼，无以立。”礼是一个人为人处事的根本，也是人之所以为人的一个标准。“礼”也可以理解为人与人在社会交往中的礼节仪式。侗族文化对“礼”同样重视。

侗族人民性格谦和温顺，待人客气有礼貌。如从老人座位前走过，总要先说一声“从你老人家面前过了”。在入寨的路上遇到生人，也要打招呼：“来了”。远道的客人进家，主人便打上一脸盆热水，递上毛巾，请客人洗脸解乏。饭桌上要把好吃的菜先拣给在座老人。这就是侗族的“礼”的体现。侗族人民是一个讲究礼仪的民族，非常重视社交活动。村寨间的大型社交活动是“为也”。“为也”是侗语音译，意为做村寨客，做集体客，即村寨间的集体互访活动。千百年来，形成了一种独特的文化现象。在“为也”的过程中，寨子里杀猪宰羊，举办大型合拢宴招待客人，主寨还另派人送帖子到附近各寨邀请亲朋好友赴宴。其间，除了开展热闹的比赛或演出活动外，还举行祭萨、讲款、对酒歌等仪式。迎客时，主寨的男女老少身着节日盛装在寨门口夹道相迎；送客时，还要向客寨赠送猪头，作为今后继续交往的信物。客寨预约主寨，在适当时候到客寨“为也”还礼。长期以来，“为也”成了一条不成文的规定，一直延续至今，并且已经成为侗族同胞与其他民族同胞友好交往的主要方式。

侗族人天性自然淳朴，注重礼仪，乐于交往，具有热情好客的民风，加上世代聚居在环境相对闭塞的山区，与外面的交往很不便利，因而侗家人十分珍惜聚会交往的机会。侗族，以好客驰名于我国各民族之林。吃“合拢饭”是侗族好客的集中表现。往往一家来客，全村款待，每家每户都会送来一样菜，聚在风雨桥上或吊脚楼的长廊上共同招待客人，当地称为“合拢饭”，实际上是百家宴。吃饭时，大家都把好吃的东西拿出来，或杀鸡杀鸭，或炒猪、羊、牛肉，或炒鸡、鸭、鹅蛋，或炒雀子肉和野兽肉。酒有甜酒、泡酒，饭有黏米饭、糯米饭、粳禾米饭糍粑、小米粑……总之，各家各办，五花八门，酸甜苦辣麻，样样俱全。合拢饭是侗族民间给予客人的一种荣誉，能够享受合拢饭待遇的客人绝不是一般的客人。这种传统习俗一直流传到今天，在我国各民族中被誉为佳话。

天柱籍侗族诗人陶光弘采编、出版了民歌集《侗族谦赞歌》，并作序详细介绍了演唱谦赞歌的情景等侗族民俗细节。侗族人民唱歌时总是赞美别人，谦称自己。这本民歌集处处展现着侗族文化讲究“礼”和“谦让”的心态。侗族文化这种讲礼、谦和的精神使侗族同胞待人处世能虚怀若谷，能兼容并包，因而能很好地吸纳汉族及其他民族的文化和思想。

四、侗家文化中的“智”

《释名》：“智，知也。无所不知也。”《孟子》：“是非之心，智之端也。”《荀子·正名篇》：“知而有所合谓之智。”《论语》：“知者不惑，仁者不忧，勇者不惧。”“智”指具有辨析判断、发明创造的能力，也指才智和计谋。

侗族是具有高度智慧的民族，在建筑和歌舞方面的才能尤其突出。

侗寨木质结构的鼓楼，一般用4根大杉木为主柱，直达顶层，另立副柱加横枋竖立于其上，向四周伸展，全以木榫、木栓穿合，不用铁钉，结实牢固，扣合无隙。有位古建筑专家对侗寨鼓楼进行了一番研究后说：“侗寨鼓楼是地道的土著文化，是中国建筑的一个品种。”

肇兴鼓楼为多柱塔式密檐攒尖顶鼓楼。这种类型的鼓楼，看来是从独柱塔式密檐攒尖顶鼓楼直接发展而来。其特点是，鼓楼中间主承柱为四柱，塔式，密檐，攒尖顶。其中，仁团鼓楼七重檐八角攒尖顶，高21.7米，占地面积60平方米；义团鼓楼十一重檐八角攒尖顶，高25.8米，占地81.6平方米；礼团鼓楼十三重檐八角攒尖顶，高23.1米，占地70.3平方米；智团鼓楼九重檐八角歇山顶，高14.9米，占地77.3平方米；信团鼓楼十一重檐八角攒尖顶，高25.9米，占地78.3平方米。肇兴侗寨中的五座鼓楼被比拟为船的形状，讲究“船尾”鼓楼要建得高，“船头”鼓楼要建得矮，“船中”鼓楼要高过民居，这样，“大船”才能昂首前进。这样的营建观念体现着侗族人民的建筑智慧和风水观念。侗寨民居木楼及鼓楼、风雨桥等建筑，是侗族人民智慧的结晶，凝结了侗族人民的审美情趣、性格特征、宗教信仰和历史文化。

侗族歌舞的历史十分悠久。宋代的陆游曾在《老学庵笔记（卷四)》中说：“辰、沅、靖等蛮，仡伶……农隙时，至一二百人为曹，手相握而歌，数人吹笙在前导之。”明代弘治年间的《贵州图经新志》中描述黎平府风俗道：“洞人”，“暇则吹芦笙、木叶，弹琵琶、二弦琴……以为乐。”这说明侗家人常用的乐器如芦笙、木叶、琵琶、牛腿琴等，至迟在明代即已出现。明代的邝露在《赤雅》中也说：“侗……善音乐，弹胡琴，吹六管，长歌闭目，顿首摇足，为混沌舞。”清代的李宗昉甚至在他的《黔记》中对侗族人民演唱大歌的情景作了具体的描绘。可见当时的人们都是以能歌善舞为重要特征来确认侗族的民族性格的。由此亦可想见，侗族的歌舞艺术水平不仅不比其他民族逊色，且有许多过人之处。这一点，不仅为历史记载所证实，而且为现实生活中那形式多样、种类繁多、精彩纷呈的音乐舞蹈所证实。凡到过侗乡的人，无不对此留下深刻的印象。

在侗族地区，几乎人人都会唱歌。年长的教歌，年轻的唱歌，年幼的学歌，这已成了一种时尚。长者几天几夜都唱不完。❶ 声名远播的多声部、无伴奏的侗族大歌，以及延续千年的“以聚养心、以舞养身，以酒养神”的民间生活方式、饮食文化、传统习俗……无不体现了侗族人民高度的智慧和乐天安命的生活方式。

五、侗家文化中的“信”

信，从人从言，基本语义是人要言行如一，诚实无欺。

《中庸》认为，“诚”是“天之道”，“诚之”是“人之道”。这等于是把“诚信”作为至高无上的价值源头来看待。要取信于人，根本在于“反身而诚”。《大学》也以“正心诚意”作为“修身”的前提。孔子说：“人而无信，不知其可也”“信则人任焉”“民无信不立”。与人交往要“言而有信”，治理国家要“敬事而信”。君子应当言行一致，诚实笃信。“言忠信，行笃敬”才能行于天下。古有曾子“杀猪取信”、商鞅“城门立木，取信于民”、尾生抱柱而死的故事广为流传。

侗族在历史上生产方式落后，没有自己的文字，在伦理道德上没有形成系统、完整的理论化形态，但在其长期发展的过程中，却形成了一整套适应本民族的价值取向标准和行为规范要求的伦理道德观念与道德习俗。这些伦理道德观念与道德习俗是朴素而丰富的，是以“信”为核心要素而构建的。在对待和处理民族内部成员之间关系、本民族与他民族之间关系，以及与国家、社会的关系时，在很大程度上是依靠这种“信”的伦理道德观念和道德习俗来调适的。

古代侗族社会有一种类似军事联盟性质的“款组织”，在侗语里叫“合款”，既指侗族社会独特的政治制度、社会组织形式，又指以款约为核心的各种款词。每个侗款组织无论大小，都有自己的“款首”。通常由款首召集本“款”所属各户户主定期或不定期地聚会，议定有关生产、生活及社会风俗、道德等事项。经集体议定的规则，称之为“款约”。“款约”涉及内容广泛，如生产活动、风俗习惯、道德准则、信仰禁忌，等等。村寨中的

---

❶ 冯祖贻，等．侗族文化研究［M］．贵阳：贵州人民出版社，1999：143.

“款约”（村规民约），多由当地侗家有文化的人士撰写，内容几乎囊括了中华民族传统的美德。款约是侗族民间的习惯法，在侗族民间具有与国家法同等的地位，言既出法必随，说一不二，对调整人际关系、缓和社会矛盾、惩治犯罪，很有作用和威慑力。当然，现代侗族社会的款约早已被国家法律所代替，但是侗族传统社会流传下来的款组织和款约，仍是维系侗族社会组织和传承民俗道德文化的重要载体。

侗族文化有上千年的实践和积累，有自己独特的领域，如侗族伦理道德规范以及相应的乡规民约在当代仍有规范作用。侗族村寨中民风淳朴，如村民间相互换工、借钱，到商店赊货，到时总能兑现、还钱；无知的小孩、不识字的老人到商店买东西，也不会短斤少两、少找钱；村民出门不上锁，寨口凉亭、风雨桥中常备有水勺、草鞋，甚至烟草，供路人随意取用；村中田间，瓜果从未被盗。这是侗族的“信”。

笔者搜集到贵州天柱县远口镇的一份光绪年间的“田土卖契”，上面写有卖地的原因、出卖的价钱、买者享有的权利、土地的位置面积、卖者买者证人及代笔者签名等内容，已初具现代合同文书的样子（如图1所示）。侗族人民正是凭着这种讲诚信的契约精神，世世代代自觉维护着侗乡社会

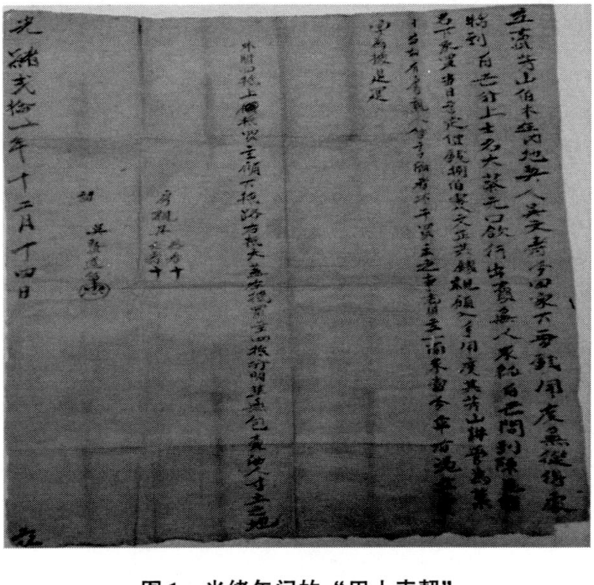

图1　光绪年间的“田土卖契”

的和谐与秩序。

侗族文化传统历史悠久，源远流长。因此，有文化学者将贵州黔东南的民族文化特色概括为浓缩了中国农耕文化发展史的魏晋歌舞、唐宋服饰、明清建筑，也有人称其为“世界上最大的民俗博物馆”“人类保存的最古老的歌谣”“人类疲惫心灵的最后家园”。的确，这些具有不可替代性、不可复制性和不可移植性的原汁原味的民族文化，是我们祖国极其宝贵的文化财富和精神资源。[1]

然而，随着时代的发展和社会的全面进步，各种文化相互碰撞渗透，过去相对封闭的侗族，其传统文化遭遇现代文化的强烈冲击和严峻挑战，当今侗族传统文化正面临逐渐消失的危机。作为中华民族整体文化的重要组成部分，侗族文化能否健康发展，不仅关系到侗族的荣辱，而且关系到整个中华民族文化的盛衰。因此，如何保护和传承侗族文化以“仁义礼智信”为核心的、适应侗族人民价值取向标准和行为规范要求的伦理道德观念与习俗，是一件迫在眉睫、亟待解决的事情。

---

[1] 段宝林，江溶．山水中国·云贵卷［M］．北京：北京大学出版社，2007：251.

论欠发达地区教育的困境*

■ 张恒辉　胡思芬**

【摘　要】欠发达地区因为文化基础薄弱和教育资源欠缺，导致学生在学校教育、家庭教育和社会教育的过程中，并没有达到和预期目标一致的培养效果，相反，有时还走上了岔道，带给了学生许多不好的影响。如何改变这种现状，成了欠发达地区亟待解决的问题。

【关键词】欠发达地区　教育　困境

随着现代化的全面展开，教育现代化也得到了有效推动。但因为区域文化差异和经济发展的不同，教育现代化的程度在不同地区也呈现出发展不均衡的态势。特别是在欠发达地区，传统文化和现代文化的交织、农业文明和工业文明的冲突、封闭的乡村传统和开放的城市空间的缠斗，导致教育在人才欠缺、经济落后的现状中不可避免地走向某种困境。下面，就从学校教育、家庭教育、社会教育三个角度对欠发达地区教育的困境展开描述。

一、学校教育的困境：形式主义之风盛行

欠发达地区学校教育的困境突出表现在硬件设施不完善和师资力量薄

---

* 本文是贵州省2014年“国培计划”基金项目“‘十二五’教师继续教育背景下运用‘国培计划’引领教师专业成长的策略研究”研究成果。

** 张恒辉，男，贵州省毕节六小教师，研究方向为中小学教育；胡思芬，女，贵州省毕节九小教师，研究方向为中小学教育。

弱。近些年，随着各种达标检查和新规定的出台，学校教育也遇到了新的挑战。

首先，是教育设施不完善和师资力量薄弱带来的形式主义之风。在欠发达地区，由于教育发展极不均衡，一方面导致偏僻乡村中小学学生数锐减，有的乡村小学连开班都成了困难；另一方面，城区中小学100人左右的班级并不少见。在城区，有的学校有四五千学生，却只有一个图书室、一个实验室、一个电教室，2 000平方米左右的室外活动场所。这么拥挤、狭窄的教育环境，导致许多教育活动徒有其名。例如，在这些学校，学生是这样做实验的：实验课上，他们通常是在“看”老师演示实验过程，然后照抄老师的实验报告单。真正能动手去做的寥寥无几，有的完成了九年义务教育，真正去做的实验还不到10次。于是，实验课成了抄写实验报告的专用时间，甚至一节课要完成好几节课的内容。看看课程表，体育课、音乐课、美术课等已按要求严阵以“在”，但在实际的课堂上却几乎不见踪影。看看农村的学校，不少没有专门的实验室、图书室。做不了实验，只能以抄写实验报告来代替。再看看各校的图书借阅情况：由于图书借阅是要检查的，每月有规定的次数，每次的笔记有规定的字数，于是，学生可以一节课“读完”四五本书，并记下笔记，以应付老师检查之需要。

欠发达地区师资力量薄弱，有的老师为了能让学生考出高分，无意之间将学生引上了歧途。例如，某校三年级期末考试的作文要求写一种可爱的小动物，共500多篇学生作品，结果有300多篇出现了惊人的相似之处。何以如此？是因为教师要求学生背作文来应对考试！这些作文怎么打分？看字打分。所以，这样的作文居然得分都不低！再看看今年的“中国梦”学生征文竞赛：来自某县各校推荐的200多篇优秀学生作品中，有一半是网上下载的，剩下的多半也并非出自学生之手。再看看近年来的“青少年科技创新大赛”作品，所谓的学生作品，有几件是出于学生之手的？不过，这些作品中有不少最终还是让学生获奖了！从这些学习生活中，学生明白了一个歪理，那就是为了所谓的成功是可以弄虚作假的。

其次，是各种达标检查和新的规定引发的形式主义之风。例如，由于硬件设施与实际教育需要严重脱节，特别是特教学校的严重短缺、政策法规对未成年人的迁就以及教育对学生个性的“过分张扬”，让不少老师饱受

“教育安全”的无奈。于是，学校里慢慢多了一些令老师和同学都害怕的学生。从老师们无奈的表情上，学生们明白了一个道理：未成年人是可以为所欲为的，他们可以“依法犯事”，这是法律给予他们的权利。于是，那些处在十字路口的孩子便被卷进法律给他们设置的陷阱，葬送了他们原本美好的前程。

笔者曾经听说过这样一件事。某中学有一学生，父母外出打工，他一人在家读书，但多数时间泡在网吧。他到学校从不遵守纪律：书包不背，课不听，作业不做，打架斗殴是家常便饭，全班学生几乎都被他“收拾”过了。老师做了大量的工作，他却是依然故我，最后居然不来了。出于“控辍保学”的压力，校长亲自央求他来读书，劝他学着遵守纪律，他说：“我不读书，你三番五次地来纠缠，我为啥还要遵守你的破纪律!”真的，他重返校园后，行为比以前还恶劣，上课的老师真是万般无奈。从这类事件中，学生明白了一个道理：“老师是儿子，学生是老子，所以老师是怕学生的。”于是，敬畏之心的缺失，让不少学生重蹈覆辙，走向沉沦。

二、家庭教育的困境：不负责任之风盛行

家庭原本是孩子养成良好个性和品质的地方，可是，看看现在的家长，特别是欠发达地区的家长们，我们有时不免会大失所望。笔者作过不少家庭教育讲座，到场听课的家长累计有好几千人，但是，90% 以上的并不是孩子的父母，而是他们隔代或“附带”的临时监护人。想想看，这些人真能有效地监护孩子们的成长吗？看看孩子们的父母，有不少人的教育也是与我们的教育目标背道而驰的。

一种情况是家庭教育无能为力，让教育处于失控状态，任其发展。例如，一天晚上 11 点，某镇一村校班主任接到一老人的电话，说他的两个孙子还没有回家，班主任立即将情况汇报到学校和中心校。于是，几个老师开始分头寻找这个学生，可是没找着。第二天，这两个孩子自己来上学了。原来，他们前一天中午在学校吃得太饱了，下午放学后在路上玩了一会儿，还没有到家天就要黑了，于是他们就在路边苞谷草里睡了。老师们很不放心，想和孩子们的父母聊聊，但他们的父母都外出打工了，现在的实际监

护人是孩子的爷爷。孩子们的爷爷说，他家里还有7个孙子要管，所以来不了。一个留守老人，居然带着9个留守孩子，他哪里还有精力去教育。再如，某校有一学生，父母在外打工，留守的奶奶长期卧病在床，于是，他只好每天在学校吃了营养餐，再给奶奶带一些回去。为了让学生能好好读书，加上他的孝心值得倡导，学校默许了他的做法。如此的“家长”，如此的“监护”，孩子们到底能走向何方？不过，对于学校教育来说，这还算好的了，因为家长没有对孩子进行反面教育。要让他们向善，提升的空间还较大。

还有一种情况是家长不负责任，对孩子的教育漫不经心。例如，某校有个学生没来上课，老师立即与家长联系，家长漫不经心地说：“老师，我忙得很，你们去给我找回来就行了！”说完就挂断了电话。一天傍晚，某镇一领导遇到一老太太找孙子，说放学后还没回家。他立即通知了学校领导，学校领导便发动全校教师一起找。12点左右，还是没找到，于是，有几个老师径直到孩子家去看他回来没有。让老师们奇怪的是，学生的父母居然没有去找孩子，而是心安理得地在家睡大觉。如此不负责任，他们行为的后果却通常需要学校老师来买单。如此畸形的家庭教育，不教出畸形的学生，那才是怪事。

再有一种情况是家长从小给孩子灌输“人往利边行”的观点。例如，某校有个5岁的一年级学生，总是不认真听课；吃了午餐后，下午就不来了。老师怕出事，多次请家长下午将孩子送到学校来。一段时间后，家长不送了，于是，那学生下午又不来了。老师问是怎么回事，学生回答：“妈妈说中午有饭吃，下午又没有。”原来，这孩子不到学龄来上学，图的就是学校中午的那顿饭！无独有偶，这样来读一年级的孩子在别的学校也并不罕见。为了那顿午饭，家长居然把不到5岁的孩子送到学校来读书。学前班不负责午餐，于是，他们就让孩子读一年级。学籍改革后，不满6岁的孩子上不了学籍。于是，他们要么不要学籍直接读二年级，要么叫老师“拿话来说”。家长如此不负责任，孩子从他们的教育中，除了奸邪和自私，不知还能学到什么。学校就这样成了不用花钱的午餐馆。

三、社会教育的困境：唯利是图之风盛行

社会生活就是一本最具影响力的教科书，它会给所有人指明发展的方向。当然，生活也是个大染缸，只要在生活中真实地走过一遭，或多或少都会打上生活的烙印。遗憾的是，我们的现实生活充满了短视与浮躁，唯利是图之风盛行，这必然会把不少孩子教坏。

生活中，好的、可学的东西很多，但“好事不出门，坏事传千里”，坏事的影响力通常要比好事大得多。正如10个好人对学生造成的正面影响往往不如1个坏人对他们的负面影响大，1个坏人足可以让100个好人发抖。因为真正的好人往往不张扬，对人的影响就像文火清炖、细嚼慢咽，而坏人的影响却是掏心掏肺、立竿见影。正因如此，生活中成年人的尔虞我诈、唯利是图，让不少人从小就浸泡在这种令人讨厌的气息之中，深受其害；也有不少人抵制不住“奸诈”带来的种种“好处”，于是同流合污。正是部分人的唯利是图，让人间真情及中国传统美德受到了前所未有的亵渎，让人性原本的光辉暗淡无光，给不少孩子套上了成长的枷锁。

例如，“小手拉大手”的教育活动让孩子来教育大人，让未成年人来教育成年人。这种教育活动从理论上说是可行的。孩子们在对大人进行教育的过程中，根据“教学相长”和“同情、可怜弱者”的原则，应该会取得更大的进步，也会影响更多的人参与到相关的活动中来。可是，在实际操作中却往往变味了。更多时候，还是“大手”拉着“小手”去做“大手们”想做的事。笔者有一次等红灯时就看到了让人啼笑皆非的一幕：明明是红灯，父亲却执意要过斑马线，孩子说：“红灯，危险！”“大手”却吊儿郎当地一把提起“小手”，一群人跟在后边径直穿过了斑马线。这并不是个别现象。可见，在这个浮躁的时代，可能更多的是让孩子们在与成人“掰手腕”的过程中被占尽优势的“大手们”给俘虏了。孩子们的是非观念更多的还是从成人那里灌输来的。年龄越小，他们的是非观念越依赖于他们的长辈，越依附于成年人。更何况，父母不经意的一句话，通常就可以使孩子们一个美好的愿望甚至是理想顷刻间化为泡影；大人们随口乱说的一句话，往往就足以毁掉孩子们的一生。

爱与责任，是我们托起教育的双翼。然而，目前的教育在功利化的枷锁中苦苦挣扎，大有义无反顾走向势利的趋势。作为一个欠发达地区的教育者，看着学生们身处的成长环境，看着他们的成长道路，我们有种担忧，我们似乎正在把孩子们教坏。学校教育的形式主义之风、家庭教育的不负责任之风、社会教育的唯利是图之风，把教育的目标一次次吹得东倒西歪。如何让欠发达地区的教育走上正轨，让欠发达地区的学生得到应有的教育，是目前亟待解决的问题。

对贵州乡镇初中语文教师文本解读问题的思考

■ 尹　洁*

【摘　要】文本解读能力是语文教师必备的基本功，它对教学内容的确定、教学质量的高低起着极其重要的作用。但是，我们在培训中发现，贵州乡镇初中语文教师的文本解读能力不强，存在解读缺失、解读过于简单或解读单一、有偏差等问题。针对这些问题，可以从专业知识补充、素读、注重体式特征、“知人论世”等方面加以解决。

【关键词】贵州乡镇初中　语文教师　文本解读

阅读教学是语文教学的重要板块，教师对文本的解读是语文阅读教学中的重要内容。语文教材中，文学类的文本占据了大量篇幅。语文阅读教学就是教师引导学生与文本对话、最终理解文本的过程。如果教师的文本解读有错误、有偏差，甚至缺席，就不能引导学生对文本进行准确、有效的理解。因此，教师对文本的理解直接影响教学质量的高低，文本解读能力更是语文教师必须具备的教学基本功之一。

自 2011 年以来，我校（贵州师范学院）承担了多项贵州乡镇初中教师国培项目。在培训过程中发现，参训教师的文本解读能力总体不强，有的甚至很低，存在很多的问题。以 2015 年贵州农村初中语文骨干教师置换班为例，这个班的参训学员均来自贵州各地州市的乡镇中学；在组织集体备课活动时，选择了一篇大家非常熟悉的文章——朱自清的《背影》作为备

* 尹洁（1979～），女，湖南长沙人，硕士，贵州师范学院讲师，研究方向为中小学语文教育。

课篇目。由于这个班大都是工作7年以上的、有经验的教师，本以为在文本解读上不会存在什么问题，但结果却很令人意外。这次活动折射出贵州乡镇初中语文教师在文本解读上存在的很多共性问题。

首先，过于注重教法，文本解读缺失。由于想观察教师备课的真实状态，在这次活动开始时，培训教师并没有事先布置文本阅读的任务。老师们分小组进行备课。他们拿到《背影》这篇课文后，并没有立刻去阅读，而是急于讨论教学设计，构思用什么样的方法、什么样的形式、什么样的手段教。但没有对文本的理解，何来设计呢？常态下，教师们往往把更多的备课时间花在资料搜集、参考书的阅读、教学方法、教学形式的选择上，真正用来研读文本的时间少之又少。其实，任何教学方法的选择都是为了更好地达成教学目标，而教学目标的确定又来自于教学内容的选择。文本正是教学内容选择的重要依据，如果对文本都没有正确的、深入的理解，何来教学内容的确定？目标没有定下来，无论哪一种教学方法都不是好的教学方法，搞不好还会南辕北辙，偏离教学目标。只有一堂课“教什么”确定下来，才能去想“怎么教”的问题。教学内容正确了，那才是一堂好课的基础。如果连“教什么”都稀里糊涂，无论用什么样的方法，都不会是一堂好课。

笔者借培训机会，对该班教师进行了问卷和访谈调查。当问到备一篇新课文前是否先细读文本的时候，41%的老师表示，会先看教参以及在网络上找到的各种材料，然后才去看课文；56%的老师先快速浏览一遍课文后，再去看教参及其他参考资料，然后再次看课文，主要目的是确定课堂上的教学点；只有3%的老师会先读课文3次以上，然后再看教参。数据表明，许多教师备课时对课文并未作深入的研读，直接照搬教参内容，对教学参考书的依赖性强；网上下载教学设计，借鉴名师的设计取代自己的解读。现在的网络资料水平不均，鱼龙混杂，有的设计本身存在很大的缺陷，也被大量地借鉴。时间久了，会让教师感觉离了教参便无法进行文本解读。如果教师没有先从整体上去感知课文，而是直接阅读教学参考书上的分析再去阅读，甚至对熟悉的课文不去阅读，都会阻碍他们阅读体验的形成；同时，还会导致各种定论充斥自己的头脑。如果要引导学生学习的课文都没有感动自己、说服自己、影响自己，教师又如何去感动、说服、影响学生呢？教师对文本的解读是阅读教学设计和教学实施的前提条件，没有深入的文本解读就不会成就一堂成功的阅读课。

其次，文本解读过于简单，不够深入，结论单一。由于长期受应试教育的影响，在语文教材的文本解读上往往认知趋同，注重答案的统一，什么都有一个“标准答案”。久而久之，教师的思维方式随之趋向单一化，对文本的解读也很刻板、僵化、雷同。教参上的结论很难改变，教师自身也难以超越这种理解。

在此次备课活动中，经过自读文本和小组讨论后，多数教师认为，《背影》用质朴而细腻的笔触勾勒了父亲充满温情的背影，让读者感受到一种情真意切的父子深情。《背影》的主题就是表达一种父爱、父子深情。文章有两条线索：一条明线——背影；一条暗线——父子深情。4 次背影、4 次流泪、买橘子等描写均传递了父亲对儿子的爱。所以在教学《背影》时，“父爱”成为讲解和学习的主要内容和目标。

教师在解读时能够紧扣教材内容，但未能深入挖掘内涵，只限于文本表面，浅尝辄止，还处于“浅阅读”状态。《背影》同时被选入 4 个版本的语文教科书。多年来，人们从不同角度对《背影》一文进行了详尽的解读，不断地丰富了其内涵。因此，不能把《背影》的主旨简单理解为“舐犊之情”，还要注意其深层含义——儿子对父亲的理解与认同、对父爱的体认以及儿子的变化，等等。

该班老师们在读《背影》的时候把更多的注意力放在了父亲身上，关注父亲的背影、爬月台买橘子以及父亲的形象，忽视了那个在身后默默注视父亲背影的人。“《背影》的主题并非单纯是通过离别来抒写父对子的怜爱，而是身为儿子的朱自清借离别之手来抒发自己对父亲无以言表的复杂情感。”朱自清面对的不只是单纯的父子分离，而是“父与子、子与父心灵的交流、人格的碰撞、伦理的顺逆、代沟差异的重新审视与评估”。朱自清用一个笨拙、潦倒、苍凉的灰色背影，来表现“一个不肖之子追悔莫及的忏悔和深深的理解与敬意”。❶

❶ 王苏，张晓云．重新探析《背影》的文化意蕴与艺术魅力［J］．教学与管理，1997（1~2）：76.

除了老师们提出的“抓住关键词语品读买橘子的片段，感受作者的父爱”和“抓住四次流泪理解作者的为父爱感动的感情”之外，《背影》还有很多的教学内容。例如，还应进一步关注在当时复杂的父子关系背景下，父亲处境的艰难和主动向儿子示弱、示爱的复杂心理，等等。文本解读的过程是读者积极参与文本意义重构和生成的过程，是一种创造性的活动。文本自身的不确定性和多样性会带来读者解读的多元化和个性化。老师们应跳出教参的结论，形成自己的理解、感受。

最后，对文本的解读有所偏差。对文本的正确理解，应是语文教师的基本要求，但“有不少语文教师在这方面还存在着一定的缺陷，有时将文本的内涵解读错了，甚至解读错了还不自觉；这是一种很可怕的现象，它不仅体现了有些教师本身知识与能力的不足，还体现了有些教师价值意识的模糊和价值观念的混乱”。❶

在这次备课活动中，有老师提出，关于《背影》一文也看到过一些负面资料，比如有人说“《背影》里的父亲违反交通规则，形象又很不潇洒”，自己也觉得有点道理；如果课堂上学生也这样问，老师又该如何来解释呢？针对这个问题，福建师范大学文学院的孙绍振教授表达了自己的观点。他说，父亲“遵守交通规则与否，属于实用价值”，是理性范畴的事儿；而爬过月台，“不遵守交通规则”，辛苦为儿子买来橘子——“从实用价值来说完全是多余的，父亲执意自己去，越是不顾交通规则、不考虑自己的安全，就越显示出对儿子的深厚情感”——这属于情感的审美价值，是不实用的。❷ 虽然现在强调文本解读的多元化，但也要多元有界，不能偏离文本，抓些无关紧要的地方肆意发挥。

教师的文本解读，归根结底是为了教学的需要，因此，应该从教学的角度来探讨。针对上述问题，建议从下面几个方面作进一步思考。

首先，注重专业知识的补充。通过访谈发现，老师认为不能准确解读文本的重要原因，是语文专业知识的欠缺，文学素养的不足。问卷结果显示，该班的参训教师，有23%并不是汉语言文学专业毕业，32%是非师范

---

❶ 苏菁．语文文本解读五要著［J］．上海教育，2008（14）：59.

❷ 孙绍振．《背影》的美学问题［J］．语文建设，2010（6）：43.

专业毕业；同时，91% 的老师感觉自己缺乏文本解读方面的知识，这成了影响解读效果的关键因素。知识的缺乏阻碍了语文教师对文本的解读，影响了语文阅读教学的质量。至于专业知识的补充途径，除了教师自身的不断学习外，在各级培训中也应加大相关内容的课程，或通过网络课程等方式来安排。

其次，教师要提高文本解读能力，就必须对文本进行“素读”“裸读”，也就是“朴素”的阅读，从字里行间体会文本蕴含的意义。简单地说，先不看任何参考资料、不用多媒体技术，独立面对教学文本，用传统的对话方式充分调动自己的人生经验和阅读体验；反复阅读课文，对文本作最朴素的解读，读出自己的理解和感悟。然后再去查阅相关资料，形成自己对文本内涵的全面了解。“素读”是最原始、最本色、最有语文味的阅读方式。

最后，解读文本还应从文本的体式特征入手。阅读是一种文体思维，是对特定体式的具体文本的阅读。作品的体裁不同，特点就不同，读法更不同。小说、诗歌、戏剧，散文等各有不同的读法。《背影》是一篇散文，教师首先要明白散文是什么，散文需要教什么。王荣生老师说，作者之所以写散文，是要表现眼里的景和物、心中的人和事，是要与人分享一己之感、一己之思；我们阅读散文，是要体认作者的所见所闻，分享作者的所思所感。所以，我们读《背影》读的不仅是父亲的形象，更多的应关注作者的所见所闻、所思所感。父亲只是文章外在的言说对象，读懂《背影》的关键点不在父亲身上，而在关注着父亲背影的作者。阅读散文，不仅要了解作者所写的人、事、景、物，还要体会作者的所思所想、所感所悟。

中国历来就有“知人论世”的传统，要学习作家、作品一定要充分了解其写作背景。《背影》写的是发生在 1917 年的事。当时，朱自清家庭遇重大变故，父亲因纳妾之事导致亏空；祖母去世，父亲失业，无奈之下，只好变卖了家中所有值钱的家当；回家奔丧的朱自清望着满院狼藉，不禁簌簌地流下眼泪。《背影》一文所记叙的，就是在这样惨淡的情况下，回北大读书的朱自清与到南京谋职的父亲在浦口车站分别时的情景。但《背影》一文写于 1925 年，为何在事件发生了 7 年之后才记录下来呢？其实，朱自清与父亲之间的冲突确实存在，而且是非常尖锐的。朱自清的父亲是一位老式的封建家长，做事独断专行，朱自清的婚姻都是他包办的。父亲因纳妾问题使得家庭矛盾重重，还因此丢了差事，导致家道中落。背负着沉重的家庭负担，朱自清只用了 3 年的时间就修完了 4 年的大学课程。1920 年大学毕业以后，他每月将一半的薪水寄给父亲作为家用，然而父亲还嫌钱少。1921 年，朱自清到扬州八中任教时，朱父居然通过熟人直接从学校把他的工资全部领走，朱自清愤然辞职后离开扬州，到杭州另谋生路，父子从此互不联系。1922 年暑假，为了缓和家庭矛盾，朱自清带着妻儿到扬州探望父母，结果被拒之门外，父子关系再度恶化。一直到 1925 年，父亲写信说“大去之期不远矣”，朱自清才联想到父亲浦口送别的一幕，想到父亲对自己的种种好处，想到了青年时自己的倔强。此时，他真正地理解了父亲，父子的矛盾终于得到了化解。如果没有背景材料的支撑，确实很难真正读懂《背影》一文。

当然，提高教师文本策略的方式方法还有很多，本文仅针对这次备课活动中出现的问题为贵州乡镇初中语文教师的文本解读提出一点建议。语文教师要致力于文本解读能力的提升，在对文本合理、适度解读的过程中，使语文课堂教学质量得到不断的提升。

【参考文献】

[1] 钱理群. 名作重读 [M]. 上海：上海教育出版社，2006.

[2] 王荣生，宋冬生. 语文学科知识与教学能力 [M]. 北京：高等教育出版社，2011.

民族民间文化

广西壮族“三月三”的美学研究

■ 李青霞*

【摘　要】 一个民族的精神，体现于这个民族保留下来的风俗习惯。广西壮族“三月三”完好地保留了壮族的民俗风情，该节日以“歌圩节”和“祭祖”为主要活动。这两种活动具有明显的审美特征，可从美学角度展开研究。在情感层面，歌圩节体现了壮乡人浪漫和欢乐的情感；祭祖活动在体现壮乡人对祖先崇拜与惧怕的同时，也蕴含着欢乐的情感。形式层面，在歌圩节中，壮乡人以壮语进行男女对唱；在祭祖活动中，壮乡人敬畏和欢乐的情感表现为亲赴祖先墓地祭拜。

【关键词】 歌圩节　祭祖　浪漫与欢乐　崇拜与惧怕

一、引　言

“三月三”是广西壮族的特色节日，2014年被广西壮族自治区正式定为节假日，受到的关注也越来越大。研究该问题的学者比较少。凌齐的《武鸣“三月三”歌圩历史与当代价值》研究了广西武鸣县在三月三举办的歌圩节，介绍了当天举办的节目，探讨了该节日的历史和“三月三”所蕴含的价值。❶ 陈一榕的《歌圩情节——广西大新县壮族歌圩调查》对大新县歌圩节的历史、种类和形式进行了研究。❷ 李莉森的《壮族三月三礼仪：以广

---

* 李青霞（1992～），女，广西扶绥人，文学学士，广西扶绥县龙华中学教师，研究方向为美学。

❶ 凌齐．武鸣“三月三”歌圩历史与当代价值［J］．兰台世界，2013（4）．

❷ 陈一榕．歌圩情结——广西大新县壮族歌圩调查［J］．广西民族研究，2008（3）．

西大新县祭祖仪式为例》对“三月三”祭祖活动进行了探讨，研究了祭祖的整个过程。❶ 以上研究都没有从美学的角度去探讨，而是从民俗学、历史学的层面去研究。本文之所以选择从美学角度进行研究，是因为“三月三”的主要活动具有明显的审美特征，同时，学界对广西壮族“三月三”的美学研究也比较少。

下面，就以节日狂欢和仪式（形式）特征为切入点，将美视为情感形式，从情感层面和形式层面对广西壮族“三月三”进行美学研究。

二、“三月三”的历史

根据史书记载，“三月三”的前身是“上巳”节。上巳是夏历上旬的第一个巳日，所以称“上巳”，也称“重三”“三巳”“元巳”等，是旧时汉族的传统节日。“上巳”这个词最早出现在汉代的文献中。《后汉书·礼仪志》记载：“三月上巳，官民皆洁于东流水上，曰洗濯祓除，去宿垢疢，为大洁。”❷ 而上巳正式改为“三月三”是魏晋以后。上巳节和清明节时间相近，两个节日又有相似的特点，因此上巳节逐渐融入清明的习俗中。唐代以后，清明节和寒食节以及上巳节相互融合，形成了祭祀、春游等传统习俗。资料显示，很多少数民族都有“三月三”这一节日，如白族的“三月街”、苗族的“龙花会”、侗族的“花炮节”以及壮族的三月三“歌圩节”等。尽管每个民族的庆祝形式都不尽相同，但是“三月三”涉及的范围之广、人数之多，表明它是从古至今的一个传统大节日。

广西壮族“三月三”的主要活动有两个，即歌圩节和祭祖活动。明邝露所著《赤雅》中写道：

> 峒女于春秋时，布花果笙箫于名山，五丝刺同心结百纽鸳鸯囊，选峒中之少好者伴峒官之女，名曰“天姬队”。余则三三五五，采芳拾翠于山椒水湄，歌唱为乐。男女三五成群，歌而赴之。相得则唱和竟

---

❶ 李莉森．壮族三月三礼仪：以广西大新县祭祖仪式为例［J］．经济与社会发展，2011（7）．

❷ 覃妩周．汉族上巳节对南方少数民族“三月三”的影响研究［J］．黄冈师范学院学报，2009（2）：69～73．

日，解衣结带相赠以去，春歌正月初一、三月初三，秋歌中秋节。三月之歌曰“浪花歌”。❶

“峒女”就是壮女。由此可见，歌圩在广西有着悠久的历史。歌圩文化发展至今，形成了以对唱山歌为主、加入地方特色文化为点缀的活动形式。

前文说到，上巳节是“三月三”的前身，上巳节的习俗也遗留了下来。古代的上巳节有求子、祭祀、春游的习俗。《嘹歌》中的《三月歌·蒸黑饭拜山》唱道：

三月逢初三，家家蒸黑饭，分我一二团，拿去拜坟山。❷

这是对广西壮族传统的“三月三”扫墓祭祀习俗的记载，其祭祀活动主要以祭拜祖先为主。

三、“三月三”情感层面研究

（一）以浪漫情怀和欢乐情感为特征的歌圩节

歌圩的魅力不在于唱得有多动听，而是能自由地表达情感。在这个节日的狂欢中，人们尽情释放自己的情感，有的抨击社会上的现象，有的赞美家乡的美好，有的赞颂美好的爱情。大家酣畅淋漓地享受这个节日带来的快乐。

歌圩的产生体现了壮族人民的审美需要。“饥者歌其食，劳者歌其事”，这是在生活中体现出来的自发娱乐，是自然地从心里流露出来的真情实感。歌圩的产生源自于日常生活。人们在劳动的时候，为了排解身体的劳苦和内心的孤寂，就用唱山歌的方式来表达。比如信天游和号子，都是人们在劳动过程中为了愉悦身心而创造出来的。广西壮族的歌圩也不例外。它的出现，是为了满足壮族人的审美需要。在枯燥的生活中，他们需要用歌唱的形式来表达情感，从而释放心情、愉悦身心。歌圩的产生，体现了壮族人对娱乐休憩和情感愉快的审美需要。

---

❶ 何正廷．坡芽歌书与壮族歌圩［J］．文山师范高等专科学校学报，2007（4）：22～25.

❷ 李莉森．壮族三月三礼仪——以广西大新县祭祖仪式为例［J］．经济与社会发展，2011（7）：80～83.

1. 歌圩节中的浪漫情怀

浪漫，是一种富有诗意、充满幻想的情感。它侧重从内心世界出发，抒发对理想世界的热烈追求，常用奔放的语言、瑰丽的想象来塑造形象。山歌作为一门艺术形式，能让人们抒发内心的浪漫情感。山歌体现了壮乡人的浪漫情怀。

壮族人所作山歌，以写实加上浪漫主义色彩为主，用比喻、比兴、借代等手法来达到浪漫的效果。仔细欣赏歌圩节中壮族人所唱的山歌，不难发现，他们唱得最多的是情歌。爱情，是千古流传、人人歌颂的主题。如：

> 庭前栽种松柏木，人讲松柏万年青。倾家荡产做情义，单怕人讲不公平。
>
> 玉兰绣在枕头顶，怨叹不比牡丹青。拆屋来开木极铺，家崩都为红鞋拿。(扶绥县山歌队罗瑜整理《明明劳碌为私情》)

这是一节对歌中的歌词，其中提到松柏、玉兰、牡丹，这些事物都有象征意义——松柏和玉兰象征着纯洁、忠贞不渝的爱情。把男女双方的感情比作松柏、玉兰，为两人的感情增添了浪漫的色彩。

浪漫情感不仅指爱情方面，在赞美美好事物、美丽景色方面也体现了浪漫情感。歌圩节上歌唱的内容很多，其中不乏歌唱平凡景物的，也蕴含了浪漫情感。笔者在相关的访谈实践中采录下了这样的歌词：

> 家乡蔗海映蓝天，全民动手造花园，举起神笔舞山川，山歌唱来千万篇。家乡富来家乡美，马飞鱼跃金满田，山歌唱的心中梦，山歌越唱梦越甜。(选自扶绥县山歌队对唱的歌词)

这是人们劳作时所作的歌曲，他们一边劳作一边欣赏周围美丽的自然景色。在创作山歌的时候，他们会加入一些描写自然的语句，以达到情景交融的境界。

2. 歌圩中的欢愉情感

与众多的节日狂欢一样，壮族的歌圩节也是一派欢乐的景象，人们用一种欢快、愉悦的心情迎接它的到来。

人们欢快、愉悦的情感体现在对唱的歌词中。在歌圩节中，人们唱的最多的是歌颂自由爱情的情歌，其次是描绘日常生活中欢乐景象的山歌。如《嘹歌》中的《献歌》，讲述的是一对青年，其各自的婚姻自幼被包办；

有一天，他们偶然相遇，一见倾心，产生了爱慕之情，但是遭到了家里的反对；为了追求自由的爱情、婚姻，他们冲破了封建礼教的束缚，最终过上了幸福美满的生活。《嘹歌》中的《三月歌》，描绘的是初春时节，壮乡青年结伴来到青山旁、泉水边、树荫下、花丛间采鲜花、摘嫩笋、拾蕨菜的欢乐景象。以上都是歌圩节中很多人吟唱的内容。又如：

春日阳光洒满地，青山绿水笑盈盈，采蕨归来泉边戏，人人脸上笑开颜。(笔者考察歌圩节时所录)

这是人们对唱山歌的歌词，从中可以感受到他们内心的愉悦。歌圩节上有很多青年男女对唱情歌，以表达心中的爱慕之情。歌词的内容都以缠绵、甜蜜的爱情为主，山歌能表达内心的情感。

欢快、愉悦的情感还体现在人们的肢体语言上。有一些对唱山歌的人刚开始是席地而坐，唱到高潮部分，便会不由自主地站起来挥舞双臂，以表达内心强烈的愉悦感。欢快、愉悦的情感最直接的体现是笑。在歌圩节上，空旷的场地挤满了人，从四面八方传来爽朗的笑声。有的姑娘在年轻小伙子唱歌表白后掩面而笑，有的因为自己唱的歌没人能对上而露出胜利的笑，还有的因为对歌对得妙趣横生而引发周围观众赞赏的笑。笑声回荡在整个歌圩节的场地上，人们以欢快、愉悦的心情度过了整个盛典。

（二）祭祖活动体现了崇拜、惧怕与欢乐的情感

壮族“三月三”祭祖仪式，场面不算隆重、盛大，但到墓地祭拜祖先，是一种最原始、最朴素的祭祀形式。壮族人认为，到墓地近距离祭拜，祖先感受得最清楚。在“三月三”这天，他们虔诚地祭拜祖先。祭祖活动，体现了壮乡人对祖先的崇拜、惧怕，以及享受祭祖过程的欢快情感。

1. 既崇拜又惧怕的复杂情感

壮族人对祖先有崇拜之情，觉得祖先的神灵无比崇高。壮族人没有宗教崇拜，比起其他神，他们更崇拜自己祖先的神灵。在他们眼里，祖先就是他们的神。笔者在访谈中了解到，每月的初一和十五，逢年过节，或者家里有什么大事，他们都要祭拜祖先。很多在外务工的人回到家里，第一件事就是给祖先上炷香。每家每户一进门就可以看到祭拜祖先的神台。对于壮乡人来说，祭拜祖先不能马虎。他们认为，祖先去世后，祖先的神灵仍然存在，并保佑着他们的子子孙孙、世世代代繁荣昌盛。祖先就是他们

心中的信仰。他们认为，只要自己虔诚地祭拜，祖先一定会保佑自己心想事成。对壮乡人来说，对祖先的崇拜达到近乎痴狂的程度。据了解，他们把“三月三”祭祖看作是一年中最重要的事情。在外务工的人春节可以不回老家，但是“三月三”这一天必须回来，整个家族的人一起祭拜，就是为了祈求祖先保佑一年的风调雨顺。

壮乡人对祖先是非常崇拜的，但同时又有点惧怕。他们认为，祖先在世时，对子孙有养育之恩；去世之后，必定也会保佑子孙。但是祖先毕竟不以人的形式存在，出于人对未知存在的本能的恐惧，他们会对祖先的神灵感到惧怕。在祭祀的时候，人们怀着敬畏之心。在坟墓前，他们讨好般地对祖先说敬语，向祖先诉说家里的状况，并小心翼翼地祈求保佑，生怕自己做错一个步骤使得祖先不悦、不保佑这个家族。笔者了解到，一般家里出了什么事情，他们第一时间就是觉得是不是自己哪里做得不够好，惹祖先的神灵生气了。每当出了事，他们都非常惶恐地祭拜祖先，在坟前忏悔，不停地祷告，请祖先原谅子孙的过失。虽然祖先已然逝去，但是对壮乡人的影响却一直存在。他们对祖先怀有既崇拜又惧怕的复杂情感。

2. 欢乐的情感体验

壮族人都是在野外进行祭祀，而墓地一般都是在绿树青山环绕的地方。虽然祭祀在大家眼里是庄严、神圣的，但从壮族人祭祖的过程中可以看出，他们并没有很拘谨。人在接触大自然景物的时候，会被大自然的美所吸引，并产生一种欢乐、愉悦的情感。人们把祭祖看作是庆典，在青山绿树中缅怀逝去的祖先，这有别于神秘且庄严的祭祀。

每个民族的祭祖仪式都不一样，壮族人的祭祖比较简单、随意且带有欢乐的气氛。一个家族一年一次聚在一起，男女老少一起去山间。那时，正值初春，一派春意盎然的景象。一年一度的祭祖其实为大家提供了一次踏青游玩的机会。在“三月三”这一天，大家聚在一起，不管是当官的还是经商的，贫穷的还是富有的，都穿上普通的衣服，挑着祭祀用的物品，扛着锄头、铲子，开开心心、有说有笑地走去祭祖。到达坟前，大人们便用锄头、铲子除去杂草，让祖先的坟墓得到修整。这时，小孩子们便可以在周边嬉戏。对于他们来说，这一天是节日，至于是什么节日，他们似懂非懂，只觉得是一次聚会、一次郊游踏青的机会。大人们一边忙着一边谈笑风生，一个家族的人聚在一起的机会不常有。难得有这个机会，他们会一起聊聊自己的家庭，聊聊彼此的所见所闻。整片墓地在“三月三”这一天变得热闹起来，没有半丝庄严、阴森的感觉。大家开开心心地祭祖，让原本冷清、寂静的墓地热闹了起来。带着一种欢乐的情感去祭祀，改变了传统意义上庄严、肃穆的祭祀仪式，这是壮乡人独特祭祀方式的表现。

四、“三月三”形式层面研究

（一）歌圩节中壮乡人用壮语进行男女对唱的形式

在歌圩上，人们通过男女自由对唱的形式互相交流情感。歌圩节作为广西壮族最隆重的传统风俗性节日，是以男女“以歌传情”为主、结合文化娱乐、人际交往的一种全民性的狂欢活动。

1. 歌圩中欢快、愉悦的情感体现为歌唱的形式

表达情感的方式有很多种，壮族人在“三月三”歌圩节上用歌唱的形式来表现节日庆典中欢快、愉悦的情感。在日常生活中，人们不可能整日用唱歌的方式来宣泄自己的情感，而在这个节日里，人们可以用歌唱的形式与来自各地的人——不管是认识的还是不认识的——欢聚一堂，以歌会友。

唱歌能最直接地表达人内心的愉悦。歌圩节中还有很多活动，包括千人竹竿舞和抛绣球等，而歌圩节中最具代表性的活动就是对唱山歌。在这个节日庆典中，不管男女老少，不分贫富贵贱，大家都可以加入对唱山歌的队伍，在场的每一个人都可以感受到欢乐喜庆的气氛。在“三月三”这一天，广西处处成歌海，无歌不欢、无歌不成圩，人们欢乐高歌，体验节日带来的喜悦。

2. 以别具一格的壮语腔调对唱的形式

山歌作为壮族人的灵魂，有着与众不同的唱腔，有着一种独特的韵味。就像北京胡同里的吆喝声，时远时近，忽高忽低，给人一种独特的感觉。这是北京胡同里的标志性声音。同样，歌圩节中壮乡人用壮语对唱山歌的腔调也是独一无二的。

壮族山歌经过传承和发展，形成了多种形式。如最具代表性的《嘹

歌》，它的歌词是由五字构成一句、四句组成一节，即五言四句的形式。而在崇左扶绥一带，则盛行七言四句的形式。但是，歌词的字数并不影响独特腔调的贯穿。广西壮族“三月三”歌圩节，最特别的就是用壮语来唱。和普通话相比，壮语没那么圆润，听起来比较尖锐，但正是这让壮族山歌形成了别有韵味的腔调。我们平时接触到的歌曲，每一首的曲调都不尽相同，而壮族山歌则是以不变应万变。歌圩中，人们对唱的山歌调子都是一样的，通过固定的节拍，一字一字地吟唱并通过拖长尾音来完成一句歌词的演唱。一节歌词的四句中，前两句和后两句各为一长句；长句中第一句的最后一个字尾音短，第二句的尾音用“啊”来拖长。虽然整个对唱过程都是这种节拍和腔调，但听起来并不枯燥、乏味。壮族山歌那独特腔调婉转且悠扬，让人沉醉其中。

3. 歌圩中的浪漫情感体现为男女对唱的形式

山歌，有独唱也有合唱，“三月三”歌圩中主要以男女对唱的形式来进行。与其他歌唱形式相比，歌圩中男女对唱的形式更具特色。

歌圩中男男女女自由组合，主要以调侃对方为乐；在互相调侃的过程中会心生倾慕之情，对唱的内容也就趋向情歌。大家更乐意去观看男女的对唱，因为场面更精彩。男人跟女人的思维方式不同，对出来的山歌别具匠心、各有千秋。正因为存在这种思维上的差异，所以才会在对歌中擦出火花。男女对唱，不仅是心灵上的互相慰藉，更是人们对两性之间浪漫情感的追求。

（二）蕴含敬畏与欢乐之情的祭祖形式

在广西民众的观念里，一直觉得，祖先在世的时候养育家里的子子孙孙，去世之后化为神灵也会保佑子孙后代昌盛繁荣。广西壮族祭祖的习俗历史久远。每月初一和十五、婚娶乔迁或者家里有人要参加大型考试，他们都会去祭拜，希望祖先保佑家人平平安安、事事顺利。选择到坟前祭祀，是想更近地祭拜祖先，这是尊敬祖先的最为直接的形式。说到广西壮族“三月三”，大家印象中似只有歌圩文化，其实在广西很多地方，“三月三”有着更重要的活动，那就是一年一度的家族祭祖。

1. 蕴含敬畏之情的祭祖形式

对祖先的崇敬之情体现在亲临祖先墓地祭拜的形式上。一些少数民族是在固定的场所搭建祭台，举行大规模的祭祀活动。与之不同的是，崇左一带的壮族人选择亲临祖先坟墓，真诚地叩拜。祖先的坟墓再偏再远，整个家族的人也要徒步走去，近距离地祭拜，以表达对祖先神灵的崇敬之意。

对祖先的畏惧之情体现在与祖先对话的祭祖形式上。祖先已然逝去，从科学的角度来看，听不到人说的话，但壮乡人为了寻求心灵上的安慰，以对话的方式来平息心中对祖先神灵的畏惧。一方面，他们怕自己做错了事、说错了话，所以在祭祖过程中不停地说话，就像在和祖先话家常，小心翼翼地祈求祖先保佑子孙；另一方面，他们怕祖先的神灵过于留恋家人，会缠着子孙，给子孙带来不幸，所以会用一种强硬的、近乎斥责的语气告诉祖先应该安心离去。其他的祭祀一般都安静地进行，而壮乡人的祭祖以独特的对话形式来进行，人们内心的畏惧从语言中可以体会。这种不停地与祖先对话的祭祖形式，是壮乡人为了寻求寄托与安慰所表现出来的特殊形式。

2. 蕴含欢乐之情的祭祖形式

最能体现欢乐之情的形式，是儿童在祭祖中无忧无虑的活动。

> “夫童心者，绝假纯真，最初一念之本心也。”所谓童心，就是真心或赤子之心。袁宏道认为，一个人能保持童心，保持赤子之心，保持人的自然天性，就可以得到真正的“趣”。[1]

几岁的儿童不懂什么叫崇敬，什么叫恐惧。用一颗童心去看待一场祭祖活动，会觉得这是很有趣的事情。

在祭祖活动中，大人们忙活着，孩子们则欢天喜地地玩着，看到野花就过去闻闻，看到蝴蝶就追着跑。他们时而歌唱，时而起舞，在轻歌曼舞中享受着大自然的美。看着大人们祭祀，他们也过去帮忙，模仿大人的样子下跪、叩拜，嘴里也嘟嘟囔囔地念念有词。这样的祭祖活动，在小孩子眼里是一次游玩。这样的活动，带给了他们欢乐的享受。

[1] 叶朗．美学原理［M］．北京：北京大学出版社，2009：104.

五、结　语

广西壮族"三月三"举行的歌圩节和祭祖活动有着悠久的历史，是历史长河中保留下来的非常有意义的活动。歌圩节充满欢愉、浪漫的情感：欢愉情感体现为歌唱的形式；浪漫情感体现为男女对唱情歌的形式。在祭祖活动中，人们表现出既敬畏又欢乐的复杂情感：敬畏情感体现为亲临祖先墓地祭拜、与祖先对话的形式；欢乐情感体现为人们怀着"童心"进行祭祀的形式。广西壮族"三月三"保留下来的歌圩节和祭祖活动是壮乡人的宝贵财富。

【参考文献】

［1］覃桂清．三月三源流考［J］．民族艺术，1994（1）．

［2］韦润物．南方少数民族"三月三"与古代中原上巳节习俗关系探讨［J］．广西民族学院学报，1987（2）．

［3］王芳．壮族民间歌谣与歌圩的起源和发展现状［J］．广西民族大学学报，2006（2）．

［4］谢东艳．广西歌圩来源及演变初探［J］．安徽文学，2006（8）．

［5］李燕燕．浅谈壮族三月三歌圩［J］．戏剧之家，2013（5）．

［6］黄鹏．论壮族的祖先崇拜［J］．广西社会科学，2006（8）．

【附录】

访谈记录

访谈时间：2014年7~8月　　**访谈地址**：广西崇左市扶绥县

访谈对象：用A、B、C代替人名　　**记录人**：李青霞

问题1：请问在"三月三"，本地有什么活动？

A：最主要的是两个，一个是歌圩节，一个是家族祭祖。

问题2：您了解歌圩节和祭祖的传说吗？

A：歌圩节当然是受刘三姐的影响了。刘三姐那么会唱山歌，是壮族人的榜样，所以广西的山歌才那么出名。

B：相传以前的交通很不便利，广西山多，大家只能在山与山之间用对唱的方式来交流。后来大家约定一个时间，聚在一起，用唱山歌的方式交流情感。

C：祭祖的传说我知道一个，就是传说有一条母龙抚养了一条小蛇，还帮助壮乡人治病。母龙死后，小蛇为了报答母龙的恩情，在每年的三月初三都会回来给母龙扫墓。壮民们被小蛇的孝心所感动，就把“三月三”这一天定为祭祀祖先的日子。到了“三月三”这一天，家家户户都带上吃的去祭祀祖先。

问题3：歌圩节是不是只有每年的三月初三举行？地点是固定的吗？

B：歌圩节一年举行很多次的，只是三月初三这一天最隆重。每一年的地点有可能会不一样，确定了地点，会做宣传，大家相互转告。

问题4：歌圩节上大家都唱什么？怎么唱？

C：能唱的东西有很多，最多的是情歌，还有赞美家乡的、描绘自己的生活的，等等。至于怎么唱，一言难尽，你来看我们唱就知道了。

问题5：参加歌圩节你们的心情怎么样？

A：当然是开心的！

B：肯定开心啊！难道会是伤心吗？

C：非常开心！过节有谁不开心？我们都喜欢唱歌，能做自己喜欢的事情当然是最开心的。

问题6：祭祖的时间和物品有严格规定吗？

C：没有。我们这边都比较随意，但是祭祖物品有几样是必需的，纸幡必不可少，五色糯米饭是我们广西的特色。

问题7：你们这边是不是特别崇拜祖先？

B：当然了，祖先在我们心里很神圣的。过年过节、初一十五都要祭拜祖先。祭拜的时候都要非常虔诚，回到家的第一件事就是给祖先上香。不过，我们也觉得有点恐惧，毕竟祖先已经去世，而且我们作为子孙，生怕自己做得不到位，祖先在天之灵会生气，然后不保佑我们。

问题8：祭祖的时候你们的心情是怎样的？

C：我们家族的人，男的聚在一起，而且是去郊外祭祖；小孩子们是最开心的，就相当于去游玩。我们祭祖不严肃的，就像跟祖先话家常那样。我们觉得祖先会更喜欢吧。

中国西南少数民族神话与日本神话比较研究综述

■ 周　江　孟晓娜*

【摘　要】中日神话比较研究呈现出新的趋势：就研究对象而言，从汉族神话拓展到少数民族神话（尤其是西南少数民族神话），从单纯的书面文本拓展到田野调查和考古所得的各种资料；就研究方法而言，从书面文本分析和比较研究转向与"四重证据法"、文化多级编码论等方法、理论相结合的研究。因此，以新的理论构建框架并展开中国西南少数民族神话与日本神话的比较研究，是中日神话比较研究的趋势。

【关键词】中日神话　比较研究　综述　西南少数民族

一、国内研究综述

就国内来说，中日神话比较研究兴起于20世纪八九十年代，之后，不断发展、繁荣并产生了大量的研究成果。这些研究在比较中日神话的基础上，分析二者的异同和关系，揭示其文化背景和社会原因；基于此，进一步探讨日本民族心理、性格及文化特征，并将其与中国民族心理、性格和文化特征相比较。

下面，首先从共时性角度梳理文献，将其分为中日类型神话比较研究、类型神的比较研究、日本神话与某区域或某民族神话的比较研究以及圣物

---

* 周江（1980～），男，博士，贵州师范学院文学院副教授，研究方向为民族审美文化；孟晓娜（1981～），女，辽宁辽阳人，贵州师范大学历史与政治学院讲师，研究方向为政治思想史。

神话的比较研究。

类型神话比较研究涉及创世神话、洪水神话、人类起源神话、植物神话、婚配神话、礼俗神话、女性神话、地震神话、奔月神话、射日神话、英雄神话等。类型神的比较研究涉及创世神、始祖母神、日神月神、独身神、偶生神、畸形儿等。与某区域神话的比较研究涉及全国，但大多与中国西南少数民族神话相比较；与某民族神话的比较研究涉及亦甚广，包括汉族和诸多少数民族，但主要是南方少数民族。圣物神话研究较少，主要为母石、玉石和金属圣物研究。

可见，研究涉及所有神话类型、所有神和母题，但对创世神话、始祖母神神话、偶生神神话、日神神话研究尤多，这表明中日神话中的主神和重要母题始终是研究的重点。从空间分布来看，与日本神话的比较研究，其比较对象主要涉及中国南方少数民族神话，尤其是西南少数民族神话，而较少涉及北方神话，这表明西南少数民族神话与日本神话有更多的可比性，需要展开进一步研究。

其研究成果主要有如下指向：中日神话关系及中日文化关系，神话的特点及其文化成因或背景，神话母题、神话形象的文化内涵，中日民族精神、性格及心理特征。

研究表明，中日神话及文化间存在密切的亲缘关系。一般认为，日本神话深受中国神话影响，但具体源流、变异过程，具体的时间、途径有待深入探讨。叶舒宪先生（2013）的相关研究运用了新的理论：文化传统多级编码论。

在比较研究中日神话关系和异同的基础上，一些研究成果指向了对中日神话特征及其成因的揭示。这些特征涉及日本神话编撰的系统性、政治色彩和浓厚的世俗色彩（张麟声，1988；范芊婀，2010；郭宁，2012），而中国神话则散见于古代文献，呈现出原始性和神话历史化或历史神话化倾向（易国定，2000；张紫晨，1986）。

除了宏观、宽泛地分析中日神话的特点外，更多的研究深入比较了中日神话母题、神话形象，以揭示其文化内涵及成因。这部分研究成果最有分量。如叶舒宪以四重证据法论证东北亚文化圈普遍存在将熊视为人神之间神圣中介的信仰、观念（叶舒宪，2010）。此外，众多学者对创世神话

(邓晓芒、肖书文，2001；崔文峰，2009；洪亦蔚，2006；肖金菊，2010；张国荣，1991；王燕，1989)、洪水神话（徐宏图、张爱萍，1998)、始祖神神话（郭燕，2009)、偶生神神话（杨江华，2009)、女神神话（张蕾，2012)、太阳神神话（车子贤，1994）和英雄神话（郎静，2006；马兴国，1993）等神话中的母题和形象进行了深入分析。

这些研究都或多或少地通过对比分析来揭示中日文化特征、民族精神和心理特征。如指出日本民族具有现得利观念（郭宁，2012)、性崇拜(崔文峰，2009)、自然崇拜（肖金菊，2010)、生殖崇拜（詹桂芬，2011)、无常心理（王天一，2006)、奔放激动（秦四绿，2011)、温顺平和（肖金菊，2010)、尚武勇敢又屈从逃避（高文汉，1993）等文化和心理特征，而中华民族则具有庄重含蓄、无私无畏、勇于牺牲、百折不挠、顽强不屈的民族精神特征（高文汉，1993)。

同时，也有囊括以上各方面的著作问世，如叶舒宪的《神话意象》、张爱萍的《中日古代文化源流——以神话比较研究为中心》、于长敏的《中日民间故事比较研究》等。

以上梳理表明，神话母题和神话形象仍是中日神话比较研究的重点，但对其文化内涵的分析尚有不少处于猜测阶段，亟须进一步论证。因此，借鉴“四重证据法”展开难题、母题、田野调查和考古证据的互阐互释，是强化论证其文化内涵的有效途径。

至于民族精神和心理特征的揭示，虽然指出了心理和精神的丰富性，但是一方面缺乏内部比较，因而无法得知核心观念和价值取向；另一方面缺乏全面分析，因而文化内涵和民族精神的研究成果局限在思想观念层面。而影响日本传统文化最重要的中国传统文化的基本精神，是情理精神和践履精神。鉴于此，要把握日本民族精神就不能仅仅停留在观念层面，而是要同时揭示情感、意欲及外化行为各方面的特征。情感、观念、行为方式几方面恰恰是美学研究对象审美意象的基本层面，而意象作为心象，比母题和形象更有利于揭示民族心理。因而，以美学理论和方法分析中日神话中蕴含于各个母题和神话形象中的基本神话意象，揭示其三个层面的基本特征，应该是全面揭示日本民族精神和文化心理基本特征的一条途径。

二、国外研究综述

在日本，比较神话学盛行于20世纪八九十年代。较早开始中日神话传说研究的，包括伊藤清司、吉田敦彦、中西进、大林太良等前辈学者。伊藤清司曾多次来华作学术报告，并著有《日本神话与中国神话》。他对中日神话和民间传说进行了详细的文本分析，在比较二者异同的基础上，揭示了各自传统文化的特点。吉田敦彦的神话比较研究涉及范围之广令人震惊，不仅包括亚洲、南太平洋，而且辐射到欧亚大陆、大洋洲、美洲、非洲的古老文明。他对日本神话与世界其他地区神话的源流关系进行了详尽的研究，指出日本神话的核心部分受到中国南方神话的影响，尤其是贵州、云南等西南地区的神话对日本神话的主要内容和核心事件有深刻影响。

吉田敦彦和大林太良很早就开始了神话的考古学研究。其中，吉田更著有《神话的考古学》一书，将考古学证据和民俗考察纳入神话研究，以进行对比研究和相互阐释。这种学术传统延续至今（山口八郎，2006；工藤隆，1999）。

日本的中日神话比较研究有如下特点：（1）研究颇为细致。不仅前辈学者如此，青年学者在这方面也毫不逊色——仲田和代的《中日神话传说比较》（2003）便是一例。（2）书面文本分析与田野观察和考古发现相结合。

通过对国内外中日神话比较研究的对比，以及历时性地梳理中日神话比较研究史，我们认为其研究呈现出如下趋势：（1）研究对象拓展——从汉族神话拓展到少数民族神话，从单纯的书面文本拓展到田野调查和考古所得的各种资料。（2）研究方法革新——从书面文本分析和比较研究转向与“四重证据法”、文化多级编码论等方法、理论相结合的研究。

基于以上综述，以中国西南少数民族神话与日本神话比较研究为选题，以书面文本、田野考察资料、考古证据为研究对象，以比较方法、美学方法、“四重证据法”为主要方法所开展的研究，应当是中日神话比较研究的趋势。

三、下一步研究的设想

1. 研究对象

研究对象为中日神话。具体来说，包括中国西南少数民族神话的书面文本和影像文本，以及日本的记纪神话、出云神话等书面文本和影像文本。其中，影像文本包括民俗仪式、器物等田野考察所获资料，以及考古发现的相关实物证据。

2. 基本思路

一个民族流传至今的神话故事蕴含着其民族性格的最初萌芽，是其民族精神的活化石。通过中国西南少数民族神话和日本神话的比较研究，能够探究两国的民族精神和文化特征。

首先，根据“四重证据法”收集研究对象、构建研究框架。其次，以美学理论和方法为核心，揭示中日神话、民族精神和文化心理的特征；同时，以比较的方法研究中日神话、民族精神和文化心理的异同。再次，在美学研究和比较研究的基础上，阐释蕴含于中日神话深处的民族心理和文化传统的丰富内涵。最后，在揭示民族心理和文化内涵的基础上，提炼两国的基本民族精神、核心价值观念和至高处世原则，并揭示二者的深度差异。

3. 总体框架

本课题依据“四重证据法”构建框架，以美学研究为核心。

(1) 中日神话的基本母题研究：分别阐述中日神话的基本母题类型、各母题的内容、母题产生的社会文化背景、原始心理。在此基础上，揭示中日神话的基本模式（雷神 - 日神 - 英雄）和基本母题中的难题。可以说，厘清神话母题并揭示难题，是比较研究的前提。

(2) 比较视野下的中日神话母题研究：分析各自母题的基本内涵，通过比较各母题细节指出其差异，并基于文化传统多级编码论梳理日本神话的变异，分析变异背后的原因、文化基础和内涵；基于对其内涵的比较和原因分析，揭示其文化特征、文化取向。

(3) 比较视野下的中日神话意象研究：首先，基于神话母题概括出中日神话的基本神话意象：其次，基于美学理论展开思想观念层面、情感体验层面和造形方式层面的神话意象分析，揭示中日民族的心理特质和行为方式；在此基础上，阐释中日民族的心理特征、民族精神和价值追求。

（4）中日神话母题和神话意象的田野观察：在观察中国西南及日本各地与神话相关的民俗尤其是在考察仪式、禁忌的基础上，对其仪式形式展开美学分析，揭示其中的精神内涵、情绪特征、造形方式和文化特点。同时，对仪式中的具体形象和程式进行精神分析的心理学研究，将其与美学研究相结合，解析象征意象的心理内涵。最后，将其与书面文本的美学研究成果相互印证，揭示神话母题和神话意象的文化内涵、意义及深层心理特征。

（5）中日神话母题和神话意象的史前考古文物证明：结合中日两国出土的图像神话文物，印证基本神话母题的存在；进而，基于对文物造形的美学分析，揭示相应神话意象的基本内涵，并将其与书本文献分析和田野调查研究相对应，进行相互阐释。

基于以上研究，概括各神话母题的文化内涵，总结各神话意象的心理特征；通过中日各自的内部比较，揭示其民族精神，提炼其核心价值；通过中日的对比研究，揭示中日文化、民族心理的不同以及中日民族精神与核心价值的深度差异。

4. 创新之处

（1）美学理论与方法的运用。综观中日神话比较研究文献，几乎没有以美学理论展开分析的；仅有的几篇涉及神话审美的论文只处于情感描述的状态，不仅简单而且粗糙，不仅篇幅极少而且显然不属于美学理论的自觉运用。而仅有的以意象为主题的神话研究（叶舒宪《神话意象》一书、王立群《中日神话中的生命意象》一文）虽涉及意象，却并非神话意象的美学研究。只有基于美学理论（原因已在文献综述中说明），才能从情感、观念、造形三方面有效地阐释神话审美意象的基本特征，探寻真善美（知、意、情的心理结构对应真、善、美的价值取向）的至高价值之所在。

（2）“四重证据法”的运用。严格说来，这只是特色，不算创新，因为已有前辈学者运用此方法分析类型神话。而本设想的特色在于，跨文化的、尽可能广泛的将这一方法运用于整个中国西南少数民族神话与日本神话的比较研究。此方法的运用，必将促成研究材料和研究对象的革新。

总之，以美学研究为核心，以“四重证据法”为基本方法和理论框架，搜集新材料、新对象，运用新理论、新方法，将打开中日神话比较研究的新局面。

5. 预期价值

（1）对中日交流的价值。基于中日神话的比较研究，考察中日两国文化的起源、现状、关系和特征，能够让我们在中日交往中知己知彼。

神话作为民族精神的活化石，不仅能够帮助我们理解民族心灵深处的精神内核和不同民族精神的根本差异，促进中日两国民间文化的交流，而且，因为记纪神话是日本官方编撰的，具有浓厚的政治色彩，所以本研究有助于了解日本官方的价值取向和行为方式，避免观念冲突。只有理解了中日文化的源流和异同，把握住中日民族精神的深度差异，才能理解日本的对华态度和中日价值冲突的原因，知己知彼，进而与这个一衣带水的民族和平相处，共谋发展之道。

（2）对少数民族文化的价值。对西南少数民族民间文学、民俗文化的考察、研究，在探寻中国少数民族的源流以及中国民间民族文化遗产的挖掘、保护和发展等方面，都具有重要现实意义。

【参考文献】

[1] 王孝廉．中国的神话世界［M］．北京：作家出版社，1991.

[2] 吉田敦彦．日本神话的考古学［M］．唐卉，译．西安：陕西师范大学出版总社有限公司，2013.

[3] 伊藤清司．日本神话と中国神话［M］．东京：学生社，1979.

[4] 中西进，严绍璗．中日文化交流史丛书——文学卷［M］．东京：大修馆书店，1995.

中国传统文化

关于儒家血亲情理学术争鸣的反思*

■ 刘清平**

【摘　要】 从最近十余年来围绕儒家血亲情理精神展开的学术争鸣中，可以引申出一个更深层面的伦理问题：我们是不是可以为了维系“慈孝友悌”的血缘亲情，不惜违背孔子原创性地确立起来的“志仁无恶”的道德标准，突破正义底线、从事坑人害人的邪恶行为呢？通过解开这一难题，克服孝仁之间的深度悖论，对于儒家来说具有思想维度上的重大理论意义。

【关键词】 儒家　血亲情理　孝仁悖论　思想史意义

一

自从拙文“美德还是腐败？——析《孟子》中有关舜的两个案例”在《哲学研究》2002 年第 2 期发表之后，围绕儒家思潮是否赞成某些腐败行为及其血亲情理精神的问题，国内外学术界展开了一场长达十余年、至今仍然势头不减的争鸣。大陆、港台以及欧美国家的许多研究领域和理论立场彼此不同的学者纷纷参与进来，发表了数以百计的学术论文，出版了若干

---

* 本文原载于《江苏行政学院学报》2015 年第 1 期。

** 刘清平，哲学博士，教授，复旦大学社会科学高等研究院专职研究人员，主要研究方向为中西文化比较、道德哲学和政治哲学、美学。

部学术专著，可以说影响广泛。[1] 有鉴于此，笔者想在这篇文章中提出一个此前虽已反复论及，却似乎很少得到儒家学者认真回应的反思性问题，以期将这场讨论引向更深的维度：我们可以为了血缘亲情的缘故坑人害人吗？

本来，倘若不限于《孟子》中舜的两个案例，同时再考虑到《论语》中的“父子相隐”案例（许多学者的关注点主要就聚焦在这个案例上），那么，有关的讨论便远远超出了官员是否可以为了维系血缘亲情从事徇情枉法、任人唯亲等腐败行为的范围，同时也远远超出了某个时代的法律条文是否应当规定亲属拥有免于作证的义务或权益的范围，而是涉及伦理领域内一个更深层面的要害问题：我们是否应当将自己对于亲人的血缘亲情放在至高无上、压倒一切的位置上，以致在人际行为中，为了维系血缘亲情而不惜坑害他人呢？

其实，从这三个案例中可以看得很清楚：无论是“父子相隐”中的“其父攘羊”，还是“窃负而逃”中的“瞽瞍杀人”，都是父亲从事了偷盗他人财物或剥夺他人生命的举动；至于“至不仁”的弟弟被提拔到有庳国王的高位，即便加上不许他任意“暴彼民”的限制，也依然是一种让他通过剥夺有庳民众辛勤创造的劳动成果、在不劳而获中享受荣华富贵的做法。所以，按照“不可坑人害人”这种人们在日常生活中形成的最质朴、最基本的道德直觉（又叫“正义感”或“良心”），不管它们是不是符合当时或今天的某些法律条文、制度规范，也不管究竟出于怎样的动机、理由，这些行为本身都已经造成了坑人害人的不道德后果，因而属于坑人害人的不道德范畴，并且理应由于这个缘故受到道德上的谴责乃至惩罚。事实上，也正是基于这种在当时人们的日常生活中就已经成为伦理共识的正义感或良心，按照《论语》和《孟子》的有关记述，“直躬者”才会出面指证父亲的偷盗行为，孟子才会承认皋陶应当逮捕犯下了杀人罪的瞽瞍，万章才会提出“有庳之人奚罪焉？仁人固如是乎”的质疑。

---

[1] 这方面的汉语文献主要有：《儒家伦理争鸣集》（郭齐勇主编，湖北教育出版社 2004 年版），《儒家伦理新批判》（邓晓芒著，重庆大学出版社 2010 年版），《〈儒家伦理新批判〉之批判》（郭齐勇主编，武汉大学出版社 2011 年版），《忠孝与仁义——儒家伦理批判》（刘清平著，复旦大学出版社 2012 年版）等。英语文献主要有：*Contemporary Chinese Thought*，第 39 卷第 1 期（2007 年秋季）上的 7 篇文章；*Dao：A Journal of Comparative Philosophy*，第 6 卷第 1 期（2007 年 3 月）、第 7 卷第 1 ~ 3 期（2008 年 3 ~ 9 月）上的 20 篇文章等。

然而，孔孟两位儒家大师却明白指出：在这类情况下，儿子应当设法隐瞒父亲的偷盗行为，舜也应当帮助犯下杀人罪的瞽瞍偷偷潜逃以躲避法律的惩罚，乃至主动利用手中的权力任命弟弟当国王，以尸位素餐的腐败方式获取富贵；更有甚者，他们还应当因为从事了这些行为的缘故受到赞扬，被视为具备了“孝父友弟”的儒家美德。从这里看，“父子相隐”“窃负而逃”“封之有庳”三个案例已经清晰地表明了孔孟在这一问题上的基本立场：为了维系父慈子孝、兄友弟悌的血缘亲情，人们可以遮蔽、包庇甚至从事坑人害人的不道德行为，以致不惜突破“不可坑人害人”的伦理底线。理由很简单：“子为父隐”“窃负而逃”的举动势必会使已经造成了坑害他人的不道德后果的父亲免于受到他们理应受到的正义惩罚，并且因此维持了受害者继续受到坑害的不道德后果，而“封之有庳”的举动则更是直接导致了有庳百姓被掠夺、被侵害的不道德后果。

儒者们或许会辩解说：在这三个案例中，儿子或舜都纯粹是出于孝敬父亲、亲爱弟弟的人伦之情，并没有坑害他人的自觉目的，因而就其动机本身来说是善的；所以，尽管其举动造成了坑害他人的后果，却依然可以接受、值得赞美。不过，问题在于，倘若这种只看动机、无视后果的辩解能够成立，这个世界上许多坑人害人的不道德行为也都同样可以接受、值得赞美了。举例来说，某位下级官员纯粹出于感恩回报的动机，帮助曾经提拔过自己、恩同再生父母的上级领导隐瞒其贪污受贿、欺压百姓的劣迹，❶ 某位法官纯粹遵循朋友有信的规范，在审判中偏袒曾经出生入死的老战友的亲属而做出不公正的判决，甚至某位黑社会成员纯粹基于兄弟情义，服从“老大”的命令杀死几个无辜者，等等，都可以说没有坑害他人的自觉目的，因而就其动机本身来说也是善的。但如果这些突破正义底线的行为在道德上都可以接受甚至值得赞美，现实生活又将变成什么样子呢？

---

❶ 事实上，不但在周朝实行分封制的特定背景下，而且在此后的中国社会中，“亲亲相隐”往往都同时包含着“官官相护”的内涵；就连儒者们在引用“子告父母，臣妾告主，非公室告，勿听；而行告，告者罪”的古代法条作为论据的时候，也清晰地承认它们“显然是认为君臣父子之间知其有罪应当隐而不告”（郭齐勇：《儒家伦理争鸣集》，湖北教育出版社 2004 年版，第 94 页）。然而，这恰恰引发了儒家学者迄今为止还没有给出正面回应的另一个重要问题：如果肯定了“亲亲相隐”的正当性，我们又有什么理由否定“官官相护”的正当性呢？（刘清平：《父子相隐、君臣相讳与即行报官——儒家“亲亲相隐”观念刍议》，《人文杂志》2009 年第 5 期）

儒者们或许又会辩解说：不这样做，父亲或弟弟也会因此遭到名誉受损、被捕入狱、身处贫贱之类的“坑害”，而“子为父隐”“窃负而逃”“封之有庳”的目的，正是要避免他们遭到这类“坑害”的“不道德”后果，因此才是可以接受、值得赞美的。然而，这种辩解显然抹杀了两种不同的人际伤害在伦理上截然有别的性质。由于人际冲突的缘故，人们在互动行为中往往会造成这样那样的人际伤害，但从道德角度看，却有着“正当”与“不正当”的根本差异。如上所述，父亲偷盗他人的财物、剥夺他人的生命，尸位素餐的弟弟利用民众的劳动成果享受荣华富贵，都是采取不正当的手段、通过不正当的途径伤害了其他人，所以他们造成的是道德上不可接受的不正当坑害。相比之下，父亲因为“攘羊”或“杀人”的缘故受到道德谴责乃至法律刑罚，却是基于“坑人害人的行为理应受到惩处”的正义原则，其目的也首先是为了防止类似的坑人害人行为再次发生；弟弟因为“至不仁”的缘故无法享受身居高位的荣华富贵，以致陷入贫贱，则是他咎由自取，并非其他人以不正当的手段坑害了他。所以，他们因此所处的境遇虽然对他们来说确实构成了一种“伤害”，却不属于道德上不可接受的“不正当坑害”，相反，倒是正义原则所允许的“正当性伤害”。只要弄明白了人际间的“不正当坑害”与“正当性伤害”在伦理维度上的这种本质区别，就不难看出：通过“子为父隐”“窃负而逃”“封之有庳”的举动以保护父亲或弟弟免于受到这类正义原则所允许的正当性伤害，其后果恰恰是以不道德的方式对其他人实施了不正当的坑害，因而，两者根本不能混为一谈。

综上所述，按照“不可坑人害人”的日常伦理底线，任何坑害他人的行为都是道德上不可接受的。但问题在于，孔子和孟子这两位特别重视道德伦理的儒家圣贤，却通过“父子相隐”“窃负而逃”“封之有庳”三个案例，明确主张为了维系慈孝友悌的血缘亲情从事坑人害人的举动是应当允许、值得赞美的，从而与人们最基本、最质朴的道德直觉正相抵触。这岂不是一件令人诧异的事情吗？

二

更令人诧异的是，孔子和孟子本人都没有否认“不可坑人害人”这种最质朴、最基本的日常道德直觉，相反，还在自己的论述中反复肯定了它在人类伦理生活中的重要地位，乃至把它确立为评判一切道德善恶的根本标准。

《论语·里仁》曰："苟志于仁矣，无恶也。"这句话清晰地表明，孔子把"仁"看成是区分道德善恶的根本标准：一个人只要有志于"仁"，就不会做出任何"恶"的事情来了。不错，"仁"在孔子思想中具有十分丰富的意蕴；然而，其中一种没有人会否认、甚至还占据着核心地位的内涵便是"爱人"（参见《论语·颜渊》）。如果把"爱人"理解成"富于同情心地关怀人、帮助人"，那么可以说，孔子的仁爱观已经潜含着"不可坑人害人"的意思了。理由很简单：只有在不坑人害人的基础上，人们才有可能进一步爱人助人；否则，如果在爱人助人的同时又坑人害人——像在施济一个人的同时又偷窃这个人，或者为了施济一个人而偷窃其他人，这种爱人助人要么是虚伪的，要么是自败的。孟子自觉地承扬了孔子的这一思想，在汲取墨子有关观念的基础上，❶明确赋予了"仁义"以"不可坑人害人"的内涵，反复强调："人能充无欲害人之心，而仁不可胜用也"（《孟子·尽心下》），"杀一无罪非仁也，非其有而取之非义也"（《孟子·尽心上》），"行一不义、杀一不辜而得天下，皆不为也"（《孟子·公孙丑上》）。❷

本来，在现实生活中，任何人都不愿自己受到不正当的坑害；因此，如果一个人愿意把其他人当成与自己一样的"人"来对待，自然也不会以不正当的手段坑害其他人——"己所不欲，勿施于人"（《论语·颜渊》）的正当性意义便在这里。同时，如果说"防人之心不可无"的说法充分体现了前一点，那么，"害人之心不可有"的说法则集中体现了后一点。正是这种日常的生活体验积淀下来，人们才逐步形成了"不可坑人害人"的基本伦理共识，并且自觉不自觉地以它为底线来衡量人伦关系中的

❶ 墨子不仅主张"兼相爱，交相利"，而且还在强调"公义"的基础上反对"别相恶，交相贼"（《墨子·天志上》），明白指出"杀一人谓之不义"（《墨子·非攻上》）。张岱年就此指出："墨子最崇尚义，孟子的注重义，将义与仁并举，大概是受墨子的影响。"（《中国哲学大纲》，中国社会科学出版社 1982 年版，第 268 页）

❷ 有必要指出的是，后来荀子也以类似的方式主张："仁者爱人，爱人故恶人之害之也"（《荀子·议兵》），"行一不义、杀一无罪而得天下，仁者不为也"（《荀子·王霸》）。

道德善恶，认为那些没有坑人害人而是爱人助人的行为在道德上都是“善”的，那些不是爱人助人、反倒坑人害人的行为在道德上都是“恶”的。说到底，当一个人由于自己从事了坑害他人的行为而感到“良心不安”的时候，或者当一个人由于自己或他人受到了不正当坑害而感到“义愤填膺”的时候，正是这种作为“正义感”或“良心”的道德直觉发挥着主导性效应。

从这个角度看，当孔孟赋予“仁”以“爱一切人”的普遍性意蕴，主张“泛爱众”（《论语·学而》）、“博施于民而能济众”（《论语·雍也》）、“仁者无不爱”（《孟子·尽心上》）的时候，“志仁无恶”的评判标准恰恰在哲理层面上概括了人们在日常生活中形成的上述正义感或良心：如果一个人能够践履爱人助人的仁德，不做坑害任何人的事情，肯定就不会导致道德上不可接受的邪恶了。事实上，即便在整个人类文明中，孔子也是通过阐发“仁”的普遍性爱人内涵、最早在哲理高度上意识到“不可坑人害人”的日常伦理共识并将它设定为道德善恶标准的一位思想大师，从而原创性地成就了人类道德意识史上的一个伟大进步，对于人类伦理思想的发展做出了无可替代的重大贡献。[1]

那么，已经把“不可坑人害人”的仁义观念视为道德善恶的评判标准的孔子和孟子，为什么又会主张为了维系血缘亲情从事坑人害人的举动就是应当允许、值得赞美的，从而严重违反了自己确立的“志仁无恶”的伦理原则呢？头号原因其实在于：他们都把慈孝友悌的血缘亲情看成是“志仁无恶”的原初起点乃至唯一根源，并且因此赋予了血缘亲情以神圣不可侵犯的至高无上地位，强调“事亲为大”（《孟子·离娄上》）、“孝子之至，莫大乎尊亲”（《孟子·万章上》），从而把血亲情理凌驾于仁义原则之上，结果在两者出现冲突的情况下（上面讨论的三个案例足以表明这类冲突在现实生活中的不可避免性），赞成人们为了不让父母至亲受到任何伤害（包括正义原则亦即仁义观念所允许的正当性伤害），不惜以不正当的手段坑害其他人。事实上，当某些儒者争辩说既然血缘亲情构成了仁义道德的活水源头，就不可以让这个源头受到任何“污染”而应当不惜一切代价加以维

---

[1] 刘清平．忠孝与仁义——儒家伦理批判［M］．上海：复旦大学出版社，2012：44~50.

护的时候，他们正是凭借血亲情理的至上地位，清晰地表述了孔孟面对仁孝冲突做出这种“舍仁而取孝”选择的内在依据和终极理由。

然而，笔者也正是在这个意义上，强调孔孟乃至整个儒家思潮陷入了某种伦理上的深度悖论：一方面，他们主张人们应当以血缘亲情为本根基础，努力做到不坑人不害人的“志仁无恶”；另一方面，他们又要求人们在出现冲突时为了维系至高无上的血缘亲情，不惜坑害其他人而违背“志仁无恶”的道德标准，结果凭借血亲之孝否定了爱人之仁。所谓“一个人要是连父亲弟弟都不爱，又怎么可能进一步爱其他人”的辩解之所以苍白无力，也在于这个致命的吊诡：如果一个人以“父子相隐”“窃负而逃”“封之有庳”的不正当方式去爱自己的父亲弟弟，他就已经严重坑害了其他人而突破了正义感或良心的底线，从而导致作为源头的血缘亲情受到了道德上的邪恶污染，哪里谈得上他还可能进一步去爱其他人呢？

从这个角度看，在鼓励人们面对冲突做出“舍仁而取孝”的不道德选择时，尽管孔孟都曾明确主张“泛爱众”“无不爱”，孟子甚至还把是否怀有“恻隐之心”提升到人之为人的高度来强调，他们实际上都已经要求人们只需把自己的父母至亲当“人”看，而不必把受到坑害的陌生人也当“人”看了。事情很明显：倘若对上述案例中的受害者还怀有一点恻隐之心，而不是麻木不仁、无动于衷的话，这两位儒家大师怎么会宣称“父子相隐”“窃负而逃”“封之有庳”的做法是可以接受、值得赞美的呢？也正是在这种将“父母至亲”与“陌生路人”截然分离的血亲至上倾向的影响下，后来的孔颖达才会精辟地点出儒家对待“国人”亦即“路人”的冷漠态度：“国人，犹言路人，言无怨无德也。”❶

其实，今天那些继续为孔孟血亲主义立场辩护的儒者们，可以说内心深处仍然没有摆脱这种将那些与自己没有血缘关联的受害者视为“形同陌

❶ 朱熹. 四书章句集注［M］. 北京：中华书局，1983：290.

路”的心态。一个简单的假设性问题便能够彰显这一点：❶ 倘若瞽瞍杀死的是某位儒者自己的生身父母，他是不是还会按照“事亲为大”的儒家原则，依然热情赞美舜将其“窃负而逃”的举动属于“天理之极，人伦之至”呢？即便他基于自己对孔孟的无限景仰愿意这样做，他是不是有充分的理由主张别人在类似的情况下也像他一样，热情赞美“窃负而逃”的举动属于“天理之极，人伦之至”呢？请参见孟子基于“不可坑人害人”的正义原则说出的一句或许带有血亲复仇烙印的偏激话语：“吾今而后知杀人亲之重也：杀人之父，人亦杀其父。”（《孟子·尽心下》）

三

儒家在血亲主义架构中陷入的上述伦理悖论，构成了它内在固有的一个最根本、最致命的深度悖论。说它最根本，是因为“孝”和“仁”原本就是儒家思潮自从确立的那一刻起便始终坚持的两大核心价值和支柱理念，绵延两千余年一直未变，以至于——如果说去掉或绕开了其他任何概念，儒家的理论建树都还不足以失去其儒家特色的话，去掉或绕开了这两个概念展开理论建树而想依然号称“儒家”，却几乎像“圆形的方”一样不可能了。说它最致命，则是因为始终高调地以弘扬伦理道德为己任的儒家思潮，恰恰在这个悖论中违背了“不可坑人害人”的正义底线（亦即孔子自己倡导的“志仁无恶”的道德标准），居然公开赞美那些为了维系血缘亲情而不惜坑人害人的道德邪恶行为。从这个角度看，这个深度悖论的揭示和破解，对于儒家来说无疑具有思想史层面的重大理论意义。

反观两千年来的儒家发展史，当上述悖论刚刚在孔子思想中崭露头角的时候，曾经“受孔子之术”（《淮南子·要略》）的墨子便敏锐地察觉到了这一点，所以才在倡导“兼相爱，交相利”的同时坚定地反对“别相恶，

---

❶ 需要指出的是，笔者此前曾多次这样回答儒家学者提出的假设性问题：如果我知道自己的父亲“攘羊”“杀人”，我会劝告他自首，而不会以“子为父隐”的不正当方式设法遮蔽；如果他被捕入狱，我会在审判过程中努力维护他的正当权益，并且在他服刑期间经常探望他，而不会以徇情枉法的不正当方式将他“窃负而逃”；如果他因为罪行严重被判处死刑，我会遵循适当的仪式安葬他，而不会以断绝父子关系的不正当方式与他“划清界限”。同时，我还觉得自己有充分的理由主张其他人也以这种符合正义感或良心的方式处理类似的情况。

交相贼”，尤其是富于针对性的严厉抨击了“今家主独知爱其家，而不爱人之家，是以不惮举其家以篡人之家”（《墨子·兼爱中》）的“损人利亲”现象，依据“不党父兄”（《墨子·尚贤中》）的原则强烈斥责了当时盛行的“任人唯亲”现象。孟子也是因为这个缘故，才把墨家视为“无父无君，是禽兽也”的“邪说暴行”（《孟子·滕文公下》），并且明白提出了“事亲为大”的血亲至上原则，结果从一个方面奠定了自己在儒家思潮中的“亚圣”地位。荀子和董仲舒虽然偏重于解决“忠孝不能两全”的伦理悖论，通过强调“礼莫大于圣王”（《荀子·非相》）、“君为臣纲”高于“父为子纲”而改变了儒家长期“不能用”的历史宿命，使之最终成为“独尊”的官方意识形态，但他们同样因为把忠孝凌驾于仁义之上、把三纲凌驾于五常之上的缘故，也没能摆脱“孝仁不能两全”的深度悖论。

进入唐代之后，针对佛教凭借“慈悲为怀”“众生平等”的观念提出的严峻挑战，韩愈一方面在杂糅儒墨的过程中阐发了“博爱之谓仁”的见解，另一方面又严厉斥责了“子焉而不父其父，臣焉而不君其君”的“灭其天常”（《原道》），结果再次在理论上清晰地呈现出特殊性之孝与普遍性之仁的伦理悖论。程朱理学则从把“仁之性（理）”与“仁之情（爱）”分离开来的“理一分殊”角度，依据“爱莫大于爱亲”（《二程遗书》卷十八）的血亲至上原则，公开赞美上述三个案例属于“天理人情之至”（《论语集注·子路注》），从而通过精致的语义转换，极力为儒家允许坑人害人的孝仁悖论开脱辩解。阳明心学在这个原则性问题上也与宋儒保持了高度一致，强调：

> 惟是道理自有厚薄……至亲与路人同是爱的，如箪食豆羹，得则生，不得则死，不能两全，宁救至亲，不救路人，心又忍得；这是道理合该如此（《传习录·下》）。

另一方面，从阳明心学中脱颖而出的异端李贽，却依据“童心说”谴责道学家“实多恶也，而专谈志仁无恶；实偏私所好也，而专谈泛爱博爱”（《焚书·答耿司寇》），精辟地揭示了传统儒家一方面提倡“志仁无恶”，另一方面践履“偏私多恶”的伦理悖论，甚至宣布：“《语》、《孟》乃道学之口实，假人之渊薮也。”（《焚书·童心说》）戴震站在“体民之情”的立场上，准确地指出了宋儒将“理”与“情”割裂开来的要害：

> 不知情之至于纤微无憾是谓理，而其所谓理者，同于酷吏之所谓法；酷吏以法杀人，后儒以理杀人，浸浸乎舍法而论理，死矣，更无可救矣！（《与某书》）

康有为则在指出儒家“有所偏亲者即有所不亲”的弊端后主张：“故家者……太平世最阻碍相隔之大害也。……故欲至太平独立性善之美，惟有去国而已，去家而已”（《大同书·去家界为天民》），试图凭借“去家”以实现“大同”的极端做法，来克服儒家两千年来始终没法摆脱的仁孝悖论。

不过，来自儒家阵营内部的最深刻、最有力批判，应当说是20世纪现代新儒家的头号代表人物熊十力的“衰年定论”了。在将“天下为公，不独亲其亲，不独子其子”的“大同之道”与“天下为家，各亲其亲，各子其子”的“小康礼教”加以鲜明对照的基础上，他不但指斥孔子早年“确是服膺小康礼教之模范人物”（《六经是孔子晚年定论》），而且认为“孟子最顽固，宗法思想狭隘一团”（《乾坤衍·辨伪》），“家庭私恩过重而泛爱众之普感易受阻遏……使人知有家庭而不知有社会与国家”（《论六经》），甚至感叹“小康派所遗传之自私自利、缺乏正义感、缺乏独辟独创的识力、固陋、卑狭、偷惰、委靡，乃至一切恶习，延及于今，恐犹未易除其根也”（《乾坤衍·辨伪》）。❶ 事实上，倘若结合儒家血亲情理精神在现实中造成的最严重的负面效果看，熊十力在这里指出的“缺乏正义感”，的确可以说是一种围绕儒家基本精神展开的一针见血的深度自我批判。❷

从上面的描述中不难看出，孝仁两大核心价值的深度悖论构成了贯穿整个儒家思想史的一条内在红线；无论是持辩护的态度，还是持批评的态度，儒家大师们主要就是由于围绕它做出了原创性理论建树的缘故，才分别确立了自己在儒家思想史的有限空间里的一席之地。换言之，由于这个悖论发生在儒家架构的两大支柱理念之间，具有毋庸置疑的根本性和致命性，它已经构成了历代儒者谁都没法绕过去的一个沉重心结，倘若不解开

---

❶ 徐复观尽管不同意熊十力对孔孟的严厉批评，却也明白承认：孟子以舜为榜样倡导“亲之欲其贵，爱之欲其富”“尊亲之至，莫大乎以天下养”是“非常有害的说法……容易发生流弊”，“会给后来许多人只知有家庭而忽略了社会国家的不良影响”（《徐复观文集·文化与人生》，李维武编，湖北人民出版社2002年版，第63页）。

❷ 刘清平．试析熊十力对孔子“小康礼教”的批判［J］．（韩国）退溪学论丛，2014（23）．

便会严重影响到儒家自身的生存、发展。也正是在这个意义上说，十余年来国内外学术界围绕“父子相隐”等三个案例展开的学术争鸣，势必在未来的儒家思想史上留下难以抹去的深刻印迹。

更重要的是，如果说历史上围绕这个悖论展开的辩护和批评主要还是聚焦在“偏私”之恶与“仁爱”之善的矛盾张力上，当前的这场争鸣却在新的历史背景下，逐步彰显了隐藏在这种矛盾张力背后的一个更富于挑战性的问题：我们是不是可以赋予血缘亲情以神圣不可侵犯的至上地位，使其能够压倒“志仁无恶”的道德标准，以致允许人们在冲突情况下为了维系血缘亲情而不惜突破正义的底线，从事坑人害人的邪恶行为？尤其考虑到儒家一贯以弘扬伦理道德为己任，这一挑战就更是生死攸关的了：一个人要当父慈子孝的儒家君子乃至圣贤，当然没有任何问题，但他可不可以因此坑害他人呀？否则，这个难题不解决，儒家怎么还能够有效地说服那些秉持日常伦理共识、把坑人害人视为道德邪恶的普通人，让他们真诚地相信儒家是“极高明而道中庸”的道德学问呢？

再从全球化的视角看，当前也不是只有儒家思潮才面临这样一种致命性的严峻挑战。正如笔者在一些文章中指出的那样，虽然绝大多数在人类历史上广泛流传并且产生了深远影响的宗教、哲学和道德思潮都曾以这样那样的方式肯定了“不可坑人害人”的日常伦理共识，但其中的许多思潮同样也没有将这种道德直觉本身确立为不可突破的正义底线，而是像儒家对待血缘亲情那样，把另外某些价值理念（如灵性信仰、崇高德性、一己自由、社会理想、最大福祉、艺术追求，等等）凌驾于这种道德直觉之上，结果允许人们为了达成这些看起来似乎更高尚更圣洁的价值理念，不惜违反“不可坑人害人”的正义底线，昧着良心从事这样那样的坑人害人的邪恶行为。这类深度悖论其实也是为什么现实生活中一方面有那么多人承认“不可坑人害人”的伦理共识，另一方面却又存在那么多坑人害人的邪恶现象的深度思想根源。[1]

有鉴于此，倘若儒家能够在破解自己两大核心价值的深度悖论方面做

---

[1] 刘清平．何者为大：事亲、信神、还是爱人？——郭巨埋儿与亚氏杀子的案例比较［J］．江苏行政学院学报，2006（1）．刘清平．试析全球伦理的深度悖论［J］．人文杂志，2011（3）．

出表率，明确将“不可坑人害人”的正义原则确立为人类生活中不可突破的道德底线，在这个基础上处理好“志仁无恶”的道德基准与“慈孝友悌”的伦理德性之间的互动关系，不但有助于儒家自身的健康发展，使其能够在现代历史背景下焕发出崭新的生命力，尤其是帮助国人找回缺失已久的正义感，而且也有助于儒家自己在全球化的氛围中真正走向世界，自立于多样化的人类文明之林。不用细说，这同样构成了我们今天应当将围绕上述三个案例展开的学术争鸣进一步深入下去的思想史意义之所在。

论《琵琶记》的悲剧性兼及传统社会的深层矛盾

刘　洋*

【摘　要】《琵琶记》这部戏剧蕴含着君臣、父子、夫妻三对矛盾。本文根据黑格尔的悲剧理论，分析《琵琶记》中三对矛盾冲突的“片面合理性”、冲突中一方的毁灭和另一方理想的实现以及“永恒正义”的胜利，以揭示该剧的悲剧内涵。蔡伯喈的孝分别与父母的期望、权贵的权威相冲突。最终，其孝的理想在冲突中一步步走向毁灭，昭示着封建权贵的胜利和平民悲剧的必然。

【关键词】孝　冲突　毁灭　封建权贵

一、引　言

《琵琶记》是元末著名的南戏，主要讲述书生蔡伯喈与赵五娘的爱情故事，是古代戏曲中的经典之作。从古至今，对它的研究数不胜数。自1956年起，为了响应“百花齐放，百家争鸣”的文化政策，文化界发起了一场轰轰烈烈的大讨论，有不少人专门就《琵琶记》展开了讨论。具体来说，主要有两条研究路径。

其一，梳理、研究作品的主题和基本矛盾，进而对封建道德、社会伦理、封建社会做出思考。如赵景深、江巨荣的《一部深刻的社会悲剧——谈〈琵琶记〉》认为，作品描述了在当时的社会环境下，没有任何势力支

---

* 刘洋（1993～），女，甘肃庆阳人，文学学士，广西师范大学政治与行政学院硕士研究生，研究方向为美学。

持的下层知识分子与劳动妇女的命运悲剧，“表达了人们对他们的遭遇所引起的共鸣以及对正当的、合乎情理的道德行为的期望。”佘德余的《〈琵琶记〉悲剧的伦理理想人格与中和审美意识》通过对主要人物的分析，提出了对伦理人格以及社会伦理的看法。谢宇衡在《试论〈琵琶记〉的悲剧冲突》中讨论了此戏剧存在的两种戏剧冲突——“三不从”与“三不孝”的矛盾以及“理论悲剧与封建说教的矛盾”，指出当时的那种“事态”进入家庭，破坏了家庭关系进而形成悲剧。李跃红的《〈琵琶记〉意义新探——兼谈悲剧的形而上特质》运用美学观点和西方的悲剧伦理，考察其美学特质，对“《琵琶记》作为经典悲剧更为普遍的哲理意义是什么”进行了讨论。❶

其二，运用西方悲剧美学——如亚里士多德的悲剧观来研究其悲剧性。梁春红、谢世坚的《以亚里士多德的悲剧理论赏析〈琵琶记〉》从“情节整一律”“悲剧人物论”、悲剧“净化说”三方面对作品进行了分析。单怡在《从戏剧冲突看〈琵琶记〉的悲剧缺陷》中对“戏剧的‘二律背反’的冲突进行研究，分析了文本潜在的一些不协调性，探讨其意义导向，并进一步分析了其缺憾存在的内部原因”。❷

尽管研究《琵琶记》的文章并不少，但从悲剧角度、基于美学理论所做的研究却很少。本文主要用黑格尔的悲剧理论分析《琵琶记》的戏剧冲突，从“三不准”和“三被强”两条线索出发，揭示该剧的悲剧性。

二、《琵琶记》中的三对主要矛盾

作者高明称该剧是“三不从琵琶记”，即主人公蔡伯喈在上京考试时欲“事亲”而辞试，其父不从，这是一不从；考试中举后为“事亲”而辞官，其君不从，这是二不从；与牛千金被指婚后为“事亲”而辞婚，丞相不从，这是三不从。这三不从是矛盾的导火索。由此也可以看出，该剧的三对矛盾很不符合善恶分明的中国传统伦理道德。但正是由于这一特殊性，我们便可以另觅出路，换一个角度，用西方美学的悲剧观去分析。结合前期的

---

❶ 袁九生．建国以来《琵琶记》主题研究综述［J］．现代经济，2012（5）：116～118.

❷ 单怡．从戏剧冲突看《琵琶记》的悲剧缺陷［J］．咸宁学院学报，2007（4）：67～70.

调查结果，本文选取了被调查教师都比较了解的黑格尔悲剧理论来分析这三对矛盾，以及其所引起的悲剧感受。

该剧以主人公蔡伯喈一家其乐融融的场面开头，这与悲剧的结局形成鲜明对照。在三对主要矛盾的推进下，主人公逐渐陷入悲惨的结局。

（一）“被亲强来赴选场”——蔡伯喈与父母之矛盾

首先，是蔡伯喈与父母的矛盾。蔡伯喈是一个规规矩矩的读书人，始终秉持“父母在，不远游，游必有方”这一观念，可这一孝顺思想不被父母理解。父母的愿望是他能求得一官半职，光耀门楣。但这并不是蔡伯喈所希望的。这就造成了本剧的第一个矛盾：蔡伯喈欲在家养亲，其父不许。

（二）“被君强官为议郎”——蔡伯喈与君主之矛盾

蔡伯喈最后不能违抗父母，上京赴春闱。怎奈他才华横溢，“折得蟾宫第一枝”。这对上京赶考的考生们来说应该是最好的结果，可并不符合他的初衷。于是，他便毅然地提出了辞官。但这并没有得到皇帝的许可。在皇帝看来，国家是大家，蔡伯喈的家庭是小家，蔡伯喈应该舍小家为大家，为社稷奉献终生。这就是第二个矛盾，即蔡伯喈欲辞官归里，可朝廷不许。

（三）“被婚强效为鸾凰”——蔡伯喈与牛丞相之矛盾

蔡伯喈高中状元，名气大增，朝中大臣都欲招他为婿，最终皇帝赐婚于牛丞相之女。但这更加阻碍了他回家的步伐，况且他家中还有一个刚过门不久的妻子。于是，他又提出了辞婚。这一想法必然会遭到牛丞相的反对，因为辞婚对女方来说是一种莫大的耻辱。牛丞相只有一女，视其为掌上明珠，绝对不会允许这种事情发生。但牛丞相的不允许也阻拦了蔡伯喈回家的脚步。这便构成了第三个矛盾，即蔡伯喈欲辞婚回乡，牛丞相不许。

《琵琶记》中的这三对矛盾充分表现了伦理道德与自身理想的冲突，这就预示着悲剧产生的必然性。黑格尔的悲剧理论认为，悲剧的产生源于“冲突”，解决源于“和解”。在悲剧中，相互对立的双方构成“冲突”；而对立面的统一，就表现为“和解”。这里的“冲突”是说，人在某种情境中可能会因两种普遍力量的对立而“分裂”；在这两种力量的推动下，对立不断地发展，通过否定之否定，最终消除否定，达到和谐。《琵琶记》中的蔡伯喈正是这样一个被两种普遍力量“分裂”的人物。在封建伦理社会的背景下，作为一个拥有独立人格的个人，他生活在各种关系和矛盾之中。其中，最主要的是覆盖了中国传统社会的最重要的三种伦理关系：君臣、父子、夫妇（“三纲”）。这三种关系在戏剧中主要表现为“三不准”“三被强”。在这种伦理道德和自身理想的力量碰撞之下，蔡伯喈的理想趋于分裂，这便产生了“冲突”，最终造成了这部戏剧的悲剧性。

三、相互矛盾的伦理理想的片面合理性

这三对理想之所以成为矛盾，是因为它们不仅具有合理性，也具有片面性。主人公蔡伯喈及其一家的悲剧就是在这三对矛盾的对立冲突中渐渐展现的。

（一）孝与慈的片面合理性

蔡伯喈对父母的孝和父母对他的慈爱会成为一对矛盾，是由于他们各自都具有“片面合理性”。

父母希望他上京赶考，谋求一官半职，可他并不赞同。他苦读十年书，学到的是“入则孝，出则弟”的封建伦理孝道，因而不愿在父母年事已高的情况下离开他们，追逐名利。这些顾虑，是他对父母的一片孝心，是他自己的“理想”。对于他来说，当然具有“合理性”，而且他也有理由将其付诸行动。

可是在封建社会，就连婚姻大事都是遵从父母之命，可见年轻人没有权利为自己做决定。蔡伯喈以“怎奈爹妈年老，家中无人侍奉”[1] 为由，执意要留在家中。但父母认为，不听从他们的命令便是对父母的违抗，是有违孝道的。蔡父在与蔡伯喈争吵的过程中说：“不从我命，也由你；你且说如何唤做孝？”父亲认为，蔡伯喈所坚持的都是些小节，“不曾说着大孝”。蔡伯喈没有顺从父母，没有做到其父所说的“大孝”。这也是他理想的“片面性”。

其父母虽已双鬓斑白，年事居高，而且“守清贫不图着甚的”，但唯有

---

[1] 钱南扬．元本琵琶记校注［M］．上海：上海古籍出版社，1980：27．又，下引《琵琶记》均据此书。

一儿，才智博学，所以只有一个愿望，“但得他为官足矣”。因此，他们一直严令蔡伯喈快赴春闱。虽然也怕儿子在上京途中受苦，但迫于望子成龙的愿望，还是决定让他去。这是父母对他的慈爱，是其父母的“愿望”，因而也具有“合理性”。

虽然说父母让蔡伯喈上京赶考是为了他的前途，但实质上有个更加隐晦的原因，就是希望他能“立身行道，扬名后世，以显父母”。为家族争光，免受他人的冷眼，是一种想要越上统治阶级的愿望。而父母的这一愿望是没有取得蔡伯喈同意的。父母只认为：“你若是做的官时节，也显得父母好处，兀的不是大孝是什么?”但对他来说是一种勉强。他认为，家中“止有一子，教他远离，孩儿以此不敢从命”。所以，这也是父母慈爱的“片面性”。

在辞考而不被允许的冲突中，蔡伯喈和父母各自的理想对于自己来说是合理的，可是放在双方关系中，又是相对片面的。那么，为了维持自己理想的合理性，必然会产生冲突，导致一方的毁灭。这就促成了蔡伯喈上京赶考的情节，推动了悲剧的发展。

（二）忠与孝的片面合理性

蔡伯喈因文采过人，经过三轮考试，最终“折得蟾宫第一枝”，坐上了状元的宝座。可是，却陷入了忠与孝的矛盾冲突中。二者之所以冲突，原因是二者都具有“片面合理性”。

蔡伯喈一心想要回家侍奉父母，“自家为父母在堂上，故上表辞官回去侍奉”。在他看来，父母是最重要的。所以面对一再地劝说，他依然回答说，“遣臣归，得侍双亲，隆恩无比!”可见他对父母的孝顺。所以，从尽孝道的角度来说，辞官当然是合理的。

自古忠孝难两全。蔡伯喈是社会中人，而且不是普通人，是科举的状元，他是有能力为朝廷分忧的。皇帝认为：“兹尔才学，允惬舆情。是用擢居议论之司，以求绳纠之益。”他理应恪尽职守，为国家做贡献；不应该拘泥于自己的家庭，应该舍小家为大家。但他想得过于简单，选择了辞官。所以，他的理想也具有“片面性”。

皇帝在圣旨中说：“孝道虽大，终于侍君；王事多艰，岂惶报父?”作为一国的君主，招才揽贤，壮大国家，是他的责任。不同意蔡伯喈辞官，是为了给朝廷留下更多有才华的仁人志士，为了国家的发展，为了社会的稳定。这是统治阶级的要求。所以，皇帝不同意蔡伯喈回乡侍亲是为了更大更重要的愿望，他的理想也是具有“合理性”的。

皇帝为了留住蔡伯喈，用王权震慑他，告诫他：“毕竟事君事亲一般道，人生怎全忠和孝？却不见母死王陵归汉朝。”这使得他不得不放弃回家侍亲的愿望、放弃辞官的念头，勉强留在朝中做官。对于蔡伯喈来说，这是残忍的。他没有能力去反抗，只能默默接受。所以，皇帝的理想也是具有“片面性”的。

在这一矛盾冲突中，一方面是蔡伯喈颐养父母的孝的愿望，一方面又是君主招才揽贤、壮大国家的愿望。站在双方的立场上都显得合乎情理，可放在一起，势必会造成激烈的矛盾冲突。

（三）忠贞与慈爱的片面合理性

蔡伯喈对妻子的忠贞、对父母的孝，与牛丞相对女儿的慈爱能成为一对矛盾，亦是由于他们各自都具有“片面合理性”。

伴随着主人公的应举，随之而来的就是赐婚。在不知道他已成婚的情况下，皇帝便将牛丞相家千金赐婚于蔡伯喈。这更加阻碍了他想要回家的步伐。家中有刚娶两个月的妻子，现在又让他另娶一个，他所能做的就是断然拒绝。他哀叹道：“我亲衰老，妻幼娇，万里关山音信杳，他那里举目凄凄，我这里回首迢迢。”面对媒婆的一再劝说，他依然选择辞婚，果断拒绝。他说，千里之外的父母怎么能抛弃，妻子正值青春年华，他们都需要自己。这些，表现了蔡伯喈对父母的孝顺，对妻子的忠贞。孝顺与忠贞在这里都具有“合理性”。

可是，赐婚是皇帝的圣旨。蔡伯喈先是要辞官，现在又提出辞婚，这是对皇权的再一次挑战。在封建社会中，一切的关系大不过君臣关系，一切的权力大不过君主的权力。在这样一种中央集权制的社会中，任何人都得对统治集团低头，可是蔡伯喈却“君王诏旨不相从”，三番两次违抗圣旨，不遵从天命。这是他理想的“片面性”。

牛丞相爱女如命的理想也有其“合理性”。戏剧开篇，对牛千金有这样的描述：“看她仪容娇媚……好一个戴冠儿的君子。”这俨然是一个大家闺秀的形象，可见牛丞相对她的精心培养。剧中有一出戏，牛丞相自言自语道："朝夕萦挂，只为孩儿多用心。不知月老是何因，为甚冰人没音信?"可见，牛丞相十分疼爱女儿，一直牵挂女儿的婚事。因此，他必然会选择最优秀的人为女婿。蔡伯喈状元及第，就成了不二人选。这是牛丞相对于女儿的慈爱，表现了其愿望的"合理性"。

但是，牛丞相为了女儿的幸福要牺牲别人的幸福。面对蔡伯喈的辞婚，他十分气愤："我的名声，谁不钦敬?"况且他是要嫁女，"多少贵戚豪家，求为吾婿而不可得"。如此蛮横自私，其强权对于蔡伯喈是不公平的。因此，他的理想也就具有了"片面性"。

以上这三对矛盾都具有合理性，这种合理性的根据就是所谓的"君君，臣臣，父父，子子"的伦理纲常。在当时的社会，这就是正义的、合理的。但是，也有相对而言的片面性。对于自己而言是合情合理的，对于对立面却是片面的。

四、事亲理想的毁灭

黑格尔认为："冲突中对立的双方各有它那一方面的辩护理由，而同时每一方拿来作为自己所坚持的那种目的和性格的真正内容的却只能是把同样有辩护理由的对方否定掉或破坏掉。"❶《琵琶记》中三对对立的片面理想要实现，就必然导致其中一方理想的毁灭。

（一）望子成龙理想的实现与事亲理想的毁灭

在孝德这一伦理道德的背景下，选择时固然会左右为难。虽然抱怨"做孩儿节孝怎全，做爹行不从人儿谏"，但蔡伯喈是一个十分遵从封建伦理的传统文人，所以他的选择也是可想而知的。侍奉父母固然是一种孝，但完成父母的心愿和要求亦是一种孝。他在左右为难并权衡后，最终没办法违背父母的心愿，所以选择了上京赶考，毕竟父母的命令是不能违抗的。

至此，其父母希望儿子上京赶考、光耀门楣的理想实现了，即父母的片面理想得到了实现。但是与之相对的、蔡伯喈的理想却趋于毁灭。颐养父母——如此简单的心愿未能达成，再加上后来蔡公夫妇的相继去世，这

❶ 黑格尔．美学·第三卷［M］．朱光潜，译．北京：商务印书馆，1982：386.

一愿望彻底毁灭。悲剧也就应运而生了。

（二）求才若渴理想的实现与事亲理想的毁灭

王权是至高无上的。皇上以“王事多艰，岂惶报父”为理由，堂而皇之地拒绝了蔡伯喈的辞官。蔡伯喈也只能在忠、孝之间做出选择，最终放弃了孝，以忠君为重。这样，君王求才若渴的理想实现了，即君王的片面理想得到了实现，而蔡伯喈辞官的愿望又成为泡影。在与王权的冲突中，他的理想再次毁灭。进一步地说，是他想要侍奉父母的简单愿望破灭了。由此，悲剧的色彩更加浓重。

（三）乘龙快婿理想的实现与事亲理想的毁灭

面对皇上的赐婚，蔡伯喈依然要进行选择。虽然想回乡侍亲，但他只是一介书生，没有与朝中权贵抗衡的资本。在这样的压迫下，他又一次选择了妥协。

牛丞相的威严和权力让蔡伯喈担心“来冤家怎躲”，怕连累父母和妻子，便抱着先答应再寻找出路的缓兵之计允婚，在牛宅迎娶了牛家千金。这样，牛丞相选择乘龙快婿的理想便得到了实现，即他的片面理想得到了实现。与之相对应的、蔡伯喈的理想再次毁灭。在与牛丞相的矛盾冲突中，迫于牛丞相人贵权重的压力，蔡伯喈的理想再次遭到毁灭。这两个相对而言的“片面的理想”最终仍以一方毁灭为结果，以封建王权战胜底层人民而结束。

以上三对矛盾虽具有合理性，但在某一情境下又各自有其片面性；为了维护其各自的合理性，不得不相互否定，最终导致一方的毁灭。蔡伯喈的孝与封建社会的其他伦理道德相冲突，最终导致了悲剧的产生。

五、封建权贵的胜利

黑格尔认为，悲剧的结果是矛盾的调和，是一种和解；两个片面理想相冲突，最终导致其中的一个毁灭，这样，原来所存在的矛盾也就被“调和”了。《琵琶记》中的三对矛盾也是如此，各自都有其合理性，但都以蔡伯喈理想的毁灭而告终。这样，矛盾冲突的双方有一方毁灭，矛盾就被调和了。黑格尔认为，冲突双方自身的理想在他们看来是合理的，他们都有理由把自己的理想付诸行动，但在这一过程中势必会把同样合理的对立理想毁灭掉或破坏掉。这就造成了一种两难困境，变成了你死我活的斗争。对这种情况的解决就是代表片面理想的个人遭到毁灭。“就他们自身而言，他们的牺牲好像是无辜的，但就整个世界秩序来说，他们的牺牲又是罪有应得的。”❶ 随着片面理想的毁灭，会出现新的和谐与平衡，这就彰显了“永恒正义”的胜利。

在与父母的矛盾中，是以蔡伯喈上京赶考而解决的，这显示出孝的“罪有应得”与封建权贵的第一次胜利。

面对蔡父对“大孝”的剖析，蔡伯喈似乎也认识到被其父称为“小节”的孝的微不足道，但又怕无人供养父母，哀叹道：“孩儿此去知道做的官否？若还不中时节，既不能够事亲，又不能够事君，却不两下耽搁了。”这时，邻居太公在一旁煽风点火，使得蔡伯喈不得不答应上京赶考。“父为子纲”，父母的命令无法违抗，所以蔡伯喈理想的毁灭是“罪有应得”的。

面对蔡伯喈的百般不情愿，其父仍一直催促他上京，并认为：“孩儿若做的官时，也改换我门闾。”父母无论如何都希望他可以上京赶考，改门换闾，光耀门楣。在古代封建制度下，只有入仕做官才能够光耀门楣，只有鲤鱼跃龙门、跃升为统治阶级才能摆脱被压迫的命运。这是对权贵的追捧，体现了封建权贵的胜利。

蔡伯喈与皇帝的矛盾亦是以蔡伯喈放弃辞官而解决的，这一解决显示出蔡伯喈理想的“罪有应得”与封建权贵的第二次胜利。

蔡伯喈对黄门叙述了自己的请求，黄门代为转达后却不了了之，安慰他道：“人世上离多欢会少，大丈夫当万里封侯，肯守着故园空老？”蔡伯喈仍无法释怀，要亲自去找皇帝辞官，黄门拦下他，又道：“你做官与亲添荣耀，高堂管取加封号，与他改换门间，偏不是好？”从始至终，皇帝并未露面，只由身边人转述。蔡伯喈无法完成自己的心愿，无奈只能放弃辞官。蔡伯喈以一介平民的身份竟敢挑战皇帝至高无上的权威，所以他愿望的毁灭是“罪有应得”的。

---

❶ 朱光潜．西方美学史［M］．北京：人民文学出版社，1963：493.

蔡伯喈放弃辞官是无奈之举。在封建权贵的威严下，他无力反抗，只能妥协。可见封建权贵势力之大，影响之深。这样，封建权贵再次胜利。

在与牛丞相及其女的纠葛、矛盾中以蔡伯喈的“强就鸾凰”而得以解决，这一解决过程显示出权贵的第三次胜利。

蔡伯喈迫于牛丞相位高权重的压力，哀叹道：“愁多怨多，摆不脱功名奈何，送将来冤家怎躲?”最后，还是被“强就鸾凰”，娶了牛千金。在成婚之日，蔡伯喈也只能无奈地附和牛丞相的安排，心里万般滋味：“可惜新人笑语喧，不知我旧人哭。兀的东床，难叫我坦腹。”面对位高权贵的牛丞相，蔡伯喈竟试图反抗，所以他愿望的毁灭是“罪有应得”的。

在与牛丞相的矛盾中，蔡伯喈依然受制于封建权贵。他虽已成婚，却还想着家中的父母和妻子。他对自己小厮说：“我夫人虽则贤惠，争奈老相公之势。”他怕对夫人说了真相，会被老相公知道，不肯放他回去，索性“姑且隐忍，和夫人都瞒了，且待任满，寻个归计”，可见他对牛丞相的畏惧。这也是他对权贵的妥协。至此，封建权贵获得第三次胜利。

以上这三对理想中，蔡伯喈的理想都具有片面性，都与“君君，臣臣，父父，子子”的封建伦理道德有冲突，所以遭到了毁灭。这一毁灭是因为他的理想违背了基于封建伦理的等级制度，因而他理想的毁灭是“罪有应得”的。这些“罪有应得”彰显了封建权贵的绝对胜利。

六、结　语

整个戏剧是围绕着蔡伯喈的“理想”与其父母、牛丞相、皇帝的“理想”的冲突而展开的，涵盖了孝与慈、忠与孝、忠贞与慈爱三方面的矛盾，展现了蔡伯喈的自身理想与社会伦理道德的碰撞。对立理想各自有其“合理性”，然而蔡伯喈的孝的片面理想的实现必然会与对立的父母、牛丞相、皇帝的片面理想冲突，导致蔡伯喈片面理想的毁灭。最终，封建权贵获得了彻底胜利。

【参考文献】

［1］叶朗．美学原理［M］．北京：北京大学出版社，2009.

［2］黄仕忠．《琵琶记》研究［M］．广州：广州教育出版社，1996.

［3］《琵琶记》的情与理［C］// 温州文化广电新闻出版局．《琵琶记》研讨会论文集．上海：上海古籍出版社，2008.

［4］谢宇衡．试论《琵琶记》的悲剧冲突［J］．成都大学学报，1983（2）.

［5］佘德余．《琵琶记》悲剧的伦理理想人格与中和审美意识［J］．戏文，1993（3）.

［6］田彩仙．《琵琶记》的艺术结构与悲剧意蕴［J］．忻州师范学院学报，2005（6）.

［7］李跃红．《琵琶记》意义新探——兼谈悲剧的形而上特质［J］．云南民族大学学报：哲学社会科学版，2005（2）.

［8］梁春红，谢世坚．以亚里士多德的悲剧理论赏析《琵琶记》［J］．广州师范大学学报，2011（5）.

［9］黄仕忠．《琵琶记》悲剧绪说［J］．中山大学学报，1989（1）.

［10］苏远尚．《琵琶记》悲剧意识论述［J］．沧桑，2009（3）.

［11］王超龙．论《琵琶记》蔡伯喈的二重性格［J］．江西教育学院学报，2011（1）.

［12］刘恒．《琵琶记》结尾略论［J］．现代语文，2005（1）.

孟子内圣外王的政治哲学*

周洪邦**

【摘　要】孟子内圣外王的政治哲学以内圣为基础，以外王为目的。前者以性善论、四端说为主要内容，后者以仁政为核心要义。受孔子圣王一体论和子思心性论的影响，此政治哲学具有浓厚的理想色彩，虽未能在诸侯争霸的战国时期得到认可，却对秦汉以降中国传统文化乃至历史的走向产生了深远影响。

【关键词】孟子　内圣外王　性善论　四端说

先秦儒家代表人物无不内标仁义、外示王道，而孟子尤甚。基于此，本文借用《庄子·天下篇》“内圣外王”❶一语以形容孟子的政治哲学，并试图对此政治哲学的内在含义、历史渊源及其在当时并后世产生的影响予以具体分析。

一、孟子“内圣外王”思想的内容

正式论述之前，有必要对“内圣外王”这个概念作简要说明。“内”“外”对举，前者显系个体言，后者则当指外在于个体的他者。又据《说文

---

* 基金项目：贵州师范学院学生科研项目（2014DXS004）。

** 周洪邦，男，贵州安顺人，贵州师范学院文学院2012级本科生。

❶ “内圣外王”一语出自《庄子·天下篇》，用以指称道的最高境界。但“内圣外王”之说却显然不是庄子学派的专利，而实为先秦各主要诸子学派所有共有。换言之，庄子学派有其“内圣外王”之说，孔孟、墨、韩诸学派亦各有其“内圣外王”之说。当然，各学派主张的“内圣外王”在具体含义上有非常大的区别。正如《庄子·齐物篇》所说：“此亦一是非，彼亦一是非”“各是其是，各非其非。”

解字》："圣，通也"，"王，天下所归往也。"❶ 因此，"内圣外王"一语可理解为"内通达"而"外归往"，亦即个体通达，而天下归往。但如何从个体通达发展到天下归往呢？

（一）孟子"内圣"说的具体内容

孔子曰："性相近，习相远。"子思认为："天命之谓性。"❷ 孟子在此基础上进一步提出人性善的观点，并以此为其"内圣"说的核心内容。为论证此点，孟子又提出四端说：

> 恻隐之心，仁之端也；羞恶之心，义之端也；辞让之心，礼之端也；是非之心，智之端也。❸

在孟子看来，此四端源于天性，非由外铄，不仅人人皆有，而且是人禽之别的重要分水岭。因此，若能对此四端加以保持和扩充，则凡人皆可由此到达内圣所需的至善境界。故孟子云：

> 凡有四端于我者，知皆扩而充之，若火之使然，泉之始达。苟能充之，足以保四海；苟不充之，不足以事父母。❹

但如何保持和扩充源自天性的四端呢？孟子又提出养心寡欲说：

> 养心莫善于寡欲。其为人也寡欲，虽有不存焉者，寡矣；其为人也多欲，虽有存焉者，寡矣。❺

此中"存焉者"和"不存焉者"的对象实即四端说中的仁、义、礼、智。故孟子虽主张人性善，但同时又认为，性之善若要得到有效的保持和扩充，必须通过"寡欲"的方式"养心"，以尽量避免后天环境对心性健康发展可能产生的负面影响。

（二）孟子"外王"说的具体内容

孟子"外王"说以仁政为核心要旨，而仁政的要义无非保民、养民、教民三者。但这三者并非平行关系，而是存在先后主次之别。战国为乱世，无罪遇祸乃至死亡者往往有之，故保民为仁政的题中之意。但要做到保民，须先养民，轻赋薄税，使民有恒产，能够"仰足以养父母，俯足以畜妻子"；养民之次，继之以教民，使民习孝道，知礼节，明廉耻。于是，天下

---

❶ 许慎．说文解字［M］．北京：中国戏剧出版社．2007：316，4.

❷❸❹❺ 朱熹．四书集注［M］．长沙：岳麓书社，1985：212，29，293，473.

民众不仅诚心归服，其源自天性的四端亦可得到相应发展，并最终与在上者同臻善区。至此，儒家标举的“外王”政治理想也即宣告实现。故在保、养、教三者中，养民实为关键。盖不养民，则保民无从谈起；若不养民，则教民失其基础。因此，在《孟子》一书中，有关养民的论述最多，乃至专门提出恢复周代井田的主张。

但在战国时代，征伐不断，大多数诸侯王都倾向于富国强兵之术，对孟子主张的仁政之说心存怀疑。为鼓励诸侯行仁政，孟子特意强调王道与霸道的区别，指出：

> 以力假人者霸，霸必有大国。以德行仁者王，王不待大；汤以七十里，文王以百里。以力服人者，非心服也，力不赡也。以德服人者，中心悦而诚服也，如七十子之服孔子也。《诗》云：“自西自东，自南自北，无不思服。”此之谓也。❶

也即是说，施行霸道是以力服人，施行王道是以德服人。前者非使人心服，故会随着时间、条件而改变，难以久持；后者因是内心信服，如七十子服膺孔氏，故无改易，能够久长。

然王道何以能使人内心信服呢？若循着孟子的思路，自然可找到答案。因为王道的实行，以仁政为表，以性善为底。无论是诸侯王，还是民众，皆具仁、义、礼、智这四端，且这四端亦皆有其不断扩充的必要。对诸侯王来讲，此四端的进一步扩充即体现为仁政的推行；对普通民众来讲，在有恒产的前提下，此四端亦可以较顺畅地得到保持和扩充。因此，仁政的推行不仅是以诸侯王与生俱来的天性为根据，亦符合民众与生俱来之天性的健康发展。

由此可见，孟子主张的“外王”之说，实是以“内圣”为出发点和归宿点，故“外王”政治目标的实现，并非普通意义上的使民众信服，而是使君王与民众统一于性善这一大旗之下。换言之。孟子提倡的王道，并非源于外在的强制，而是天命的必然要求。

❶ 朱熹．四书集注［M］．长沙：岳麓书社，1985：298.

二、孟子“内圣外王”思想的来源

孟子“内圣外王”思想受到周朝敬德保民思想的影响，更与孔子“圣王一体论”和子思的“心性论”有着直接的渊源关系。

（一）孔子的圣王一体论对孟子的影响

敬德保民思想早在西周初年即产生。“民之不保，将何以助王而永保天命哉？”❶ 可见，周人是将保民看作保天命的必然前提的。春秋中叶的孔子对周代的政治文化极为推崇。今查《论语》一书，其以歆慕口吻言及此点者极多，如“周监于二代，郁郁乎文哉！吾从周”“文王即没，文不在兹乎”“甚矣吾衰也！久矣吾不复梦周公”“三分天下有其二，以事服殷。周之德，其可谓至德也已矣”。❷ 但细思孔子推崇周代文化的一贯态度，其实质无非是对文武、周公的人格力量及治国方法的高度认同。盖在孔子看来，无论是文王还是周公，都既是高德大智的圣人，又是使天下归心的王者。孔子在这里，显然是有意识地把圣、王二者结合为一个整体。孔子此种解读历史人物的视角和思维方式，显然直接启迪了战国时代的孟子。

当然，孟子内圣外王的政治哲学比孔子走得更远。孔子仅将德政的依据归于天道，认为施行德政是天道的要求，而孟子则在此基础上进一步把天道和人性统一起来，认为实行王道既是天道的体现，亦是扩充人之善性的必然要求。

（二）子思心性论对孟子的影响

郭店楚简《性自命出》一文被学界公认为是子思的作品。据此篇出土文献，子思主张“性自命出，命自天降，道始于情，情生于性”，❸ 首次将性、天、命三者统一为一个整体，且在此整体里，“性”显然具有明显的道德伦理属性，而与生理上的特性相距极远。子思此种观点为孟子“尽心——知性——知天”的心性论提供了理论前提。

---

❶ 王夫之．尚书稗疏·尚书引义［M］．长沙：岳麓书社，2010：173.

❷ 朱熹．四书集注［M］．长沙：岳麓书社，1985：89，138，121，136.

❸ 谢耀亭．从出土简帛看思孟学派的内圣外王思想［M］．北京：科学出版社，2011：81.

此外，《性自命出》一文还对孔子“性相近，习相远”的观点作了进一步发挥，分析了的“性”“势”的区别，认为“四海之内，其性一也”“出性者，势也”。❶ 在这里，“性”“势”之间的关系与孔子“性”“习”之间的关系既极为类似，又存在微妙的区别。因为“势”与“习”虽都可用来指称后天的环境和教育，但“势”字在表示动态变化方面显然比“习”字更为生动逼真。为引导此后天之势，子思在《中庸》一文更直率地言及教育与天命、性之间的同一的内在逻辑，云：“天命之谓性，率性之谓道，修道之谓教。”❷ 此中的修道，其实质即是通过人力去引导“势”，使之尽量归依于“性”。子思的此种意见，显然与孟子内圣说中的“寡心养心”说存在相通之处。

三、孟子内圣外王政治哲学的地位和影响

孟子内圣外王的政治哲学在当时不被统治者采纳，但却对后世产生了深远的影响。

（一）孟子内圣外王的政治哲学在战国时代的遭遇

孟子在战国时代影响巨大，从之学者亦极多。但是，由于战国以征伐为贤，各诸侯国争相重用法家人物，故孟子的政治主张最终未被接纳。对此，太史公在《史记·孟子荀卿列传》中略带惋惜地说：

> 当是之时，秦用商君，富国强兵；楚、魏用吴起，战胜弱敌；齐威王、齐宣王用孙子、田忌之徒，而诸侯东面朝齐。天下方务于合纵连横，以攻伐为贤，而孟轲乃述唐虞之得，是以所如者不合。退而与万章之徒，序诗书，述仲尼之意，作《孟子》七篇。

但史公此说仅就诸侯国之间的现实竞争立论，似遗漏了孟子内圣外王政治哲学被冷遇的另一个重要原因，即王道的推行在很大程度上将直接损害诸侯王的各种直接利益。因为王道要求诸侯王主动扩充源自天性的四端，不断在言行诸方面遵循善的原则。这样一来，诸侯王在政治上任意展现权

---

❶ 性自命出［M］．荆门市博物馆．北京：文物出版社，1998：179.

❷ 朱熹．四书集注［M］．长沙：岳麓书社，1985：29.

势的自由便被剥夺了。此外，王道还要求保民、养民、教民，以民之所需为转移。但这样一来，诸侯王不仅在经济利益上大受损失，而且还承担了极为重大的责任。所以，孟子的内圣外王说虽极为诱人，但对统治者来讲，采用之日即为自我道德约束之时。显然，若从个人功利上来考虑，孟子的内圣外王之说在当时的环境里亦极难得到践行的机会。

（二）孟子内圣外王的政治哲学对后世的影响

尽管孟子内圣外王的政治哲学在当时得不到重用，但对秦汉以后的政治文化却产生了极为深远的影响。于此，可从上层政治制度和民间群体心理两个方面来做具体的理解。

就前者来讲，自汉武帝以降，无论是政治制度还是意识形态领域，显然都以儒家学说为重要的建构基石；就后者来讲，由于整个社会对儒家文化的推崇，其内圣外王之说亦深入普通民众内心。在秦汉以降的大多数封建时代，普通民众不仅对王道政治的认同感一点也不比读书人弱，在日常言行中亦时时显露出明显的儒家文化特质，如对人性本善、仁、孝、礼、义、恭、俭、让等道德概念的理解和践行。

因此，可以毫不夸张地说，在秦汉以后的中国封建社会，孟子内圣外王的政治哲学全方位地影响了中国社会的政治、文化建构和民族文化心理，并且，此种影响在宋代理学提出后表现得更加明显与激烈。至封建社会结束后的民国时代，孟子内圣外王的政治哲学又得到了新儒学派的极力尊崇和重视，如熊十力、张君劢等人的著作都花费极多的笔墨讨论在新时代如何达至内圣处王之道。

四、结　语

在孔子圣王一体论和子思心性论的基础上，孟子内圣外王的政治哲学将内圣与外王、人性与天道统一起来，力主以仁政为核心的王道，排斥武力至上的霸道，具有极浓厚的理想色彩。此政治哲学虽在当时未被采纳、施用，却对后世产生了全方位的深远影响。

合道与逍遥

——《道德经》之“水”的审美境界

丁　羽*

【摘　要】本文基于审美角度，以老子《道德经》中的“水”为例，以“涤除玄鉴”的“水之道”统领“大智若愚、上善若水、洁静精微、勇猛精进、见素抱朴”的“水之真、水之善、水之柔、水之刚、水之德”，并以其解读“水”之固有品性，继而观照《道德经》的审美境界。

【关键词】道德经　水　合道　逍遥　审美境界

一、引　言

关于老子《道德经》的美学研究，目前较为系统的是叶朗先生《中国美学史大纲》中的“老子的美学”与李天道先生的专著《老子美学思想的当代意义》，但以“水”为例来讨论老子美学的则很少。然善言天道的老子开创了中国古代的本体论学说，❶ 其宗旨就在于自然与无为，况且“汉初的陈平曾说‘阴谋是道家之所忌’，所以老子推崇的是无为无事，任其自然”。❷ 因此，自然的合道与无为的逍遥即成为老子审美境界的重要组成部分。本文以《道德经》之“水”为例解读老子“合道与逍遥”的审美境界，因为在《道德经》中，水才是老子之“道”的真正载体，亦即“水”

---

* 丁羽（1987～），男，贵州遵义人，文学学士，研究方向为中国古代哲学、古典美学。

❶ 《汉书·艺文志》认为道家学说乃“人君南面之术”，于是有人认为老子宣扬权谋，更有人认为《道德经》是一部兵书等。这都远离了老子学说思想之根本宗旨，也远离了老子的审美境界。

❷ 张岱年．心灵与境界［M］．西安：陕西师范大学出版社，2008：80.

是老子美学思想的忠实代言人。虽然老子直接论述美的地方并不多，但其审美境界可从“水”这一道象上解读出来。就老子《道德经》之“水”而言，其美学特征即是“水之真、水之善、水之柔、水之刚、水之德”；而以“水之道”来统领其“真善、柔刚、道德”之美，乃是水之审美境界的核心所在。

二、水之美

《道德经》中的水之美主要表现为“水之真、水之善、水之柔、水之刚、水之德”五方面。

（一）水之真

所谓“真”者，《说文》云：“仙人变形而登天也。”❶ 王力先生认为是“本质，本性”，有《庄子·齐物论》“无益损夫求真”为证。❷ 依王力先生说，“真”取“本质、本性”之义，这与“仙人变形而登仙”之本义相符。因此，“水之真”可释之为“水之本质、本性”。此即触及“什么是美”的美本质追问，亦即《道德经》中的“水之真”所呈现的到底是怎样的一个审美意象世界。

笔者认为，“无为”集中体现了《道德经》的“水之真”。老子全新地会意了“水往低处流”这一看似简单而平常的自然现象，赋予了其谦卑精神、低调态度、高贵无为的品质，即“无为”集中体现了老子《道德经》中“水”的本质、本性及其审美境界的本来面目，且蕴含了老子美学的本质、自然之美及其审美境界。因此，作为老子学说宗旨的无为与自然，“水之真”的审美境界要我们回复到“复归于婴儿”（并下引《道德经》原文均据王弼注本）的那种纯真状态，亦即“自然而然”的、“究竟真实”（傅佩荣语）的本真状态。从审美角度看，水是自然界的天然杰作，而智者老子则长期观察和研究水的自然状态，并从“故几于道”的自然法则中悟到

❶ 许慎．说文解字［M］．影印本．天津：天津古籍出版社，1991：15. 又，下引据同书不另注。

❷ 王力．古汉语常用字字典［M］．北京：商务印书馆，2005：495. 又，下引据同书不另注。

了道的本质，故而探寻到水之真在何处，给出了自然无为的审美标准。又“水之真”在于“故几于道”的“无为”，而无为的真正目的又非表象的无所作为，其实质是无为而无所不为，且通过无为而有所大为。这恰是一种“大智若愚”的心态去为本应该之为，即呈现出一种超功利的、无为表象下的、无所不为的、自然之有所为的审美行为，从而达到合道与逍遥的审美境界。因此，这种“大智若愚”乃是得乎水之天性而内化为一种积极的、究竟真实的、本然的、“涤除玄鉴”的审美境界，而这一审美境界恰是水之真的一种自然的精神归宿和灵魂皈依。

（二）水之善

在《道德经》中，“水之善”具体表现为“不争”之善。正如“上善若水，水善利万物而不争”，进而“居善地，心善渊”，是故水之善乃为不争之善，也因此而得“善利”与“善下”之美名。当人们力求把握和阐释道的特征和精髓时，可知水的化身即成为老子哲学之精髓：“老子将具有天性物性的‘水’与万物之灵——人的心灵相结合，来阐发自己的人生哲学。”老子观照“水之善”性而明确提出“上善若水”的审美命题，故而：

> 老子以水性喻人，认为崇高的善人（圣人）就像水一样，具有水的所有善性——只予不取，以德报怨，隐退不争，淡泊名利，收敛锋芒，虚怀若谷。水，有容纳百川的度量，善利万物的品格。❶

就此，老子又提出“居善地、心善渊、与善仁、言善信、正善治、事善能、动善时”七大善性以阐释水之善性发端，并将水性和人性和谐地统一起来，以其人格化的水与其处世之道自然地相契合，继而给出与人生哲学内在要求相符的“上善若水”的审美境界命题。

正因为老子明白了“上善若水，水善利万物而不争”的道理，故以水喻上善不争之品格，即不争功名、不羡利禄、不慕虚荣，正如水：“善利万物而不争功、不争名、不争利，是谓不争。”而老子所谓“不争”的真正目的在于“夫唯不争，故无尤”，故“像水那样不争，所以便没有过错。这是老子之所以教人不争的缘由”。因为“不争”，他就处于超功利的审美状态，从而达到更高的审美层面。“不争”而又“利万物”即是老子审美境界的重

❶ 姜颖．上善若水——浅析老子的人生哲学［J］．社会科学论坛，2007（5）．

要阐释，其追求的理想效果即“以其不争，故天下莫能与之争”。因而“老子教人效法水之‘不争’，并非叫人无动于衷而无所作为，而是叫人要‘道’法自然而有所作为”。以道法自然而有所作为，即以超功利的心境来审视世界与人生，并通过心灵的觉照使人生更加具有审美意义：“‘为而不争’是人生修养的最高境界。”❶ 从审美角度看，正因为“为而不争”，故“上善若水”方能达到合道与逍遥的审美人生境界。

（三）水之柔

正如《道德经》说：“天下莫柔弱于水。”因此，自然界之“水”是最柔弱“无骨”的物质，故“水”之柔弱乃在于其“无骨”。因为在水身上，老子意会到一种最高最强的力量，即顽强的、韧性的精神和坚定的意志品质。水之柔弱，这只是表面，其骨子里却是柔韧的。水之柔弱之美，亦即柔美。然而，老子在其哲学上极力主张“柔弱胜刚强”，认为“守柔曰强”。所谓“守柔”，即“抱守人之初——婴孩时的柔弱状态，无知无欲”，❷ 是老子所说的“复归于婴儿”的那种本真的审美自然状态。因此，老子主张的“专气致柔”，即一心一意要达到柔和的审美境界，亦即“极高明而道中庸”之大美境界。

> “柔”是老子人生哲学的一个重要特征，而“水”却集“柔”于一身，突出了老子的贵柔思想。柔是水的特征，也是人之本性。

正如老子所说“人之生也柔弱”，因此，水之柔从审美的角度阐释更为合适：“柔是水的法则，又是水的象征。”❸ 在老子看来，“柔弱”并非懦弱，而是真正意义的强大，正如“弱者道之用”。因此，柔弱是道真正意义上的普遍之大用，是人生命意义最集中最完满的体现，同时又是老子审美境界的核心之一。

在老子眼里，“柔弱代表新生，生命力和灵活性。”这种柔弱的生命并非“柔弱”，而是强有力的、旺盛的。老子立足于宇宙本体论，合理地阐释了贵柔守弱，所谓“弱者道之用”，即：

---

❶ 周德高．上善若水，为而不争——解读老子道德经［J］．文化，2005（4）．

❷ 田建平．论老子的美学思想［J］．内蒙古大学学报：人文社会科学版，1998（2）．

❸ 姜颖．上善若水——浅析老子的人生哲学［J］．社会科学论坛，2007（5）．

> 道在产生并推动天地万物发展变化的过程中所表现出来的作用是柔弱的，柔弱是道这个世界最高实在的品质和属性，因此人们必须效法。❶

关于柔弱对于人生境界的深刻审美意义，正如詹剑峰先生所说：“因为柔弱是活泼、是生动、是流行、是灵活、是善变化”，所以“人们永远守着柔弱，永远守着新生，亦即一生保存着朝气，蓬蓬勃勃，向前发展”。❷ 因此，柔弱的温和、灵活成为人生境界的一大审美原则。就“贵柔守弱”而言：

> （老子）主张柔弱，并不是一味地示弱与退让，而是通过温和的方式去争取自己的目的，要待人接物灵活而不僵化，圆融而不固执，具有耐心和韧性。❸

因此，老子是以超功利的温和审美心态来审视世界与人生的。这种审美人生境界，就个人而言，可以减少生活与人生道路上的阻力和障碍而达成个人愿望；就社会而言，可减少人际间的摩擦和冲突，从而维护和谐的人际关系。以此来讲，水之柔弱确实是老子审美境界的一大原则。正如《吕览·不仁》曰：“老聃贵柔”，实得其学说思想之精旨；同时，“老子以柔弱为人的处世之唯一法门，极言其利”，故“老子贵柔，以纯理立言，发自人的内心，体现人的一种高尚的道德”。❹ 因此，老子以柔弱处世，自喻为水之善柔，体现的是一种自由的“洁静精微”、自然而然、超越自我的、复归于婴儿的自然本真审美精神境界。

（四）水之刚

在其以“水”为审美意象的贵柔哲学中，老子直接论述水之阳刚之美的地方不多，但同样以水为例，论证了水的力量之强大、之勇猛和刚健之美，即“水之阳刚”美。老子说：“天下莫柔弱于水也，而攻坚强者莫之能胜，以其无以易之。”因此，水乃至柔之物，而攻克坚强的东西却“无不克”。此即老子直接论述水之阳刚美之处。同时，老子哲学中含有朴素的辩

---

❶❸ 李光福．论老子独特的人生进取观［J］．南开学报：哲社版，2004（6）．

❷ 詹剑峰．老子其书及其道论［M］．武汉：湖北人民出版社，1982：350.

❹ 李谷鸣．老子的人生观剖析［J］．安徽教育学院学报，1998（2）．

证法，在贵柔的同时不可能完全忽视阳刚之美，所谓“万物负阴而抱阳，冲气以为和”。故而，阳刚之美也是老子审美境界中不可忽略的。

《道德经》中体现老子肯定水具有阳刚之美的地方还有：“天下之至柔，驰骋于天下之至坚。”老子所谓至柔之物，乃为水也。天下至柔之物却能在天下至坚之物中畅通无阻，此即深层的阳刚之美。再者，《道德经》中还常以“江海乃百谷之王”“大道泛兮”等水之阳刚之美的意象映射到修养上，乃是一种胸襟博大之气度，所谓“上德若谷”而“敦兮其若朴，旷兮其若谷”。比天空更广阔的乃是人的心灵，因此，作为万物之灵：

> 理应襟怀博大，视域高远，只有超于自我的藩篱，勇于并善于接纳和认可别人，才能得到别人的接纳和认可，才能拥有一种清新、质朴、快乐的生活。❶

只有不断突破与超越自我，才能净化道德心灵，开拓价值创造之领域。若是以超功利的审美心态来审视人生，即是对老子阳刚之美的领悟。也只有以这种心态直面真实的自我，才能以一种阳刚之美净化道德心灵，不断开拓自我精神层面的审美创造疆域。因此，这种阳刚之美中具有一种“勇猛精进”之精神。

（五）水之德

一般认为，老子哲学的实质是无为，如张岱年先生的《老子学说之宗旨》。此外，他还补充了一个重要的要素——自然。但有学者却深度误解老子“无为”思想为“消极避世”“无所作为”。而沈明明先生认为：

> 老子哲学的灵魂是“水德”，而关于“无为”应通过“水德”的准确把握，才能得到合理的解释。……所谓“水德”，具体表现为，谦卑低流，养育万物；静水流深，负重载物；胸襟博大，随遇而安；不避污秽，荡涤澄清；阴柔无骨，以柔克刚等等品质。❷

因此，水德的大美即在于“见素抱朴”之自然品性，其核心乃在于无为与自然。然见素抱朴也非无根之水，其立足于沈明明先生所谓的“水德”之五大基石上，以博大的胸襟为基础，以超功利的包容、接纳和自觉的

❶ 姜颖．上善若水——浅析老子的人生哲学［J］．社会科学论坛，2007（5）．

❷ 沈明明．“水德”：老子哲学思想的灵魂［J］．福建论坛：人文社会科学版，2010（3）．

“新陈代谢”而展现的、随遇而安的独特气质品性的水德大美境界。

与其他事物不同的是，水没有固定的形状；水，也不刻意将自身塑造出某种形状。自然给它什么形状，它就成什么形状，任何低洼，水都能安适地“居住”。水的这一特性被老子会意为随遇而安、百般兼容、自由自在。❶

从审美角度解读水德之包容，则为“广博的胸襟、开阔的心灵”，也是“抟扶摇而上者九万里，独与天地精神之往来”的、自由自在的逍遥状态。正因“夫唯不争，故无尤”，所以才有伸屈自如的自主和洒脱、战无不胜的自信与从容。这种“广博的胸襟、开阔的心灵”正是“水之玄德”所追求的审美境界，也是冯友兰先生提出的道德境界。若从审美角度观照：“它不遗余力地用自己的一切，自己的身体，自己的‘生命’去服务天下，去奉献自然。”所谓“贵以身为天下，若可脱天下”。因此，人生永恒的审美价值乃在于：

只有用自己的一切，包括用自己的生命去奉献社会，服务“天下”的人，才能最大程度上展示和体现自身的价值，才能获得安身立命的精神家园。❷

这种“安身立命的精神家园”，乃是审美人生境界随遇而安的终极追求，并以本体确证审美存在及其意义。

从另一方面看，水德之大美还在不断地新陈代谢，体现出以“不避污秽，荡涤澄清”为根基的生生之美。正如老子所云：“处众人之所恶，故几于道。居善地，心善渊，与善仁。”化害为利，变废为宝，自然再生之大美也。

“水德”，在这里体现为三个方面的高贵。首先，用自己的身体承载和包容污秽，肮脏了自己，却澄明了世界；其次，用自己的身体洗涤转变废物，“牺牲”了自己，却受益了环境；最后，经过水的改造，垃圾污秽没有“浪费”，反而成为新的能源，真正获得新生，从而“能重新做人”。❸

---

❶❷❸ 沈明明．“水德”：老子哲学思想的灵魂［J］．福建论坛：人文社会科学版，2010（3）．

因此，“不避污秽，荡涤澄明”即“新陈代谢”的自然审美过程，展望新我、把握本我、超越旧我，不断地洗涤自我的心灵，以“致虚极，守静笃”审视出“夫物芸芸，各复归其根，归根曰静，是谓复命，复命曰常”的一种“见素抱朴”的水德之大美。正如姜颖所说：“‘水德’的现实指导意义在于：1. 拓展心灵空间；2. 强化生命韧性；3. 圆满自我人生。”❶因此，可以说：

> 老子哲学借助于水德让人们从心灵深处“看见”一个变动的、辩证的“世界”，并且，通过会意“水德”让人们学会本着“人法地，地法天，天法道，道法自然”的原则，在精神上找回自己，回到那个安静平和真实的自己。❷

也即是说，在纷繁复杂、物欲喧嚣的世界找回属于自己的那个独有的精神家园。正如叶朗先生所说：“审美活动对人生的意义最终归结起来是提升人的人生境界。”亦即提升“人的精神境界，心灵境界”。❸

三、水之道

综观《道德经》可知，老子所追求的理想人格核心乃在于其哲学本体核心——道，这也是前文“水之美”的统领；而且，老子以宇宙境界的博大胸怀来道化人间世界。因此，作为老子哲学最高范畴的道，乃是其思想体系之核心，也是本文观照老子审美境界之旨。老子之道又是以“水”为审美意象、为依托，因而“水”是理解和把握其审美理想与境界的基础和钥匙。因此，老子《道德经》的终极审美境界乃是以水为审美意象的合道与逍遥。

合道即与道合一，此即老子《道德经》审美境界的最佳状态。《道德经》所说的“人法地，地法天，天法道，道法自然”最能体现老子的合道理念：

> 道以自然为本所以实现理想人格的根本就在于遵循道德自然性，

❶ 姜颖．上善若水——浅析老子的人生哲学［J］．社会科学论坛，2007（5）．

❷ 沈明明．“水德”：老子哲学思想的灵魂［J］．福建论坛：人文社会科学版，2010（3）．

❸ 叶朗．美学原理［M］．北京：北京大学出版社，2009：429．

> 理想人格贵在自然，应以自然为本，根据老子的认识，要达到与道合一的理想人格必须按照人的道去做。❶

因此，要与道合一，就必须先达到人与自然的和谐相处，即“天人合一”的境界，因为天、地、人三才最后都统归于自然。而老子的自然观已把天人合一作为人生追求的审美境界：“老子的审美理想就是这样一种淡然无极，返璞归真，回归自然的境界。”因此，老子的审美人生境界之“与道合一”亦可这样理解：“生命真正按照自然的样子去呈现，自然以自然的方式对人敞开，人与自然深度契合。”❷

逍遥即自然逍遥，此即老子《道德经》审美境界的终极关怀。前文所述水之真、善、柔、刚、德等审美目的即在于得出老子审美境界的终极关怀——自然逍遥。而“自然逍遥”又以“与道合一”为基础。只有达到天人合一的境界，与道合一才能超脱功利，达到宇宙淳真、自然逍遥的审美意象境界。这类似佛家涅槃寂灭而究竟真实的自然真如状态，《庄子·逍遥游》所谓：

> 乘天地之正，而御六气之辨，以游无穷者，彼且恶乎待哉？故曰：至人无已，神人无功，圣人无名。

从《道德经》中可看出，要达到合道与逍遥的审美境界，可通过涤除玄鉴以成。“涤除玄鉴”语出《道德经》“涤除玄鉴，能无疵乎？”关于此句，解释、争议颇多。首先，《说文解字》释玄：“玄，幽远也。黑而有赤色为玄，象幽而入覆之也。”王力先生解释为：“1. 黑中带红。2. 天空，天。3. 深奥，玄妙。《老子》：‘玄之又玄，众妙之门。’”苏辙《老子解》说：“凡远而无所至极者，其色必玄。故老子常以玄寄极也。”沈贯一《老子通》说：“大道之妙，非意象形称之可指，深矣，远矣，不可极矣，故名之曰玄。”以此，以“幽远，深奥、玄妙，不可极”来解释“玄”的奥妙更为合适。

其次，关于“鉴”。《说文》云：“鑑，大盆也。一曰监诸可以取明水于月，从金。”王力先生释之云：“1. 古代用来盛水或冰之大盆。2. 照影。3. 镜子。《左传·庄公二十一年》：‘以王后之鞶鉴予之。’又《新唐书·魏征

---

❶ 徐彩霞．读《老子》——论老子的理想人格［J］．文学艺术，2011（3）．

❷ 钱叶莹，赵凯．从老子美学看生态美学［J］．合肥工业大学学报：社科版，2007（4）．

传》：'以铜为鉴，可以正衣冠。'" 故 "鉴" 应作 "镜子" 解释。

关于"玄鉴"，四库全书本《道德经》曰："涤除玄览，能无疵乎?"❶刘道广先生认为：

> 马王堆汉墓出土帛书的一个本子中"玄鉴"亦作"玄监"。"鉴"、"监"二字在汉代互通，"鉴"与"鑑"也相同，即镜子。

因此，综合前文所述，鉴乃为镜子。老子之所以要说"涤除玄鉴"，刘道广先生进一步指出：

> "玄鉴"在古代另有所指……古代人的镜子是用青铜制作的，这种青铜有两种表面处理技术，其中用"玄锡"擦拭之后的镜面光亮如银，一经使用则变为黑色。而另一种技术处理的镜面则黑亮如光漆，明可照人。俗称"黑漆古"，在国外，统称为"中国黑镜"。这种镜在地下埋藏千年之久，出土后竟无锈斑，依然光洁如新，可鉴毫发，在古代也是属于质量上乘的佳镜。❷

因此，老子的"玄鉴"意象应该是经过特殊工艺处理过的"黑漆古"铜镜。此种黑镜竟能埋藏于地下千年之久而不易其质，足见老子独特的审美眼光与境界要求之极致，非有"宇宙境界"之圣人不能为之。这种古镜虽经千年仍能以最原始的面貌、最朴质的意象出现在后人的审美视野中，那么把涤除玄鉴作为老子《道德经》最高审美境界的意象载体，也就无可厚非。然最关键的是"玄鉴"本身并不需要"涤除"，倘若需要"涤除"，就不能成为"见素抱朴"、本真本色的"玄鉴"了。

若从修养的角度看，《道德经》强调取法乎上的无为与自然式的修养法门，一切观照都要进入对万物本体和根源即对"道"的观照。此即反证了老子"涤除玄鉴"的审美境界，因为涤除玄鉴保持了道的最真本色，寄寓了《道德经》审美境界最直接、最核心的东西。因此，"涤除玄鉴"表现了《道德经》对审美主体——人的内心修养方式的形而上的终极审美关怀。《道德经》强调"人"的内心修养要达到理想的审美高度，合道与逍遥仍是不二法门。

---

❶ 王弼注："玄，物之及也。言能涤除邪饰，至于极览。能不以物介，其明疵之其神乎？则终与玄同也。"

❷ 刘道广．老子"涤除玄鉴"的审美意义［J］．美学，1990（9）．

四、结　语

审美境界是美学的一个高层次话题。在中国古典美学中，笔者以水为例观照《道德经》，并以“水之道”统领“水之真、水之善、水之柔、水之刚、水之德”五大美学特征来阐释《道德经》合道与逍遥的审美境界。从审美的角度看，是追求审美的人生，追求诗意与创造、真爱与大美的审美境界。

> 这种人生境界，就是孔子的“吾与点也”的境界。这种人生境界，就是陶渊明追求的从“尘网”、“樊笼”中挣脱出来返回“自然”的境界。这种境界，也就是宋明理学家所说的那种光风霁月般的洒脱的境界。[1]

人生之真善美在这样的审美境界中和谐地统一起来，使得人的心灵超越个体生命的有限存在与意义，获得自由与解放，回归精神家园，确认自己的存在。因此，从审美境界的角度观照，《道德经》的“合道与逍遥”为我们构建了一个共同的、理想的、和谐的“人类的精神家园”。

[1] 叶朗．美学原理［M］．北京：北京大学出版社，2009：451.

藏本焦竑《老子翼》《庄子翼》释音考述

杨荫冲*

【摘　要】明焦竑汇辑前人相关训解为《老子翼》《庄子翼》二书，传世版本尚多。经由比勘可知，万历《续道藏》存在大量讹误、脱文、倒置情况，所录版本欠佳。释音多承自《经典释文》而有所改作。

【关键词】老子翼　庄子翼　版本　释音

焦竑（1541～1620），字弱侯，号澹园，又号漪园。明江宁（今南京）人，万历十七年（1589）“殿试第一人（状元），官翰林修撰”，淹贯群书，著述宏富。万历《续道藏》收录其《老子翼》《庄子翼》二书，下面分别讨论。

一、藏本《老子翼》的版本及其释音

藏本《老子翼》六卷：

辑韩非以下解《老子》者六十四家，而附以竑之《笔乘》，共成六十五家。各采其精语，裒为一书。其首尾完具、自成章段者，仿李鼎祚《周易集解》之例，各标举姓名列本章之后；其音义训诂但取一字一句者，则仿裴骃《史记集解》之例，联贯其文，缀本章末句之下。❶

* 杨荫冲（1973～），男，河南登封人，博士，贵州师范学院教授，主要研究方向为音韵训诂。

❶ 永瑢．四库全书总目［M］．北京：中华书局，1965：1243～1244.

博观约取，采摭丰富，实为研读老学之要籍。

该书多与《庄子翼》并行镂板，今存版本多种，主要有万历戊子（1588）王元贞刻本、明陈长卿《老庄翼》合刻本、《四库全书》本、乾隆庚申（1740）郭氏重刻本、光绪乙巳（1905）渐西村舍刻本、日本刊六卷本、《金陵丛书》本。诸本以万历本为早出，藏本次之。[1] 库本三卷，以“上下篇各为一卷，附录及考异共为一卷”。藏本目录作三卷，实则每卷析作二卷，共六卷；前四卷卷次之间任意割裂，目录“卷之三”附录、考异后列有“苏子由注”“焦氏笔乘”字样，内容又无对应，实为随意而写。书前缺焦氏自序和王元贞序、采摭书目，卷二“曲则全”到“道法自然”、卷三“昔之得一”到“落落如石”、“圣人无常心”到“圣人皆孩之”、“道生之”到“不道早已”（这些均是和音注相关的经文，其他如上篇《道经》掺入下篇《德经》章节尚有多处，兹不赘）皆重复出现。卷五附录部分（36－583c、588c）均现随手涂抹字样，致使原文非校勘则无由辨认。陈国符先生据《续道藏》中多部著作后所附“识语”，断定该编成书于万历三十五年（1607），此时距万历戊子王元贞刻本刊行已近20年。可见在收录进《续道藏》时似并未以之为底本，或者在入编时手民粗心，舛误衍脱实甚，并非善本。

《老子翼》在每章之后附有为经文所作的音释，共113条；去除抄写重复的部分，实得96条。

卷一：徼，读如边徼之徼，言物之尽处也。处，上声。夫，音符。治，去声。无知之知，如字。知者之知，去声。夫，音符。橐，他各反，橐钥冶铸所用，致风之器也。数，音朔，屡也。处，上声。恶，去声。几，平声。治，去声。夫，音符。揣，初委反。遗，唯季反。畜，许六反。长，上声，宰制也。毂，古木反，轮所辏也。当，平声。埏，始然反。埴，市力反。令，并平声。爽，平声，差也。行，去声。为吾之为，去声。抟，音团，执也。诘，契吉反。皦，古晓反，明也。强，其丈反。令，平声。属，之欲反。

卷二：餍，音厌，颠仆也。数，上声。惵，图协反。为，去声。

[1] 朱越利《道藏分类解题》以诸本中藏本为早出，误。

浑，胡本反。畜，许六反。夫，音符。长，上声，下同。遗，唯季反。峻，子垂反，《说文》云：赤子阴也。嗄，所嫁反，声嘶也，又啼极无声曰嗄。洼，乌瓜反。夫，音符。乐，入声。恶，去声。处，上声。先，悉荐。唯，上声；阿，乌何反。皆应声，唯恭而阿慢也。闷，莫奔反，顽不知痛痒也。食，音嗣。食母，乳母也。窈，乌了反。强，上声。处，上声，燕处犹燕居。乘，去声。谪，直革反，责也。楗，其偃反，拒门木也。复，并扶又反。长，上声。呴，音许，一音虚。羸，力为反。隳，许规反。去，上声。好，去声。处，上声。恶，去声。处，上声，下并同。乐，去声。歙，音吸，（敛）也，聚也。

卷三：渝，羊朱反，变改也。傅奕《音义》云：古本作输。《广雅》曰：输，愚也。或作揄。夫，音符。兕，音似。闷，音门。刿，居卫反，割也。莅，力至反。

卷四：脆，此芮反。几，平声。处，上声，下同。乐，入声。夫，并音符。（长）舍，并上声。行（无行），上如字，［可］（下）户刚反，言行列也。几，平声。狭，胡夹反，一作狎。厌，于艳反。恶，去声。缂，音阐，舒缓也。斫，陟角反。共，董音如字，言人共代之也。处，上声。契，苦计反。彻，直列反。望，平声。

与库本相比，藏本下篇少“号，平声”“离，去声”“辎，庄持反”“长、舍，并上声”（藏本脱“长”字）4 条音注。

在 97 见次（1 条字头有 2 个注项）注音中，音切 37 条，直音 20 条，纽四声 39 条，某某之某 1 条。通过与《经典释文·老子音义》相同字段的字头注音比勘，有 23 条与之全同。如果考虑到《老子翼》把大量的反映音变构词的音切和直音方式注音大多改换为纽四声作标识，这一比例将更高。可以认为，本书的注音是前有所承的。有四例特殊情况。

（1）卷一：“常无欲以观其妙，常有欲以观其徼。”音注：“徼，读如边徼之徼，言物之尽处也。”（36－531c）

徼，韵书收有四读，《广韵》“古吊切”，见母啸韵去声，“边界”义。音注以某某之某注音，根据上下文确定被释字在句中特定的音和义。

（2）卷一：“三十辐共一毂，当其无，有车之用。”音注：“当，平声。”（36－536a）

（3）卷一：“抟之不得名曰微。”音注：“抟，音团，执也。”（36－537b）

例（2）“当”，《广韵》“都郎切”，端母唐韵平声，介绍处所的介词；“丁浪切”，端母宕韵去声，指事情发生的地方。晋葛洪《神仙传·李根》：“皆精细之馔，四方奇异之物，非当地所有也。”《老子音义》：“当，丁浪反。”同第二读。平去二读于句意皆通。(3）“抟”，《广韵》“度官切”，定母桓韵平声。《说文·手部》：“抟，圜也。”段玉裁《说文解字注·手部》：“抟，俗字作团。”团、抟实有同源关系。《老子音义》：“搏，音博，简文补各反。”“搏”字有“握持、攫取”义，于文义亦通。“抟”“搏”形近，在古文献中多相混；但此例必有一误，顾所据版本不同耳。

（4）卷四：“是以兵强则不胜，木强则共，强大处下，柔弱处上。”音注：“共，董音如字，言人共代之也。”(36－573c)

原注：

> 合手曰共。商桑谷生于朝，七日大共。秦伯怒蹇叔曰：“墓木拱矣。”皆合拱也。董音如字，言人共代之也。

据库本，“代”为“伐”之形讹。

共，《广韵》“渠用切”，群母用韵去声，“共同、皆、都”义。《集韵》“古勇切”，见母肿韵上声，“拱手、合手”义，后作“拱”字。据焦氏注文，当取“合手”义上声一读。又引董（思靖）“如字”音即去声作参考，而本字头音注不见于董氏《道德真经集解》。如作去声按副词理解，于意不长，恐非。

例（1）以“某某之某”作注，音义兼标，是《老子》注诸书中的唯一一例。(2）（4）的音释体现了作者对句义的独特理解和之于两说的择善而从，对前人见解并不一味附和。（3）与《释文》的差异源于版本不同，有以音显示版本异文的作用。

二、藏本《庄子翼》的版本及其释音

明焦竑《庄子翼》八卷、《附录》一卷，入《续道藏》振、缨字号。此书与《老子翼》本为姊妹篇，编排体例相同，刊刻也多与之并行。今存刻本除藏本外，主要有王元贞万历戊子（1588）刻本、明陈长卿《老庄翼》合刻本、《四库全书》本、《金陵丛书》本等。王元贞刻本前有焦竑自叙，落款“戊子人日”，可知书成之时即付梨枣，当为祖本。藏本卷四、卷八末附识语：“大明万历三十五年（1607）岁次丁未上元吉旦正一嗣教凝诚志道阐玄弘教大真人掌天下道教事张国祥奉旨校梓”，显然晚于王元贞本。

今以《金陵丛书》本及四库本与藏本对勘，发现藏本任意删削原著，乏善可陈。举其要者而言，约有数端：卷首作者自叙，目录，采摭书目，郭注、焦氏注之外的注文，卷八之后的《庄子阙误》，皆无。更为突出的是内容上的凌乱不堪。如《天运第十四》重出（36－665b、666a），又杂糅有《天道》篇内容；《说剑第三十》（原文脱“十”字）自“有天子剑，有（诸侯剑）”起，到《渔父第三十一》“（下）舡而来”（36－729b），其间经文、释音付之阙如；《列御寇第三十二》误作“第三十三”。其他点划讹误、语句错乱之处所在多有。可见藏本所录与《老子翼》一样，均非善本。

《庄子翼》采摭书目备举了编纂此书的参考文献，为《庄子》注疏者：

> 自郭象《注》以下凡二十二家；旁引他说，互相发明者，自支遁以下凡十六家；又章句音义，自郭象以下凡十一家。

所列十一家章句音义卷目如次：

> 郭象《音》三卷，李轨《音》一卷，徐邈《音》三卷，贾善翔《直音》一卷，司马彪《音》一卷，周弘正《文句义》一卷，陆德明《文句义》二十卷，碧虚子《章句》七卷、《庄子余事》一卷、《庄子阙误》一卷，吴幼清《订正》本一卷。

据《金陵丛书》本及库本所载《庄子阙误》，知即《南华真经章句余事》，见上文；《庄子余事》应指《南华真经章句余事杂录》。二编与他本同名而异实，与《章句》七卷皆陈景元《南华真经章句音义》之一部，故名为十一家，实为九家。吴幼清《订正》本当指元吴澄《庄子内篇订正》（《道藏》著录为上、下两卷）。

郭象《音》、李轨《音》、徐邈《音》、司马彪《音》❶ 如上文所言，

❶ 清人茆泮林有司马彪《音》辑佚，见道光十四年（1834）梅瑞轩《十种古逸书》本，附于《司马彪庄子注》之后。

唐宋时皆亡。《隋书·经籍志》著录《庄子文句义》二十八卷，附注：本三十卷，今阙。未言撰人。下接周弘正《庄子内篇讲疏》八卷。焦氏所云“周弘正《文句义》”可能即本于此。新旧《唐书》均载陆德明《庄子文句义》二十卷。周、陆二书早已散佚。所以九家之中，焦氏有可能寓目的仅陈景元三种、贾善翔《直音》、吴幼清《订正》本而已。今检《金陵丛书》本、库本，每节正文后附有双行小字注文，全移录自陆德明《庄子音义》之相应词义训释内容；藏本则尽行刊落，原貌无由得睹。仅就章句音义引书已可见是编为例不纯，“盖明人著书，好夸博奥。一核其实，多属子虚。万历以后，风气类然，固不足以深诘”；然精审如弱侯亦不免此习，益之藏本修撰率尔，实难为据。

藏本《庄子翼》注音共496条，以双行小字散入正文。今节引部分，可观其大概：

> 《大宗师第六》：子祀、子舆、子犁、子来四人相与语曰：孰能以无为首，以生为脊，以死为尻苦羔反；孰知死生存亡之一体者，吾与之友矣。四人相视而笑，莫逆于心，遂相与为友。俄而子舆有病，子祀往问之。曰：伟哉，夫造物者将以予为此拘拘也。曲偻缕发背，上有五管，颐隐于齐，肩高于顶，句勾赘指天，阴阳之气有沴丽，其心间闲而无事，跰步田反𨇤悉田反而鉴于井……

上引段落出现注音7条，所有字头均见于陆德明《庄子音义》，后者相应部分有14条（仅指注音）。音注用字4条全同，2条由切语更换为直音字，而音韵地位无别，1条所依正文不同（陆书作“其心閒，音闲”）。他处率皆类此。从形式上看，焦氏径直把直音字附于被注字后，绝大部分切语还保留着“某某反”的体式，一些音释被改造为纽四声。很明显，《庄子翼》的注音是参照了《庄子音义》的。据统计，陆德明《庄子音义》共收音切5 909条，《庄子翼》所取仅占前者的8.4%。即便考虑到藏本刊刻上的马虎，这一比例也不算高。书首的采摭书目并未提及《庄子音义》，却虚陈名目，罗列了早已不存的《庄子文句义》。

综合各方面情况，可以得出结论，藏本《庄子翼》版本同样不佳，雠校刻板的粗糙严重影响了它的使用价值。我们在利用此书时，应持审慎态度。

论章学诚史传文献的编撰观念
——兼论先秦史传文献的生成

■ 夏德靠*

【摘　要】 记注、撰述观念既是章学诚回应前人对先秦史官文献方式与史传文献生成方面的认知而提出的看法，也是对传统史传文献编纂反思的结果。先秦时期产生了丰富的史传文献，这些文献是史官借助特定的文献方式而建构的，但先秦史官很少言及这一点。由于缺乏直接资料，研究者只有通过分析史传文献本身的形式特征去重建先秦史官的文献制度。《汉书·艺文志》针对《春秋》《尚书》的文体形态提出了记事、记言制度，刘知几在此基础上进一步推演，提出言事分立与言事相兼两种文献范式，用以解释《春秋》等文献的编纂。章学诚不满意《汉志》、刘知几的看法，提出了记注与撰述的观念来分析《尚书》等史传文献的形成。比较起来，《汉志》、刘知几侧重史传文献的体例及文体生成方面的阐述，而章学诚的记注、撰述观念主要是从史学、学术史的角度来探讨史书的书写，并非专门针对史著体例而发。因此，他们之间的差异主要缘于立场的不同，即史意与史法的区别，并不存在实质性的冲突。当然，记注、撰述观念并不限于解释先秦史官文献，也不限于史传文献的书写。

【关键词】 记言　记事　言事分立　言事相兼　记注　撰述

* 夏德靠（1974～），男，湖南溆浦人，文学博士，贵州师范学院文学院教授，研究方向为先秦文学。

在清代史学家章学诚的历史编纂思想中，记注、撰述观念无疑是核心内容。这一观念的提出，虽然在很大程度上是为了解决先秦史传文献的形成问题，但不可否认的是，记注、撰述观念也凝结了章学诚对传统史传文献编纂的认知，因此，这一观念可以说是章学诚对古典历史编纂学的一个总结。那么，这一观念的具体内容是什么，对于古典历史编纂学又有怎样的超越，或者说，在这一观念中，章学诚到底提出了哪些属于自己的东西。本文试图通过对这些问题的清理，深层次把握章学诚记注、撰述观念的具体内涵，并借此厘清先秦史官的文献方式与史传文体之间的关系。

一、问题的背景

先秦时期，很早就设立了史官制度，并且产生了丰富的史传文献。这些文献当然是史官借助特定的文献方式而生成的。然而，先秦史官的文献方式具备怎样的特征，先秦史官对此却很少有所记载。由于缺乏这方面的直接史料，这就极大地阻碍了人们对先秦史官文献方式的认知，因此，只有通过其他迂回的途径去重建先秦史官的文献制度。在这方面已经产生了很多有意义的观点，这里首先需留意的是《礼记·玉藻》《汉书·艺文志》的说法。《玉藻》指出："动则左史书之，言则右史书之。"❶ 这一记载明确强调先秦史官记事、记言分职载录的制度，也就是说，先秦时期存在左史、右史，他们分别担负记事、记言的职能。更为详细的描述则来自《汉志》：

> 古之王者世有史官，君举必书，所以慎言行，昭法式也。左史记言，右史记事，事为《春秋》，言为《尚书》，帝王靡不同之。❷

《汉志》的一些提法虽然与《玉藻》不同，但从其观点来看，它不但赞同先秦史官分职载录的现象，还特别分析了《春秋》《尚书》这两种文献的生成。然而，正是《礼记·玉藻》《汉书·艺文志》的说法引起了章学诚的质疑：

> 《记》曰："左史记言，右史记动。"其职不见于《周官》，其书不

---

❶ 孔颖达．礼记正义［M］．北京：北京大学出版社，1999：877.

❷ 班固．汉书［M］．北京：中华书局，1962：1715.

> 传于后世，殆礼家之愆文欤？后儒不察，而以《尚书》分属记言，《春秋》分属记事，则失之甚也。❶

章学诚依据《周礼》没有左史、右史的记载而明确否定《玉藻》《汉志》的看法，指出“《尚书》分属记言，《春秋》分属记事”的说法是后儒没有经过细心考察而提出的。

另一方面，先秦史官的记事、记言制度，按照《汉志》的表述，似乎主要是用于解释《春秋》《尚书》的形成，至于此后的《国语》《左传》这些文本的编纂是否与记事、记言制度有关，《汉志》并没有做出清晰地说明。就这些文本来看，《春秋》与《左传》、《尚书》与《国语》，它们之间虽然有一致的地方，但也存在一定程度上的异质因素，也就是说，它们在文本之间存在差距。《春秋》《左传》均为编年体，然而，《春秋》虽然载录事件，但它并不顾及事件的过程性，亦即忽略对事件发生的因果关联的描述。比如在“晋赵盾弑其君夷皋”这一特定载录形态中，它只客观地呈现事件的结果。因此，当人们接触这一文本时，只可能知道这种结果，至于赵盾基于何种考虑，又是怎样弑君的，这些环节均付之阙如。也就是说，人们单纯依靠这一文本是无法获知更多信息的。那么，是什么原因造成《春秋》这种奇特的叙事模式呢？

据学者分析，《春秋》属于巫史文献的范畴：

> 巫史文献是巫史交通天人的手段之一，在天意和人间德行之间，巫史不过是这中间的传递者，判断的权力在神灵那里，巫史是不能擅发议论的。只有守住这一点，才能保证史官载录的合法性。

因此，《春秋》：

> 形成了一个没有解释、没有情节、没有判断的叙述形式，这种形式不是诉诸普通人的理性的，也就是说，春秋史官所载录的这些东西，肯定不是供社会阅读的。❷

这就表明，在特定的巫史记事传统影响之下，最终形成了这种奇特的记事模式。当然，《春秋》文本虽然没有详细描述历史事件的过程性环节，

---

❶ 章学诚．文史通义［M］．沈阳：辽宁教育出版社，1998：8.

❷ 过常宝．原史文化及文献研究［M］．北京：北京大学出版社，2008：112.

但其记载无疑指示出了这一点。比如在“晋赵盾弑其君夷皋”中，虽然没有直接描叙赵盾为何及怎样弑君之具体过程，但这一记录会强烈暗示这一点，并且载录此事的史官是清楚这一事实过程的。对此，民族志史料为理解上述文献方式提供了可能。李家瑞曾经指出卡佤族传述本村历史的事例：

> 卡佤族（西盟）有一种传代木刻，也是记事性质的木刻。他们在每年第一次吃新米的时候，要召集全村老小一齐尝新，由年老的人口头传述本村历史，就拿出历代相传的一根木刻。木刻两侧都刻着许多刻口。每刻口代表着一桩事件，刻口深的，表示重大事件；浅小的表示事件轻小。有时新发生一桩事件，也照样加刻上一个刻口。讲述的老人主要是指示给族人某一刻口是记本村的某事和某村人结下怨仇，已经报复过或未报复过，其意义是要族人记着仇怨不忘报复而已。而村中其他事件也借这个机会，口耳相传延续下去。❶

将传代木刻的这一“记事”模式与《春秋》记事进行比较是很有趣味的。刻口的深浅代表事件的大小，毫无疑问，刻口这一纯粹的“记号”只具有指示的作用。在这一点上，传代木刻似乎难以与《春秋》等同，毕竟文字所蕴含的信息远较记事符号丰富和明晰。但是，《春秋》并不重视事件的过程性，它所重视的、对结果的载录在很大程度上也只是起到指示的作用。在这一意义上，传代木刻与《春秋》在记事模式上有着相近之处。传代木刻的刻口并不妨碍年老的人知道它所代表的历史事件，然而，外人则很难理解刻口所指示的意义；同样，处在巫史传统之外的群体面对《春秋》这一文献时也难以明白其中隐含的事实过程。也就是说，《春秋》这种特定的叙事模式确实阻碍了来自巫史传统之外的群体对这一文本的有效理解。《左传》在很大程度上改进了《春秋》的这一叙事模式。比如《春秋》只简单记载“夏五月，郑伯克段于鄢”，《左传》则演述为一篇复杂、曲折的文字，详细叙述了郑庄公与其母、其弟之间矛盾升级乃至最后不得不采用战争手段解决矛盾的全过程，从而丰富了对事件过程的认知。

那么，史官在《左传》的编纂上采取了怎样的文献方式呢？唐代史学家刘知几在继承《礼记·玉藻》及《汉志》观点之基础上，提出了先秦史

---

❶ 李家瑞. 记云南几个民族记事表意的方法［J］. 文物，1962（1）.

官由言、事分立到言事相兼的文献方式。刘知几在分析史官文献源流时，明确将《尚书》《春秋》《国语》《左传》作为独立的史体看待。他在《史通·六家》中指出：

古往今来，质文递变，诸史之作，不恒厥体。榷而为论，其流有六：一曰《尚书》家，二曰《春秋》家，三曰《左传》家，四曰《国语》家，五曰《史记》家，六曰《汉书》家。❶

刘知几在本篇中对六种史著体例的源流做了具体分析。对于《尚书》《春秋》的文体特征，刘知几认为：

古者言为《尚书》，事为《春秋》，左右二史，分尸其职。盖桓、文作霸，纠合同盟，春秋之时，事之大者也，而《尚书》缺纪。秦师败绩，缪公诫誓，《尚书》之中，言之大者也，而《春秋》靡录。❷

他指出，在言、事分立的文献形式下，《尚书》关注的主要是言论，在很大程度上忽略对历史事件的叙述；相反，《春秋》关注的是事件，却没有记载言论。对于《春秋》的这种叙事模式，刘知几有过进一步的分析：

夫《春秋》者，系日月而为次，列时岁以相续，中国外夷，年共世，莫不备载其事，形于目前。理尽一言，语无重出。此其所以为长也。至于贤士贞女，高才俊德，事当冲要者，必盱衡而备言；迹在沉冥者，不枉道而详说。如绛县之老，杞梁之妻，或以酬晋卿而获记，或以对齐君而见录。其有贤如柳惠，仁若颜回，终不得彰其名氏，显其言行。故论其细也，则纤芥无遗；语其粗也，则丘山是弃。此其所以为短也。❸

刘氏虽然肯定了《春秋》叙事的长处，但也不讳言其缺点。在这方面，他特别强调了《春秋》遗漏的一些很值得载录的人物言行。在指出《尚书》《春秋》文本的不足之后，刘知几紧接着对《左传》文本进行分析：

逮左氏为书，不遵古法，言之与事，同在传中。然而言事相兼，烦省合理，故使读者寻绎不倦，览讽忘疲。❹

左丘明改变过去记言、记事分立的做法，将二者统一起来；这样看来，

---

❶❷❸❹ 姚松，朱恒夫．史通全译·上［M］．贵阳：贵州人民出版社，1997：2，46～47，37，47.

《左传》实际上综合了《尚书》与《春秋》的特征。这样，它不但载录历史事件，也记载人物言论。这种言事相兼的文献方式在很大程度上满足了史官对于事件因果关系的探究。

刘知几用言、事分立和言、事相兼的文献方式来解释由《尚书》《春秋》到《左传》的文本运动。从上面的分析来看，这种观念还是能够较好地解释先秦史传文体的嬗变问题。然而，章学诚并不满意《礼记》《汉志》乃至刘知几对先秦史官文献方式的认知。他在批判这些观点之基础上提出了记注、撰述观念，并用这一对概念来分析《尚书》《春秋》《左传》等史传文献的形成。

二、记注、撰述观念的内涵

为了更好地把握章学诚的记注与撰述观念，首先需要分析他对史传文献性质的看法。在他的心目中，史著文献存在层级区分。他在《文史通义·浙东学术》中就提出如此看法："整辑排比，谓之史纂；参互搜讨，谓之史考；皆非史学。"❶ 在此，章学诚提出"史学"的观念，并使用这一概念对史著文献进行形态学的划分，指出史纂、史考之类的史著并不算史学。这种区分表明，在章学诚的史著观念中，有一种能够称之为史学的著作。那么，什么样的史著才能够称之为史学呢？《孟子·离娄下》曾经说过：

> 王者之迹熄而《诗》亡，《诗》亡然后《春秋》作。晋之《乘》，楚之《梼杌》，鲁之《春秋》，一也；其事则齐桓、晋文，其文则史。孔子曰："其义则丘窃取之矣。"❷

对于孟子的说法，章学诚在《言公上》中做出这样一段评述：

> 夫子因鲁史而作《春秋》，孟子曰："其事齐桓、晋文，其文则史。"孔子自谓窃取其义焉耳。载笔之士，有志《春秋》之业，固将惟义之求，其事与文，所以藉为存义之资也。❸

显然，章学诚很欣赏孟子事、文、义三分的做法。按照这种三分法，

❶❸ 章学诚．文史通义［M］．沈阳：辽宁教育出版社，1998：49，96.

❷ 焦循．孟子正义［M］．上海：上海书店出版社，1986，337～338.

“事”通常指历史人物通过实践活动而构建的并为史家所择取的历史事件，“文”指对历史事件的书写所呈现的物质形态，“义”则依托“事”与“文”而存在。由此可知“事”与“文”属于显性层面，而“义”则属于隐性因素，正是这一隐性的“义”决定史著的史学意义。那么，这一隐性的“义”具体又意谓什么呢？这就需要对章学诚的史学观念做进一步的分析。有学者指出，章学诚“明确区分了历史研究和史学研究的不同性质”；这即是说，章学诚对记载前代历史的史书与研究前代历史的史书做了划分。❶ 依据这种理解，章学诚的史学观念实际上包含两个亚层次：一是撰史所产生的史学，可称之为书写的史学；二是研究历史而产生的史学，可称之为研究的史学。那么，记注与撰述观念主要是针对书写的史学而言的。在撰史方面的史学渊源问题上，章学诚一方面强调“史学之本于《春秋》”，“史之大原，本乎《春秋》”，即是说孔子修《春秋》标志着传统史学的诞生；同时又指出“唐后史学绝”。❷ 这就表明，章学诚视野中的传统史学起于春秋时期而终于六朝。章学诚又进一步考察这一时段的史学演变及其特征。据他的观察，可分为世传家学与名家之学两个时期。其《永清县志前志列传序例》指出：

> 马、班而后，家学渐衰（世传之家学也），而豪杰之士，特立名家之学起，如《后汉书》之有司马彪、华峤、谢承、范蔚宗诸家，而《晋书》之有何法盛等一十八家，是也。❸

关于世传家学，章学诚在《史考释例》中明确指出：“古人史学，口授心传，而无成书；其有成书，即其所著之史是也。”❹ 这里，一方面指出家学时期并无专门讨论史学的书籍，它主要依赖于父子、师弟之间的口授心传；另一方面，这种史学又通过所撰史书得以体现。这两方面构成家学时期的史学特征。关于名家之学，其《史考释例》认为：

> 自史氏专官失传，而家自为学，后汉六朝一代必有数家之史是也。

❶ 罗炳良．评章学诚的史学史观念［J］．史学史研究，2001（2）．

❷ 章学诚．文史通义［M］．沈阳：辽宁教育出版社，1998：49，125．

❸ 叶瑛．文史通义校注［M］．北京：中华书局，1985：782．

❹ 《章氏遗书》补遗，（转引自）罗炳良．评章学诚的史学史观念［J］．史学史研究，2001（2）．

同一朝代，同一纪传，而家学殊焉。此史学之初变也。❶

世传家学主要是父子相继的史官世袭制度下的一种现象，史书的修撰主要是一种家族行为，这就在很大程度上保证了史学的单一性与延续性。然而，随着这一制度的废弃，出现了私人撰史的风气。这种风气造成“一代必有数家之史”，如《后汉书》有司马彪、华峤、谢承、范蔚宗诸家，《晋书》有何法盛等一十八家，其结果是家学派别纷出，这就与世传家学形成很大差异。但另一方面，私人撰史毕竟还是一种个体行为，正是由于这一点，保证了个体意图能够贯穿撰史行为的始终。这样，名家之学虽然改变了世传家学单一性、延续性的特征，但仍然在很大程度上继承了后者的精神。然而，随着唐代馆局修史制度的建立，世传家学与名家之学的精神被彻底地颠覆了。章学诚在《永清县志前志列传序例》中分析说：

> 六代以还，名家复歇，而集众修书之法行，如唐人之修《晋书》，元人之修《宋》《辽》《金》三史，是也。监修大臣，著名简端，而编纂校勘之官，则隐显不一。即或偶著其人与修史事，而某纪某表编之谁氏，某志某传辑自何人，孰为草创规条，孰为润色文采，不为整齐缀合，各溯所由，未免一书之中，优劣互见，而功过难知。❷

史家在编纂过程中面临如何抉择史著体例、史事及书写义例等方面的问题，在这些方面所做出的决断毫无疑问是史家特定的史学观点及其立场的体现；这种观点、立场就是“义”，这也是章学诚再三强调的世传家学与名家之学的精神。因此，章学诚所谓的史学是指在事与文中融合了义的著作，是自成一家的著述。明确了章学诚的史学观念，就不难发现其所谓之撰述这一文献方式正是针对书写史学而言的。也就是说，能够称之为撰述的行为，其最终构建的成果属于史学，而史学自然是撰述行为的结果。

然而，作为撰述对应物的记注，其面相则颇为暧昧。一般来说，章学诚既然将撰述与史学相提并论，那么实际上也就承认了记注难以与史学攀上关系。事实上，绝大多数人都认为记注行为形成的只是可称之为史料的东西。一般认为，史料是与史学相对的概念，它虽然是史学得以形成的来

---

❶《章氏遗书》补遗，（转引自）罗炳良．评章学诚的史学史观念［J］．史学史研究，2001（2）．

❷ 叶瑛．文史通义校注［M］．北京：中华书局，1985：782．

源和基础，但本身并不是史学。这样，史料与史学的差异在很大程度上也就揭示了记注与撰述之间的关系，亦即记注是撰述的准备。章学诚对记注与撰述之间关系的认识其实也包含此层意思，其《答客问中》说：

> 若夫比次之书，则掌故令史之孔目，簿书记注之成格，其原虽本柱下之所藏，其用止于备稽检而供采择，初无他奇也。然而独断之学，非是不为取裁；考索之功，非是不为按据。❶

章学诚将比次之书等同于簿书记注，表明此处“比次”的意义与记注是一样的；比次之书的用途只在于“备稽检而供采择”，说明它只充当史料的角色，本身并不是史学。由此也表明，章学诚确实认为记注的文献方式只停留在史料层面。然而，仔细检讨《文史通义》，问题似乎并不是这样简单。其《书教下》有云：

> 《易》曰：“蓍之德圆而神，卦之德方以智。”间尝窃取其义，以概古今之载籍，撰述欲其圆而神，记注欲其方以智也。夫智以藏往，神以知来，记注欲往事之不忘，撰述欲来者之兴起，故记注藏往似智，而撰述知来拟神也。藏往欲其赅备无遗，故体有一定，而其德为方；知来欲其决择去取，故例不拘常，而其德为圆。❷

章学诚从《易经》“圆而神”“方以智”的说法出发，强调撰述与记注分别呈现“圆而神”“方以智”的特征。“智”重在对往事的收录、储存，所以要求完备，有固定的体例；“神”重在对未来的预测，所以强调变化，强调一种不为成例所拘的超越性。一般来说，蓍与卦是两种不同的占卜工具或方式，这是二者的差异之处；但它们均用于占卜，这是相同的地方。也就是说，蓍与卦只是应用方式的差异，在功能上则是一致的。章学诚既然用蓍与卦来说明撰述与记注，似乎暗含了这层意思。也就是说，记注似乎与撰述一样，也具备史学的意义。这一推论还可以从下面这些例证得到说明。章学诚指出：

> 但为比类之业者，必知著述之意，而所次比之材，可使著述者出，得所凭藉，有以恣其纵横变化；又必知己之比类与著述者各有渊源，而不可以比类之密而笑著述之或有所疏；比类之整齐而笑著述之有所

---

❶❷ 章学诚．文史通义［M］．沈阳：辽宁教育出版社，1998：125，11．

畸轻畸重，则善矣。❶

既然从事比类的工作要通晓著述的意图，那就不难推知，这种意图必然会在比类中有所体现，这样，比类就不仅具备“事”与“文”，同时也就拥有了“义”。《释通》篇云：“统前史之书志，而撰述取法乎《官礼》，杜佑《通典》作焉。”❷此处的《官礼》是指什么呢？《书教上》说：

> 《周官》三百六十，具天下之纤析矣。然法具于官，而官守其书。观于六卿联事之义，而知古人之于典籍，不惮繁复周悉，以为记注之备也。❸

又云：

> 盖《官礼》制密，而后记注有成法。❹

显然，这里的《官礼》实际上意指记注。《通典》本属于撰述，但它是在“取法乎《官礼》”之基础上形成的，就是说杜佑是效法记注的路径而完成其撰述的。《书教下》云：

> 班氏体方用智，多得《官礼》之意也。……然而固《书》本撰述而非记注，则于近方近智之中，仍有圆且神者以为之裁制，是以能成家，而可以传世行远也。❺

这里表述的也是同一意旨。这些事实表明，章学诚所谓的记注这一文献方式生成的并不限于史料性的作品，还包括具有史学意义的著述。上文在考察史学的演变时提到了世传家学、名家之学及馆局修史三个阶段。有意思的是，在章学诚眼里，史书的撰写除了记注、撰述之外，似乎还有第三种文献方式。其《书教下》云：

> 后史失班史之意，而以纪、表、志、传，同于科举之程式，官府之簿书，则于记注撰述，两无所似，而古人著书之宗旨，不可复言矣。❻

这就表明有些后史的撰作既不是记注，也并非撰述，而是使用第三种文献方式。这当然是被章学诚所批评的一种。如此看来，章学诚提及的文献方式与史学之间似乎存在一种对应关系：撰述对应世传家学、记注对应

---

❶❷❸❹❺❻ 章学诚．文史通义［M］．沈阳：辽宁教育出版社，1998：254，118，7，8，12－13，13.

名家之学、“科举之程式，官府之簿书”对应馆局修史。撰述与世传家学及馆局修史暂且毋论，这里先来讨论记注与名家之学的联系。有学者指出：

> 专门家学失传后，史家修史开始转向，以记载前代历史的往迹为己任，以“直书”、“实录”为宗旨。魏晋南北朝时期出现的诸家《后汉书》和《晋书》，就是以史家一人之力修成，尽管缺乏别识心裁，但勒裁有法，尚能发挥史家的专长。❶

这里提及的“直书”“实录”之行为方式既然侧重于前代历史往迹的记载，本质上就与“记注”没有多大的差异。章学诚在《史注》中篇指出：

> 魏、晋以来，著作纷纷，前无师承，后无从学。且其为文也，体既滥漫，绝无古人笔削谨严之义；旨复浅近，亦无古人隐微难喻之故，自可随其诣力，孤行于世耳。❷

章学诚虽然对六朝史学改变世传家学以来的传统颇有微词，但还是肯定此时期史著“随其诣力，孤行于世”的一面。按照章学诚的思路，六朝史学属于名家之学的时期。这样，记注就属于名家之学的文献方式。上面已经指出，名家之学虽然与世传家学有区别，但本质上仍归于史学范畴，因此，记注具有史学的性质。所以，章学诚的“记注”观念事实上包含两个层次的内容：一是从掌故的角度上讲，这与史料相联系；二是从撰写的角度讲，这与史学相联系。

三、记注、撰述观念与先秦史官文献的生成

在阐明记注与撰述的特征之后，可以进一步考察章学诚是如何使用这一对概念来分析《尚书》《春秋》《左传》等史传文献的形成的。

整体上来说，章学诚提出了“《周官》之法废而《书》亡，《书》亡而后《春秋》作”的主张。❸很显然，这是将《尚书》《春秋》的成书与《周官》之法建立了一种联系。这种联系表明，《周官》之法的存在是《尚书》这一文献形成的基础，而《周官》之法的废弃又促使《春秋》的出现。前

---

❶ 罗炳良．评章学诚的史学史观念［J］．史学史研究，2001（2）．

❷❸ 章学诚．文史通义［M］．沈阳：辽宁教育出版社，1998：137，8．

面已经指出，《周官》之法本质上就是记注，所以章学诚说：“三代以上，记注有成法而撰述无定名；三代以下，撰述有定名而记注无成法。”❶ 他对“三代以上”与“三代以下”做出明确的划界，强调二者在文献方式上的差异。所谓“记注有成法”是指：

《周官》三百六十，具天下之纤析矣。然法具于官，而官守其书。观于六卿联事之义，而知古人之于典籍，不惮繁复周悉，以为记注之备也。即如六典之文，繁委如是，太宰掌之，小宰副之，司会、司书、太史又为各掌其贰，则六典之文，盖五倍其副贰，而存之于掌故焉。其他篇籍，亦当称是。是则一官失其守，一典出于水火之不虞，他司皆得藉征于副策。❷

章学诚通过对《周礼》官职的设置及其功能的考察，发现周代建立了完备的文献保存制度；这种完备性表现在文献的副贰或副策上，即一种文献由多种官守保存，这样，就从制度上保证了史料的完整。正是由于这种健全的体制，章学诚指出：

记注有成法，而后撰述可以无定名。以谓纤悉委备，有司具有成书，而吾特举其重且大者，笔而著之，以示帝王经世之大略；而典、谟、训、诰、贡、范、官、刑之属，详略去取，惟意所命，不必著为一定之例焉，斯《尚书》之所以经世也。❸

由于原始史料的丰富、完备，撰史者就不必顾虑史料，可以根据自己的意图或者实际需要自由选材并进行撰述，这种基于特定目的的撰述自然毫无成例可循。也正是如此，因事命篇，成一家之言，《尚书》就是这种典范。然而：

至《官礼》废，而记注不足备其全；《春秋》比事以属辞，而左氏不能不取百司之掌故，与夫百国之宝书，以备其事之始末，其势有然也。❹

材料的不健全，就限制了撰史者从容选材的机会。也就是说，撰者不能从自身的观念出发，而是必须从材料出发；这样，就不得不建立一定的体例加以限制、规范，《春秋》《左传》就是在这样的条件下形成的。

---

❶❷❸❹ 章学诚．文史通义［M］．沈阳：辽宁教育出版社，1998：7，7，8，8.

那么，《尚书》《春秋》《左传》这些文献的生成与记注、撰述之间又存在何种联系呢？章学诚已经指出“三代以上，记注有成法而撰述无定名”，这就意味着三代以上也存在撰述行为。《书教下》又进一步分析说：

《周官》三百六十，天人官曲之故可谓无不备矣。然诸史皆掌记注，而未尝有撰述之官（祝史命告，未尝非撰述，然无撰史之人。如《尚书》誓诰，自出史职，至于帝典诸篇，并无应撰之官）。❶

为了更好地理解这段文字，有必要提及章学诚对先秦史官建置的看法。就先秦史官而言，研究者普遍关注的是《周礼》五史即内史、外史、太史、小史、御史的建置，但章学诚还特意提到府史，将先秦史官分为五史与府史两大群体。《史释》篇首先肯定五史与府史在实质上是一致的，“皆守掌故，而以法存先王之道”；然而另一方面，由于“官役之分，高下之隔，流别之判”，二者又存在显著的不同。《史释》篇指出：

五史之于文字，犹太宰司会之于财货也。典、谟、训、诰，曾氏以谓“唐、虞、三代之盛，载笔而纪，亦皆圣人之徒”，其见可谓卓矣。五史以卿士、大夫之选，推论精微；史则守其文诰、图籍、章程、故事，而不敢自专。❷

可见府史纯粹承担“守其文诰、图籍、章程、故事”的职责，亦即文献的保管任务，而五史主要是撰作文献。这就表明，五史与府史之间的区分主要缘于分工的不同，就其最终目的而言，“皆守掌故”。借助《史释》篇，就可以对《书教下》的上述文字做一些引申。《书教下》提出“诸史皆掌记注，而未尝有撰述之官”这样一个说法，表面上好像是说《官礼》时期并不存在撰述，然而这一理解不但与“三代以上，记注有成法而撰述无定名”及《史释》篇不符，也与本篇的小注“祝史命告，未尝非撰述”的说法相违背。其实，只要综合考察章学诚的论述不难发现，三代以上的史官针对实际如册命仪式等撰作命诰文献，这种行为在性质上固然属于记注，但实际上也是一种撰述。并且，由于这种撰述是针对具体实践活动进行的，因此缺乏固定的体例。也就是说，三代以上的记注与撰述本质上是一致的。同时，由于三代以上国家文献保存的完备性（记注），各个部门都储藏其他

❶❷ 章学诚．文史通义［M］．沈阳：辽宁教育出版社，1998：11～12，135．

部门的资料供检索、讨论，客观上也就不需要设置专门的史官负责撰史。这两方面构成三代以上“诸史皆掌记注，而未尝有撰述之官”的真正含义。虽然三代以上没有也不需要“撰述之官”，但并不意味着没有出现完整的史著。就《尚书》这部文献来说，需要注意这样几个方面：一是它的绝大部分材料源于三代，典、谟、训、诰本身都是撰述；二是它的编纂主要完成于春秋时代；三，这样，表面上形成一个矛盾，但由于三代以上记注的完备性，春秋时期编纂《尚书》时不但并不感到资料的匮乏，反而能够根据自己的意图进行。诚如章学诚说的那样：

有司具有成书，而吾特举其重且大者，笔而著之，以示帝王经世之大略；而典、谟、训、诰、贡、范、官、刑之属，详略去取，惟意所命。不必著为一定之例焉，斯《尚书》之所以经世也。❶

三代以下，文献的保管制度发生了实质性的改变，文献的共管变成专管，即特定文献由特定部门管理。章学诚举了一个汉代的例子：

汉至元、成之间，典籍可谓备矣。然刘氏《七略》，虽溯六典之流别，亦已不能具其官；而律令藏于法曹，章程存于故府，朝仪守于太常者，不闻石渠、天禄别储副贰，以备校司之讨论，可谓无成法矣。❷

律令、章程这样的文献散存于各个职能部门，这在章学诚看来，是记注无成法的表现。这里的记注主要是就文献的保管而言的，已经缺乏撰述的意义。这种状况的出现，意味着所保管的文献已经难以满足现实的需求，客观上要求撰述专门的史著；另一方面，这种状况给撰史带来材料收集方面的极大困难，撰史者失去从容地依据自己的意图使用材料的可能，只能在设定一定的体例来规范材料之基础上兑现自己的理念。在这一意义上，章学诚指出：“三代以下，撰述有定名而记注无成法。”“撰述有定名”主要是就体例而言的，“《周官》法废而《书》亡，见《春秋》之体”讲的也是这个意思。三代以下史著的撰写必须依赖一定的体例，这是大势所趋。因此，章学诚强调：

《春秋》比事以属辞，而左氏不能不取百司之掌故，与夫百国之宝

---

❶❷ 章学诚. 文史通义［M］. 沈阳：辽宁教育出版社，1998：8，7.

书，以备其事之始末，其势有然也。[1]

《春秋》按照年代顺序编排史事，从而奠定了编年这样的叙事体例。同时，《春秋》主要通过史事的排比叙述历史，这种排比虽然谨严，但缺乏过程性的记录。章学诚认为这是“官礼废，而记注不足备其全”造成的。为了弥补《春秋》叙事的缺憾，《左传》就不得不收集分存在各个官署的文献，用以完备史事的过程。这里需要注意的是，章学诚用“记注不足”来解释《春秋》叙事特征形成的原因。尽管他的这些看法表面上能够自洽地解释由《尚书》到《春秋》《左传》的文本运动过程，但也正是在这一点上，说明他并没有看到深层的原因。整体上来看，章学诚认为《春秋》《左传》都是撰述，不过这种撰述建构一定的体例，或者说是在体例规范下进行撰述。这里有必要补叙章学诚有关撰述与体例之间的看法。章学诚非常推崇《尚书》，指出“《尚书》圆而神，其于史也，可谓天之至矣”，同时又强调“史学本于《春秋》”，只有《春秋》才是“史之大原”。[2]这是什么缘故呢？章学诚认为《尚书》成书于记注完备的情况下，不但文献齐全，而且能够充分地实现撰者的用意；不过，也正是这些因素，造成《尚书》没有形成一定的体例。这样，在章学诚看来，《尚书》固然达到了史传编纂“因事命篇”的极致，但由于缺乏固定的体例，使后来的史家失去了效法的可能性。《春秋》则不一样，它一方面尽可能继承《尚书》“因事命篇”的做法，同时也开创了一定的体例，使后来者“有法可依”。因此，章学诚一方面极力肯定《尚书》的价值，一方面又将《春秋》视为传统史学的策源地。从这里可以比较清楚地看出章学诚对撰述与体例，或者说对史学与体例之间的看法。章学诚认为，体例是史学的重要组成部分，撰述离不开特定的体例，但撰述又不能被体例所桎梏。也就是说，撰者既要效法已有的体例，同时更应该根据当时的情况，创制合适的体例。章学诚指出：

> 夫史为记事之书。事万变而不齐，史文屈曲而适如其事，则必因事命篇，不为常例所拘，而后能起讫自如，无一言之或遗而或溢也。此《尚书》之所以神明变化，不可方物。降而左氏之传，已不免于以文徇例，理势不得不然也。……斟酌古今之史，而定文质之中，则师

[1][2] 章学诚．文史通义［M］．沈阳：辽宁教育出版社，1998：8，13，185，125.

《尚书》之意，而以迁《史》义例，通左氏之裁制焉，所以救纪传之极弊，非好为更张也。❶

这样，才能不断产生可以称之为史学的史传文献。

四、记注、撰述观念的意义

《汉志》提出先秦史官的记事、记言制度，似乎是用于解释《春秋》《尚书》文本的形成，因此并没有顾及《国语》《左传》这些文本的编撰。也就是说，《国语》《左传》的编撰是否与记事、记言制度有关，《汉志》并不关心。现在看来，这不能不说是《汉志》的一个缺误。刘知几接过《汉志》的话头，并做了进一步推演，提出言事分立与言事相兼两种文献范式。它们不但较好地解释了《春秋》《尚书》文本的形成，同时也辐射到《国语》《左传》的编撰。应该说，刘知几的这些观点是可取的。但是，章学诚并不同意《汉志》、刘知几的看法，他特别反对记事、记言的提法，这一点前文已经指出。然而，事实上，章学诚在对待记事、记言问题上是有矛盾的。这里试举几个例证。

其一，《书教上》说："《记》曰：'左史记言，右史记动。'其职不见于《周官》，其书不传于后世，殆礼家之愆文欤？"而《言公下》云："左史右史之纪，王者无私。"❷又《永清县志恩泽纪序例》云："是以《周官》立典，不可不详其义，而《礼》言左史右史之职，诚废一而不可者也。"❸章学诚反对记言、记事分立的一条重要依据就是《周官》上没有左史、右史的记载，但是在后两则说法中又肯定左史、右史的存在，这就让人有理由怀疑他是否一定反对记言、记事分立。

其二，章学诚一方面反对"《尚书》分属记言，《春秋》分属记事"的说法，同时在很大程度上又赞同这一说法。《书教中》说："名臣章奏，隶于《尚书》，以拟训诰，人所易知。撰辑章奏之人，宜知训诰之记言，必叙其事，以备所言之本末，故《尚书》无一空言，有言必措诸事也。"❹认为

---

❶❷❹ 章学诚．文史通义［M］．沈阳：辽宁教育出版社，1998：14，8，102，8，11.

❸ 叶瑛．文史通义校注［M］．北京：中华书局，1985：709.

言论必对实事而发，但记言毕竟可以独立。又《永清县志恩泽纪序例》云："古者左史纪言，右史纪事，朱子以谓言为《尚书》之属，事为《春秋》之属，其说似矣。"❶ 由此看来，章学诚似乎又并不特别排斥"《尚书》分属记言，《春秋》分属记事"的观点。

章学诚的矛盾态度其实表明他的记注、撰述观与《汉志》、刘知几之间并不存在不可调和的冲突，事实上，只要从整体的角度考虑，不难看出它们之间是相辅相成的。《汉志》、刘知几主要是从体例的角度讨论先秦史官的文献方式，并用之解释当时史传文体的生成，而章学诚则侧重于史意的角度。章学诚本人其实是非常清楚这一点的：

> 不知刘言史法，吾言史意；刘议馆局纂修，吾议一家著述；截然两途，不相入也。❷

按照这样的说法，章学诚与刘知几之间的根本差异表现在史法与史意、馆局纂修与一家著述上，而史法与馆局纂修、史意与一家著述之间又存在必然的因果关联。继世传家学、名家之学之后，出现馆局纂修的局面，这就给修史带来一系列新的问题。《旧唐书·刘知几传》云：

> 知几长安中累迁左史，兼修国史。……时侍中韦巨源、纪处讷、中书令杨再思、兵部尚书宗楚客、中书侍郎萧至忠并监修国史，知几以监修者多，甚为国史之弊。❸

刘知几从五个方面具体阐述馆局纂修的弊端。但是，馆局纂修固然存在这样那样的不足，这些弊端又不是不能避免的。刘知几指出：

> 窃以史置监修，虽无古式，寻其名号，可得而言。夫言监者，盖总领之义耳。如创纪编年，则年有断限；草传叙事，则事有丰约。或可略而不略，或应书而不书，此刊削之例也。属词比事，劳逸宜均；挥铅奋墨，勤惰须等。某表某篇，付之此职；某传某志，归之彼官。此铨配之理也。斯并宜明立科条，审定区域，倘人思自勉，则书可立成。❹

---

❶ 叶瑛. 文史通义校注［M］. 北京：中华书局，1985：709.

❷ 章学诚. 文史通义［M］. 沈阳：辽宁教育出版社，1998：303.

❸ 刘昫，等. 旧唐书［M］. 北京：中华书局，2000：2146.

❹ 姚松，朱恒夫. 史通全译·下［M］. 贵阳：贵州人民出版社，1997：452.

刘知几认为，只要监修者不尸位素餐，无所作为，相反，能够承担起应负的职责，馆局纂修也是能做好的。除了对监修者提出要求外，刘知几还认识到众修时会出现“著述无主，条章靡立”❶ 的情况，由此，就需要对史体进行辨析，“夫史之有例，犹国之有法。国无法，则上下靡定；史无例，则是非莫准。”❷ “六家”“二体”的史体形态学的建构正是为适应这种要求而提出的。所以，正是当时馆局纂修的形势迫使刘知几不得不对史法进行思考，这就在很大程度上导致他的许多观点主要倾向于书写技术的层面——史著体例的辨别、叙事技巧的分析等。虽然刘知几也意识到：

古之国史，皆出自一家，如鲁、汉之丘明、子长，晋、齐之董狐、南史，咸能立言不朽，藏诸名山，未闻藉以众功，方云绝笔。

甚至也主张：

夫为史之道，其流有二。何者？书事记言，出自当时之简；勒成删定，归于后来之笔。然则当时草创者，资乎博闻实录，若董狐、南史是也；后来经始者，贵于隽识通才，若班固、陈寿是也。必论其事业，前后不同。然相须而成，其归一揆。❸

只不过这些方面并不是他关注的重点。

刘知几的不甚着意处，也正是章学诚用力的地方，这主要表现为“史意”“一家著述”两个方面。前面已经分析了实斋有关“史学”“史意”的看法，然而需注意的是，章学诚所谓的“史”并不限指“历史”，还包括“学术史”的内容，其《报孙渊如书》云：“愚之所见，以为盈天地间，凡涉著作之林，皆是史学。”❹ 可见，章学诚心目中的“史”实在是一种广义的历史。有的学者强调章学诚的史学是文化史学，甚至是学术史学，是有一定道理的。❺ 因此，章学诚的“史意”也应该从“历史”与“学术史”两方面去理解。在“历史”与“学术史”的撰写方面，章学诚其实提出两种路径：一是记注与撰述，这是针对狭义的“历史”而言的；二是就“学术史”的撰写而言，其《答客问中》谓：“高明者多独断之学，沉潜者尚考索之功，天下之学术，不能不具此二途。”这是将学术分为独断、考索两

❶❷❸ 姚松，朱恒夫．史通全译·下［M］．贵阳：贵州人民出版社，1997：446，154，35.

❹ 章学诚．文史通义［M］．沈阳：辽宁教育出版社，1998：283.

❺ 侯外庐．中国思想通史·第五卷［M］．北京：人民出版社，1956：495.

类。又云："天下有比次之书，有独断之学，有考索之功，三者各有所主，而不能相通。"[1] 这又是将学术著述分为比次、独断、考索三种。对于三者之间的关联，章学诚指出：

若夫比次之书，则掌故令史之孔目，簿书记注之成格，其原虽本柱下之所藏，其用止于备稽检而供采择，初无他奇也。然而独断之学，非是不为取裁；考索之功，非是不为按据。[2]

这就是说，"学术史"的撰写有比次、独断、考索三种方式。这两种撰写路径之间并非不可通约，这在上文已经论述。由于两种撰写系统之间千丝万缕的联系，可以说章学诚关于"历史"撰写的观点实际上带有学术的意味。也就是说，章学诚在一定程度上是用学术来规范、指导"历史"撰写的，这从"一家著述"这样的表达中不难体会。因此，章学诚有关"历史"撰写探讨的重点是史家的微旨与史著的经世功能。他在《浙东学术》中指出：

夫子曰："我欲托之空言，不如见诸行事之深切著明也。"此《春秋》之所以经世也。[3]

又，《书教上》谓：

以谓纤悉委备，有司具有成书，而吾特举其重且大者，笔而著之，以示帝王经世之大略；而典、谟、训、诰、贡、范、官、刑之属，详略去取，惟意所命，不必著为一定之例焉，斯《尚书》之所以经世也。[4]

所以，从根本上来看，章学诚的记注、撰述观念要解决的主要是作者微旨与史著功能的问题。当然，章学诚也重视史著的体例，但与前者相比，则处于次要地位。而且，实斋对史著体例的讨论也是在史家微旨与史著功能这一论域下进行的。这就非常明确地表示，章学诚的记注、撰述观念主要并不是针对史著体例而发的。所以，章学诚与刘知几乃至《汉志》有关先秦史官文献方式的看法之间并不存在实质性的冲突，他们之间的差异主要缘于立场的不同，即史意与史法的区别。因此，不能简单地用一家的观点去反对另一家，只有将他们结合起来，才有助于对先秦史官文献方式形

---

[1][2][3][4] 章学诚．文史通义［M］．沈阳：辽宁教育出版社，1998：127，126，48，8.

成比较完整的认知。

需要指出的是，章学诚在史著体例方面的有些看法显然是延续了刘知几的观点。章学诚虽然曾经近于自负地坦言：“吾于史学，盖有天授，自信发凡起例，多为后世开山”，[1] 这也是实情，但刘知几的影响也无须讳言。比如：

> 《春秋》之事，则齐桓、晋文，而宰孔之命齐侯，王子虎之命晋侯，皆训、诰之文也，而左氏附传以翼经；夫子不与《文侯之命》同着于篇，则《书》入《春秋》之明证也。马迁绍法《春秋》，而删润典谟，以入纪传；班固承迁有作，而《禹贡》取冠《地理》，《洪范》特志《五行》，而《书》与《春秋》不得不合为一矣。[2]

这就是说，《春秋》记载的是齐桓公、晋文公等人的事迹，至于宰孔册命齐侯，王子虎册命晋侯，都是训诰，但孔子并未把它们与《文侯之命》一同录入《春秋》，而左氏把它附在《左传》中，用它来辅助《春秋》。同样，司马迁所创立的纪传体中收录的典谟文告在实质上与《尚书》是相同的，而《汉书》中的《地理志》《五行志》则与《尚书》之《禹贡》《洪范》本质一致。这与刘知几用言事相兼的观点去解释《左传》是相近的。又如，章学诚虽然否定“纪传法《尚书》，而编年法《春秋》”的说法，但在《书教下》中指出：

> 《尚书》为史文之别具，如用左氏之例，而合于编年，即传也。……以《尚书》之义，为迁《史》之传，则八书三十世家，不必分类，皆可仿左氏而统名曰传。或考典章制作，或叙人事终始，或究一人之行，或合同类之事，或录一时之言，或著一代之文，因事命篇，以纬本纪。则较之左氏翼经，可无局于年月后先之累；较之迁《史》之分列，可无歧出互见之烦。[3]

此处，章学诚所表达的“因事命篇，以纬本纪”的意思与刘知几“传以释纪”的看法是一样的，也可以看出其对于刘知几所采取的既继承又批判的态度。

---

[1][2][3] 章学诚．文史通义［M］．沈阳：辽宁教育出版社，1998：303，8～9，14～15.

浅析《史记》的人物语言和性格

■ 肖　莉*

【摘　要】从文学的角度看，《史记》的最大特色就是善于运用符合人物身份的口语来表现人物的神情态度和性格特点。司马迁用三言两语或直接或间接地揭示了人物性格，同时运用大量的历史事件、生活环境来刻画人的内心世界，使人物显得真实、有棱有角，体现出极高的语言造诣。

【关键词】史记　人物语言　性格

司马迁的《史记》开创了我国的传记文学，是一部“究天人之际，通古今之变，成一家之言”的伟大著作，是司马迁对我国民族文化极其宝贵的贡献。《史记》是一部具有战斗性和人民性的传记文学名著，其中的人物形象丰富饱满、生动鲜明，这得力于司马迁在语言运用上的极大创造。从文学的角度看，其最大的特色就是善于运用符合人物身份的口语来表现人物的神情态度和性格特点。

殷孟伦曾在《子云乡人类稿》中就司马迁的语言艺术做了极为精辟的概括。他说：

> 司马迁《史记》的语言艺术是跨进一个新时代的新标志，他的语言美是通过许多不同人物形象的刻画和形象的描绘，在若干巨幅的社会生活图景中显现出来的。他赋予这些人物以非常准确、精练、集中、概括、灵活、形象的文学语言，不为人物的时代和所代表的阶层所限，他都以最精辟的语言深刻地描绘出各个人物性格的内在真实。

* 肖莉（1976～），女，贵州贵阳人，中学一级语文教师，任教于贵州省贵阳市乌当第二中学。

这段话真实、准确、精辟、集中地道出了《史记》是怎样通过语言艺术来使得其中的人物成为独具性格、有血有肉、丰富饱满的形象的。司马迁用集中、精练的语言概括出他所要刻画的人物形象，体现出了极高的语言造诣。他用三言两语或直接或间接地揭示了人物性格的内在真实，而且用大量的历史事件、生活环境来刻画人物的这种内在真实，使人物的性格显得有棱有角，令人信服，而不会显得平铺直叙，没有生机。可以通过《史记》中的一些人物形象来加以说明，使我们对司马迁的语言艺术有更深刻的了解。

刘邦和项羽都曾见过秦始皇，从他们的感慨中可以看出他们性格的不同。项羽说："彼可取而代之也。"直言不讳，坦率之极。项梁为此掩其口，曰："毋妄言，族矣。"由此，可以想见项羽那种自信满满、强悍率直的性格。仅此一句，就粗线条地勾勒出了一位善战沙场、气宇轩昂的古代英雄。而项羽的性格也因此一句有所定格。由此，也能理解少年时的项羽为何学剑不成、读书也不成了。在他心中，这些事情显得有些微不足道。真正能够使他努力的，成为其人生目标的，便是"取始皇而代也"。也因此，《项羽本纪》中的每一历史事件和生活环境，都紧紧围绕他的性格来写，目的都是使这一古代英雄的形象更加栩栩如生。项羽在与项梁起誓之初，略显其能，显示了他异于常人的气魄和才能。于是，在项梁死后，项羽能扬名天下、威猛不可一世，也是自然而然的。项羽的"彼可取而代也"一句，让项羽那种叱咤风云、气盖一世的性格更加清晰，使我们如亲睹其事、实闻其语，因此，我们在为其赞叹不已的同时，也就更能深刻地理解项羽垓下之败的悲剧，更能深刻地体会到这样的结果是项羽自身的性格所造成的。同时，也不能不感慨司马迁的鬼斧神工之笔刻画了这样一位有血有肉的英雄。项羽的性格决定了他是一位志高于天、异于常人的英雄，但只能是一位失败的英雄。无论时势如何变化，人物的性格早已决定了他以后的必然结局。项羽被围垓下，曾自为诗曰："力拔山兮气盖世……"悲凉慷慨，听者无不泣涕。正是前面"彼可取而代也"的项羽，才使这时处于逆境的他悲凉凄惨的心境尤为鲜明突出。当然，也正是因为有前面的自信满满，如今被围垓下，才会悲从中来，无可奈何！项羽那种可以一时为英雄、不可以一世为英雄的结果，让人唏嘘不已，感到无比的凄凄惨惨戚戚。如今，项羽的形象已被定格在那遥不可及的年代，但是，司马迁的笔触却让我们目睹了这位驰骋沙场、不可一世的英雄人物的形象，实属幸哉！

而与项羽性格有着极大反差的沛公，在见到秦始皇时却说："嗟乎！大丈夫当如此也。"话说得委婉曲折，表面上是对秦始皇的赞誉，实际上却表现了刘邦贪婪多欲的性格。通过这句话，一个小人物的形象立时跃于纸面，凸显在我们面前。由此，可以联想到，这种人物的恶劣品质比及那些市井流氓，绝对有过之而无不及。刘邦说话委婉曲折，恰好体现了他工于心计、奸猾狡诈的性格。他实际上是垂涎最高统治者的位置，以满足自己的私欲，使天下人臣服于自己，并且天下的珍器、美女、肥美之地也要收归己有。刘邦以此一句冠冕堂皇的话语，就为自己描绘了一幅通达黄金大道的美好图卷。可见，此人内心的算盘打得多么精细。司马迁用一句话就定下了全局，而后的事件只是对人物进行润色，使其饱满而已。同时，这句话也让人能够透过现象洞察本质，了解到华衣隆服的人物内心是多么卑鄙龌龊。说穿了，刘邦羡慕的是始皇拥有的至高无上的权力，而不是为了那些生活在社会底层的人民。司马迁在《留侯世家》中写刘邦贪财好色，在《萧相国世家》中写刘邦猜忌功臣，在《淮阴侯列传》中借韩信之口谴责了刘邦诛杀功臣的罪行，道出了"狡兔死，走狗烹；高鸟尽，良弓藏；敌国破，谋臣亡"这一封建社会君臣能共患难而不能共安乐的真理，表现了刘邦"大丈夫当如此也"的真正内涵。之后的片段更真实地描写了刘邦流氓无赖、残酷无情的嘴脸。当项王以太公为人质而命汉王退兵时，刘邦的回答正是他贪婪多欲性格的折射——为了达到目的而不惜"大义灭亲"。汉王曰："吾与项羽俱北面而受命怀王，曰：约为兄弟。吾翁即若翁，必欲烹而翁，则幸分我一杯羹。"可想而知，刘邦的大丈夫行径便是如此而已。正是因为他那种贪婪多欲的性格，决定了他所做的每一件事都是为了爬上那高不可攀、至高无上的皇位。

这方面的典型例子还有《李斯列传》。其中，写李斯少时见厕鼠和仓鼠而发出的感叹："人之贤不肖，譬如鼠矣！在所自处耳！"由此，人物的神情态度和性格特征被刻画得淋漓尽致。我们可以根据自己的想象来展开画卷：李斯不满于当时的生活，通过厕鼠和仓鼠这种琐事表现了他想有所作为、有所抱负的志向。做鼠也只做仓鼠这种顿悟，让他明白了人生苦短；

如不努力拼搏、有所作为，就只能像厕鼠那样寒酸可怜，非但一事无成而且还自身难保，惶惶不可终日！从这样的感叹中，可以窥见李斯性格的一角——不愿停滞不前，想走出小天地，激流勇进。正是这样的感叹，让敢于竞争和挑战的李斯终有所成。他的感叹，把自己那种不愿在生活中碌碌无为而想有所成就的心态表露得一清二楚。后李斯拜为秦客卿，助秦始皇统一中国，官至丞相，显赫一时。也是因为感叹，让他发现了自己的生存价值，发现了自己的能力和才华，得以功成名就。李斯的性格决定了他不会甘心于一无所成，决定了他必然要按照他所顿悟的道路去走，直至最后成功。如果他心满意足而不求竞争和挑战，那也就不是司马迁所描写的李斯了。什么样的人物说什么样的话，什么样的性格造就了什么样的人。

对于不被历代官书所收的下层人物——陈涉，司马迁进行了如实的刻画。陈涉太息曰：“嗟乎！燕雀安知鸿鹄之志哉！”这也是语言运用发挥到极致的一个例证。陈涉把自己的志向比作鸿鹄之志，以英雄自喻，把自己抬高于普通人之上。可以想见，他说这句话时的那种“自命不凡”的模样。这里的自命不凡，只是指陈涉能够用高于一般农民的眼光来看待事物，不会像一般的劳动人民那样受制于天命、皇权而不知觉悟。正是他的这句话，让我们看到了作为农民的陈涉对当时那种不平的社会现象的抗议，想通过奋斗使自己振翅于天，有所作为。性格上的特点决定了他虽为农民却有别于那些终日劳苦、不知反抗的“顺民”。他的骨子里含着隐隐的不平，也因此道出了他的鸿鹄之志。这种自命不凡的性格深入他的骨髓，使他不能安于现状，等待有一天能振翅高飞。而作为布衣，作为一个才能不及中人的普通人，这样的机会等于零。当他在死亡线上挣扎时，毅然而然地选择了揭竿而起，这是他的性格所决定的。

综上所述，人物的语言和人物的性格是有紧密联系的。《史记》中用最精练的语言概括了人物的性格特点，然后用有关的历史事件和生活环境加以充实、润色。以上4个人物的性格，通过语言表现得恰到好处，正是殷孟伦所概括的《史记》语言艺术的一个例证。同时，通过人物的话语，让人了解了人物性格的内在真实：项羽的坦率、直接、可爱，刘邦的贪婪、卑鄙；李斯的顿悟令人佩服，陈涉的自喻令人刮目。以此而观，《史记》不愧为“史家之绝唱，无韵之离骚”。

陆云诗歌研究

郑　颖*

【摘　要】陆云是太康文坛的领袖人物，其文学作品的价值毋庸置疑。在他众多的传世作品中，诗歌当属能代表其创作成就的一类。目前，陆云传世的诗歌主要包括赠答诗和受命之作两类，这些诗从不同角度反映了陆云的思想和创作风格。

【关键词】陆云　诗歌　思想　风格

陆云，字士龙，是吴末晋初著名的文学家。后人常以“三张、二陆、两潘、一左”来代表太康文坛创作的最高水平，可见陆云作品的价值之高。但就以往的研究来看，人们对陆云的关注甚少，尤其是对陆云的诗关注不够。就陆云现存的诗而言，数量和质量都应居太康文坛之前列。本文将对陆云的诗歌创作情况进行探讨。

陆云现存的诗歌，据逯钦立《三国两晋南北朝诗·卷六》所录，共有20多首，其中包括赠答、受命之作等类型的作品。陆云的诗与陆机的繁富藻思有所不同，他的诗大多文辞清新俊朗、立意典正，且结构严谨。陆云善作四言诗，这一点他在《与兄平原书》中也曾明言。在他的诗歌创作中，四言诗明显多于五言诗。二十四友中陆云是创作四言诗最多的人。他的大多数作品继承《诗经》的风格。明代张溥评价陆云说：

> 士龙所传，四言偏多，《有皇》、《思文》诸篇，诵美祁阳，式模《大雅》，类以卑颂尊，非朋旧之体。余篇一致，间有至极。❶

---

* 郑颖（1980～），女，贵州贵阳人，文学硕士，贵州师范学院文学院副教授，研究方向为中国古代文学。

❶ 殷孟伦．汉魏六朝百三家集题辞注［M］．北京：人民文学出版社，1981：135.

在陆云创作的几类诗歌中，赠答诗的数量最多。在一赠一答之间，陆云之真我性情跃然纸上，创作风格也尽显无遗。相较其他几类诗而言，此类诗歌成就最令人注目。数量仅次于赠答之作的是受命而作的诗。由于是受命之作，表现的思想较为单一，成就不如赠答之作。此外，陆云还有部分诗歌残句传世。虽然这些作品保存得不够完整，但从中亦可窥见陆云创作的清新之风。

一、赠答诗

赠答诗是魏晋时期诗人非常钟爱的一类诗。在一赠一答之间，他们或相互倾诉胸中之意，或作同僚之间的酬答。萧统《文选》将它单列为一类，共收王粲以下到齐梁之间的赠答诗 72 首，可见其对这类诗歌的重视。在众多的魏晋赠答诗作者中，陆云的作品之多、成就之高以及其中所包含的深刻文化意蕴，都是少有人能比拟的。

陆云现存的赠答诗以四言诗居多，其中多数作品是与亲朋好友抒发真我性情的，少数是同僚之间的酬答唱和。具体来说，抒发真实情感之作品包括《答兄平原诗》《赠郑曼季诗四首》《赠顾彦先》《失题诗二首》《答孙世显诗》《答张士然一首》《答兄机一首》，官僚之间的酬答作品包括《赠汲郡太守诗》《赠顾骠骑诗二首》《赠鄱阳府君张仲膺》《答顾秀才》《答大将军祭酒顾令文诗》《答吴王上将顾处微》《赠顾尚书》。

（一）抒发真实情感之作

陆氏在东吴四姓八族之中，军事才能和政治地位都首屈一指。家学的渊源不仅使陆氏家族成员文武兼备，也使他们具备了高傲的人格和从政的决心。但西晋灭吴使陆氏家族由盛转衰，陆机、陆云被俘入洛，进退两难。在陆云的心中，一方面难忘亡国亡亲之痛，另一方面又不甘碌碌无为。他和陆机一样选择了在西晋的仕宦之路，也因此心中矛盾交织。在痛苦万分的情况下，赠答诗成了陆云寄托胸中之意的最好工具。

在作于吴亡后的《答兄平原诗》中，亡国亡亲之痛、抱负难展之苦、兄弟天各一方的思念得以尽诉：

伊我世族。太极降精。昔在上代。轩虞笃生。……今我家道。绵绵莫承。昔我昆弟。如鸾如龙。今我友生。凋俊坠雄。家哲永徂。世业长终。华堂倾构。广宅颓庸。高门降衡。修庭树蓬。感物悲怀。怆矣其伤。……今我末嗣。乃倾乃圮。世业之颓。自予小子。仰愧灵丘。衔忧没齿。忧怀惟何。顾景惟尘。峨峨高踪。眇眇贸辰。明德继体。莫非哲人。今我顽鄙。规范靡遵。仍世载德。荒之予身。……自我不见。邈哉八龄。悠思迥望。寤言通灵。昔我往矣。辰在东嵎。今我于兹。日薄桑榆。衔艰遘愍。困瘁殷忧。❶

诗中，陆云对于显赫家族背景的看重、对于己身湮没的描述清晰可见。陆云的另一首诗《答兄机》描述了思念兄长的心中之苦：

悠悠涂可极。别促怨会长。衔思恋行迈。兴言在临觞。南津有绝济。北渚无河梁。神往同逝感。形留悲参商。衡轨若殊迹。牵牛非服箱。

该诗一开篇就化用了曹植《送应氏》中“别促会日长”的句子，言兄弟别离，相会之期遥遥不可及。在这类诗歌中，陆云将无限的愁思寓于有限的诗句内，营造出一种的空前的悲凉之景。另外，陆云还很善于用典，如这首诗中巧妙地运用了“参商”之典来比喻兄弟天各一方的情景。陆云的这类答诗并不单单是对陆机赠诗的回应，其间更多的是二人互相倾吐真情、共鸣心中痛苦。

陆云抒发真实情感的赠答诗，还有一类对象是与他经历大致相似的、失势的东吴贵族子弟。由于他们和陆云遭遇相似，彼此之间又交往较好，所以他们在诉说心中怨愤不平时真情流露，不少作品写得感人至深。《赠郑曼季诗四首》就是这类诗歌的代表作。在其二《鸣鹤》中，陆云写道：

穆风潜烈。兴云戢荟。德茂当年。时愆嘉会。安德𦒍藻。改尔缟带。嗟我怀人。心焉忼忾。

“德茂”二句含蓄地表达了少壮之年空有大志和“嘉会”相愆的痛苦。其三《南衡》序云：

南衡，美君子也，言君子遁世不闷，以德存身。作者思其以德来

---

❶ 逯钦立. 三国两晋南北朝诗［M］. 北京：中华书局，1983：698. 又，下引陆云诗歌皆出自该书。

仕，又愿言就之宿。感白驹之意，而作是诗焉。

这其中的“君子遁世不闷，以德存身”喻郑丰与己都是如此境况，而“遁世不闷”则喻己欲奋发而不能得偿所愿。《答孙世显诗》《赠顾彦先》《失题诗二首》《答张士然一首》中亦有此类似的情感表现。在这类诗歌中，朋友之间的深厚友谊是另一主题。如《赠顾彦先》中写道“邂逅相遇。良愿乃从。不逢知己。谁济予躬”。这部分诗几乎都使用四言体，有明显的模仿《诗经》的痕迹。

（二）官僚之间的酬答作品

陆云与官僚之间赠答的作品多作于入洛之后。由于陆云身为二十四友中的一员，所以难免于当时社会官僚间称美谀颂、互相赠答的风气。他的这类赠答诗往往都使用了相同的模式：先摹写对方所处的环境，然后续写其在这一环境中所显露的美德，再以彼此间的思念作结。诗中的大部分篇幅是用绮丽之语来颂扬对方的美德。但在这类诗中也不乏抒发个人情感的语言。虽然说二十四友是为政治目的而依附于贾谧的，但在交往中也有建立了深厚友情的，所以在赠答之中有真情之语也就不难理解了。陆云在《赠汲郡太守诗》中就写道：“念我同僚。悲尔异事。之子之远。悠悠我思。虽无赠之。歌以言志。”

就以上两类赠答诗而言，前一类是陆云诗歌创作成就的代表。于这类诗歌之中，可以发掘出一个性情中的陆云，也可以找到其诗歌创作的主要风格，即陆云在《与兄平原书》中所提倡的“清”“省”“情”三者结合的创作风格。

二、受命而作的诗歌

陆云的诗，保存数目较多的还有一类是受命而作的诗。这部分诗包括《大将军宴会被命作诗》《征西大将军京陵王公会射堂皇太子见命作此诗》《太尉王公以九锡命大将军让公将还京邑祖饯赠此诗》《大安二年夏四月大将军出祖王羊二公于城南堂皇被命作此诗》《从事中郎张彦明为中护军奚世都为汲郡太守客将之官大将军崇贤之德既远而厚下之恩又隆非此离析有感圣皇既蒙引见又宴于后园感鹿鸣之宴乐咏鱼藻之凯歌而作是诗》。

这部分作品多是歌功颂德之作，创作时间也应为“二陆”被俘入洛之后。这部分作品的创作原因与西晋的士风有很大的关系。从竹林七贤中的山涛、王戎到二十四友中的石崇、刘琨，对钱财的追求与奢华的生活作风已经成为一种社会风气。这样的风气影响了文人的创作，二十四友中的很多人是在这样的情况下自觉地接受了士风对性情的软化以及诗坛的华丽诗风。有人认为，陆云正是在这种情况下接受了当时的世风，创作出以上这些歌功颂德、粉饰太平的作品。其实不然，结合陆云的生平和作品来看，创作这些诗作恐怕有更深层的原因。虽然身为二十四友中的一员，但陆云并不以追求享乐为生活目的。陆云性格高傲，崇尚清简朴素，这不仅可以从他的《国起西园第表启》中看到，也可以从他清廉的为官作风中得到印证。但身在官场之中，要施展抱负，要继承家族的遗志，陆云不得不在表面上迎合上层人物对文学创作的需求。因而，创作这些粉饰太平的诗，很可能是陆云的无可奈何之举。

《大将军宴会被命作诗》是这类诗歌的代表作，《文选》将它收入公燕一类。“大将军”指成都王司马颖，该诗就是为其歌功颂德的作品。诗中有“芒芒宇宙，天地交泰”之句，是用《周易·泰》中“天地交泰”的典故，表示阴消阳长、万物大通，烘托出一种万物咸亨的时代气象，以衬托大将军的时运之隆盛。

受命而作的作品不能代表陆云诗歌创作的主流。它和陆云的文学批评理论并不相同。从这类诗作中无法看到陆云之真性情，也无法看到其诗歌创作的主要风格。因此，在研究陆云的诗歌时，不能以此类作品来衡量其整体创作水平。

三、其他诗歌

除以上两类作品之外，陆云的作品还包括拟代诗——《为顾彦先赠妇》。这组诗以夫赠妇答的形式，倾诉经夫妻间的思念之情。陆云继承了拟代诗中写游子因远行而思念家人、思妇因思念丈夫而忧思难解的传统。陆云虽不是当事人，却站在当事人的角度上写出了一组感人至深的作品。

另外，陆云还有一些诗歌残句传世。如《诗》：“绿房含青实。金条悬白璆。俯仰随风倾。炜炜照清流。”《芙蓉诗》：“盈盈荷上露。灼灼如明珠。”“寝共织成被。絮以同攻绵。”“夏摇比翼扇。冬坐比肩毡。”《诗》：“逍遥近南畔。长啸作悲叹。”这些诗写景栩栩如生，写情真挚动人，且比喻形象生动，读来朗朗上口。可惜只有只言片语，无法进行系统地研究。

就陆云整体的诗歌创作而言，其作品入晋之前的较少，入洛之后的较多，这大概和他的年龄、身世都有密切关系。他的诗歌以他的家族之志、亡国之痛、兄弟之情和朋友之义为主要表现内容，体现了一个东吴遗少的伤感之情和高傲的复兴家族之志。在其诗歌中，以简练的句子表达了无穷的意义。陆云实无愧于太康时期文坛之领袖的称号。

【参考文献】

[1] 陆云．陆云集［M］．黄葵，点校．北京：中华书局，1988.

[2] 房玄龄，等．晋书［M］．上海：上海古籍出版社，1986.

[3] 罗宗强．魏晋南北朝文学思想史［M］．北京：中华书局，1996.

[4] 王晓卫．魏晋作家创作心态研究［M］．贵阳：贵州人民出版社，2004.

王昌龄诗“绪密思清”解

吕 婷*

【摘 要】 新旧唐书指出王昌龄诗歌具有“绪密思清”的特点，这一评论可与王昌龄《诗格》中表述的诗歌理论及王昌龄诗歌相互阐发、相互印证。“绪”与“思”为构思中的一体两面，联系王昌龄的诗歌理论可知，“绪”主要就立意而言，“思”则针对构思方法。王昌龄论诗要求立意高而不单一，重视对意的安排布局，并在构思过程中强调通过“境思”的过程使意分明呈现，形成“绪密思清”的特点。分析其诗歌可见，这一特点也体现在其作品中。

【关键词】 王昌龄 诗格 绪密 思清

王昌龄诗，在盛唐时期就为人所推重，后世论者颇多。《旧唐书·文苑传》云：“昌龄为文，绪微而思清。”❶《新唐书·文艺传》沿此说法称：“昌龄工诗，绪密而思清，时谓‘王江宁’云。”❷“微”与“密”含义相通，都有微妙、细密的意思。新旧唐书从诗歌构思的角度出发，以极简略的文字概括了王昌龄诗歌的重要特点，可以说是切中要害。但中国古典诗论向来有只言片语、言简意丰的特点，况且新旧唐书并非专门论诗的著作，更无可能就此特点进行详尽阐述。

王昌龄撰有诗论著作《诗格》（有一卷本、二卷本），《新唐书·艺文

---

* 吕婷（1976～），女，文学硕士，贵州师范学院文学院副教授，研究方向为古代文学。

❶ 刘昫，等．旧唐书［M］．北京：中华书局，1997：5050.

❷ 欧阳修，等．新唐书［M］．北京：中华书局，1975：5780.

志》《崇文总目》《直斋书录解题》《宋史·艺文志》均有著录。其原书已散佚，但部分内容散见于《文镜秘府论》和《吟窗杂录》，因此得以流传至今。尤其是《文镜秘府论》所录的论诗文字，多数学者认为应出自《诗格》，为王昌龄所作无疑。张伯伟《全唐五代诗格汇考》证之已明。❶ 本文拟结合王昌龄的诗歌理论，阐释“绪密”“思清”中可能包含的含义，并联系其诗作加以分析；以“绪密思清”为切入点，使王昌龄作品与其诗歌创作理论在相互印证的过程中都得到更深入的阐释与理解。

一、绪　密

现代汉语中“思”“绪”连用，而“绪”与“思”实则不同。“绪”，原意为“丝头”，有“头绪、开端”之意。在这里可解为“情、意之端”，即诗歌所欲表达的情绪、意绪，也就是诗歌所欲表现的意图。“思”，为思考、构思，文学构思。这里主要指如何使诗歌意图得到有效实现的方法及过程。“绪”与“思”实际是统一在一体中的两面。“绪”与“思”在构思的过程中相待而成、相待而显，不可或缺。南宋刘克庄《后村诗话新集》卷三沿用《新唐书》说法，云：“史称其（王昌龄）诗句密而思清。”❷ 直接将“绪”字去掉，把《新唐书》所涉及的构思这一整体拆散，去其一端，以“密”指诗句结构。这应是一种误解。元代辛文房《唐才子传》卷二也基本沿用新旧唐书的说法，称：“昌龄工诗，缜密而思清。”❸ 唯将“绪密”改为“缜密”，亦误。

下面，结合王昌龄的诗论来具体阐释“绪密”的内涵。

王昌龄论诗非常重视诗歌创作中的立意问题，在《诗格》中详细讨论了如何立意以及意在诗歌中的表达策略。分析其诗作，可以看到，其诗歌创作理论在实际创作中一一实现。这使得其诗歌不论是描绘景物，还是表达情绪、意绪，都显示出细密、微妙的特点，也就是所谓的“绪密”。概括言之，主要表现在三个方面。

---

❶ 张伯伟．全唐五代诗格汇考［M］．南京：江苏古籍出版社，2002：145～147.

❷ 刘克庄．后村诗话［M］．北京：中华书局，1983：199.

❸ 傅璇琮．唐才子传校笺［M］．北京：中华书局，1987：258.

首先，作诗要求立意高。《诗格》云：“意须出万人之境，望古人于格下”“用意于古人之上”。距王昌龄不久的中唐诗僧皎然在其诗论著作《诗议》中提出诗歌须避俗，认为“俗有二种：一鄙俚俗……二古今相传俗”。❶ 皎然论诗多受王昌龄影响，他所说的“二俗”或可作为王昌龄立意高的注解，即立意须避“俗”与“熟”。以王昌龄名篇《闺怨》诗为例：

闺中少妇不知愁，春日凝妆上翠楼。忽见陌头杨柳色，悔教夫婿觅封侯。

伤离的主题自古为中国诗歌创作中的大宗，伤离之情又以征人思妇为最甚。此诗为征人思妇之作，是自古以来写熟了的主题，在立意上几乎都以描写思妇“怨”的种种情态为主。王昌龄诗题为“闺怨”，首句偏说“不知愁”，又以“忽见”“悔教”转折。全诗捕捉少妇心理变化的一个特殊时刻刻画描写，立意在以往的闺怨诗上翻新了一层。此所谓“用意于古人之上”者。又如其《出塞》其一首句云“秦时明月汉时关”，既写了眼前的边关之景，又跨越了历史时空，将眼前之景虚化；把诗歌立意拓展到漫长历史中所有的边塞战争，真有超乎此前一切边塞诗的气概。

其次，王昌龄认为，诗应表达相互联通、相互作用的多重情绪或意绪，因此作诗前不妨苦心冥思，多多立意。《诗格》曰：“但多立意，令左穿右穴，苦心竭智。”❷其“苦心竭智”主要在于对意的琢磨，这与晚唐的苦吟不同。晚唐苦吟讲究琢磨字句多于立意，或带来诗境寒狭的弊病，而下笔之前对意的琢磨则无此弊。其诗《从军行》其一曰：

烽火城西百尺楼，黄昏独坐海风秋。更吹羌笛关山月，无那金闺万里愁。

明陆时雍《诗镜》评曰：

“烽火城西百尺楼”一绝，“黄昏独坐”一绝，“海风秋”一绝，“更吹羌笛关山月”一绝，“无那金闺万里愁”一绝，昌龄作绝句往往襞积其意，故觉其情之深长而辞之饱决也。法与众不同。❸

这正是针对诗歌多重意绪的特点而发。所谓“一绝”，即每一句的情感

---

❶❷ 张伯伟．全唐五代诗格汇考［M］．南京：江苏古籍出版社，2002：162，161，206.

❸ 陆时雍．诗镜［M］．保定：河北大学出版社，2010：553.

意绪都有不同，一意与一意之间又能相互沟通、相互激发。如“烽火城西百尺楼”与“黄昏独坐”，唯其百尺之高，能激发出独坐所见之寥廓广远；“黄昏独坐”，又为“百尺楼”本来的高峻巍峨蒙上了一层荒寒寂寞的色彩。一意与一意之间不断交流、融汇。最后，还以思妇的“万里愁”与首句征人所在的“百尺楼”互相勾连，提高了诗歌意境的完成度，使诗歌形成了意绪虽多但又浑然一体的效果。另外，诗歌的音律与情感的转变高度配合。入声字“百尺”“独坐”的运用使诗句有拗折、雄健的感觉，字音重浊的“更吹”使诗歌情感转深一层，可谓盛唐时期声律、风骨始备的典型作品。

最后，既然一篇作品应表达多重意绪，那么就必须讲究安排和变化，王昌龄《诗格》中对此有不少具体的探讨。他认为，诗歌意绪与情绪的安排应层层推进、腾挪变幻，后句绝不能弱于前句。另外，在构思和写作的具体操作中，他尤其强调诗歌须开篇见意，应一语道尽一篇主旨。《诗格》云：

> 高手作势，一句更别起意，其次两句起意。意如烟涌，从地升天，向后渐高渐高。
>
> 夫诗，入头即论其意，意尽则肚宽，肚宽则诗得容预，物色乱下。
>
> 诗头皆须造意，意须紧，然后纵横变转。
>
> 古文格高，一句见意，则“股肱良哉”是也。其次两句见意，则“关关雎鸠，在河之洲”是也。其次古诗，四句见意，则“青青陵上柏，磊磊涧中石。人生天地间，忽如远行客”是也。由刘公幹诗云“青青陵上松，瑟瑟谷中风。风弦一何盛，松枝一何劲。”此诗从首至尾，唯论一事，以此不如古人也。❶

《文心雕龙·风骨》云：“练于骨者，析辞必精；深乎风者，述情必显”，要求文辞与所欲表达的意图之间距离最小化，以最简洁有力的文辞最有效地表达自己的意，同时又具有流动的、俊爽豪迈的情感特征。王昌龄认为，诗歌以“一句见意”为最善，即要求文辞精练有力；重视诗歌的“作势”，即自觉追求情感与思想的流动。这正是对建安风骨的继承。同时，他认为在意尽的前提下须使诗歌“物色乱下”，要能“容预”，这又是对建

---

❶ 张伯伟．全唐五代诗格汇考［M］．南京：江苏古籍出版社，2002：161，162，163．

安风骨的丰富。以其《旅望》诗为例：

> 白草原头望京师，黄河水流无尽时。穷秋旷野行人绝，马首东来知是谁？

诗歌之主意为“望”。白草原在甘肃、宁夏一带，京师遥远自然不能望见。因此，首句已道尽望而不见之意；用口头语直写，一句道尽，间不容发，是为意“紧”。中间二句稍作回旋后，“穷秋”句承接首句，写不见京师，仅见边土萧条，将诗意转深，更为末句作势。先言“行人绝”，末句又转而写见人，令人猜想恐怕来者为夷狄，以疑问结束全诗。这正是其诗歌中入手擒题、意如云涌之类的代表。

二、思　清

王昌龄《诗格》中有几处对于构思过程的表述：

> 人置意作诗，即须凝心，目击其物，便以心击之，深穿其境。如登高山绝顶，下临万象，如在掌中，以此见象，心中了见，当此即用。
>
> 必须忘身，不可拘束，思若不来，即须放情却宽之，令境生，然后以境照之，思则便来，来即作文。如其境思不来，不可作也。❶

有了作诗的动机，诗人须首先“凝心”“忘身”，在心中创造出一种与创作动机相关的情境；既能置身其中，又可脱身于外。此时，境中万象皆纷纷地、清晰地呈现于眼前。王昌龄把这作为诗歌构思过程中的关键步骤，称其为“境思”。在“境思”的状态下，一切客观与主观的物、情、意，都透彻地了然于诗人心中。此时落笔作诗，就有了“思清”的效果。

王昌龄认为诗有三境：物境、情境、意境。《诗格》云：

> 物境一，欲为山水诗，则张泉石云峰之境，极丽绝秀者，神之于心。处身于境，视境于心，莹然掌中，然后用思，了然境象，故得形似。情境二，娱乐愁怨，皆张于意而处于身，然后驰思，深得其情。意境三，亦张之于意，而思之于心，则得其真矣。❷

下面，可分别以其诗歌印证这三境，进一步了解“境思”的过程。

---

❶❷ 张伯伟．全唐五代诗格汇考［M］．南京：江苏古籍出版社，2002：162，172～173.

在三境中，物境最容易体会，是指在内心构造出一个林泉之境，达到“了见”的程度，即得到一个活灵活现、透彻玲珑、无一处隐蔽的山水境界。这样，诗人的视线就可以驰骋其中，无往而不利。王昌龄的山水描写往往能体现这种由“境思”带来的“思清”效果，如《潞府客亭寄崔凤童》诗：

萧条郡城闭，旅馆空寒烟。秋月对愁客，山钟摇暮天。新知偶相访，斗酒情依然。一宿阻长会，清风徒满川。

在这首诗中，不仅大至整个郡城、小到孤馆寒烟都在诗人的视域中，“愁客”即诗人自己也成为“莹然掌中”被了然观之的对象。在“境思”的空间中，诗人得到了一个无所不知、无所不见的视角，因而可以在大小、远近之间自由变换。萧条郡城、孤馆寒烟、秋月愁客的相对，暮天中回荡的钟声，同时作用、同时涌现，重叠起来，营造出一个立体、多维的境界，但同时又一一分明，是为“思清”。其他如《巴陵别刘处士》之“竹映秋馆深，月寒江风起。烟波桂阳接，日夕数千里”、《沙苑南渡头》之“峰隔苍茫雨，波连演漾田”以及《从军行》其四之“青海长云暗雪山，孤城遥望玉门关”等，也有同样的特点。

理解了物境，情境与意境也就容易理解了。情境与意境也是一样，不过是所欲表现的对象不同。情与意都是主观的东西，情偏于感性，意偏于理性。王昌龄作诗特善于闺怨宫词及边塞题材，可借此类作品加以说明，如其《长信秋词》五首。长信宫为汉成帝宠赵飞燕时，班婕妤失宠所居之处。五首诗都抒写班婕妤孤独嗟怨的情感。王昌龄首先“忘身”“凝神”，张班婕妤的情感，将自己处身其中，进入境思，正如描写山水时张山水之境，将自己置身于其中。情感驱使他置身于长信宫中五个落寞的时刻和场景：“卧听南宫清漏长”“银灯青琐裁缝歇”“奉帚平明金殿开”“梦见君王觉后疑”“红罗帐里不胜情”。这五个场景显然是王昌龄在充分代入班婕妤的情感后在心中虚构出来的。经过“境思”的过程，王昌龄将这些场景“莹然掌中”，加以一一表现。其中，蕴含了班婕妤或者说是王昌龄所体会到的班婕妤的情感，千头万绪纷纷涌现，历历在目。所以，当诗人落笔时，即使其情感体验细如毫发，也表现得非常真切。这正体现了“绪密思清”的特点。其他宫词，如《西宫春怨》《春宫曲》等皆有这一特点。

与情境主要写情感的体验和感受相比，意境主要写人或事件的状态，诗人自我的状态相对理性。情境常用第一人称的视角，意境常用旁观者的视角。如《青楼曲》其一：

白马金鞍从武皇，旌旗十万宿长杨。楼头小妇鸣筝坐，遥见飞尘入建章。

《出塞》其二：

骝马新跨白玉鞍，战罢沙场月色寒。城头铁鼓声犹振，匣里金刀血未干。

在这些诗（包括前引《闺怨》等诗）中，作者并不代入表现对象的情感世界，只作遥观。

物境、情境、意境都有同样的特点，即境中万象一一分明。通过构思过程中的“境思”，作者在创作中能将所欲表现的对象表现得历历在目。这正是其诗“思清”的特点。

三、结　语

中国的传统诗论向来不依照严谨的逻辑进行，往往只点出一些经验和感受，很少将这些经验和感受分析、提炼为明确的结论。对于王昌龄诗歌艺术特征的评论，也是如此。明钟惺曰：“龙标七言绝妙在全不说出，读未毕，而言外目前，可思可见矣，然终说不出。”❶ 清沈德潜曰：“龙标绝句，深情幽怨，音旨微茫，令人测之无端，玩之无尽，谓之唐人《骚》语可。”❷ 类似的评论比比皆是。然而，要真正理解王昌龄的诗歌，还需要一个悟的过程。但从其构思“绪密思清”的特点切入，结合其诗歌理论，能从根源上把握前人所说的这些“妙处”。

---

❶ 钟惺，谭元春．诗归·下［M］．武汉：湖北人民出版社，1985：222.

❷ 沈德潜．唐诗别裁［M］．北京：中国致公出版社，2011：384.

严粲《诗缉》的诗法研究

■ 熊祥军

【摘　要】严粲是南宋末期的著名学者，其学术专著《诗缉》受到历代学人的推崇，清代时钦定进入四库全书荟要本。严粲对《诗经》写作方法的分析，主要是详解字法、细分句法、总括篇法；并从其内容和表现手法切入，赋予了赋、比、兴新意。同时，他还从二雅入手，借助文体分类法来论述《诗经》，显出独特的学术价值。

【关键词】严粲　诗缉　诗法　二雅文体论

严粲，字坦叔，一字明卿，邵武（今属福建）营溪人，是南宋著名诗人、诗论家严羽族弟。❶“精毛诗，尝自注《诗》曰《诗缉》”，❷学者称邵武先生。正史无传，生卒年不详。曾任德化县主簿、清湘县知县、朝奉大夫等职，历宋光宗、宁宗、理宗三朝。

严粲是南宋中后期的经学家，是“江湖诗派”的重要诗人之一，早年曾与张孝祥门人谢尧（字梦得）诗酒从游。严粲对这段生活印象颇深、难以忘怀，曾有诗曰：“晚起西窗十年梦，一樽何处酹诗翁。”❸与谢梦得“樽酒论文”十载，正是其意气风发的青少年时期——“儿时意气谩骑鲸，

---

❶ “羽之族弟也，登进士授清湘令，尝著《诗缉》，与朱晦庵《诗传》相表里。”（陈思，陈世隆．两宋名贤小集·卷三百二十九［M］//四库全书·1364册．上海：上海古籍出版社，1987）

❷ 闽中理学渊源考·卷八·朝奉大夫严坦叔先生粲［M］//四库全书·460册．上海：上海古籍出版社，1987. 又见明嘉靖《邵武府志》卷十四。

❸ 傅璇琮，等．全宋诗［M］．北京：北京大学出版社，1991：37396.

几向栏杆袖手凭”。[1] 严粲早有诗名,[2]《全宋诗》辑 115 首（其中有两首不全）。其与时人黄炳、张缉、谢尧、袁甫、李贾、冯去非、邓均等均有诗文唱和、交往。

《诗缉》是唯一流传下来的其学术著作，初稿完成于南宋理宗淳祐四年（1244），定稿、刊刻于淳祐八年（1248）五月。其版本甚多，元、明、清及现代皆有流传。

“《诗缉》被称为集解体中后出而转精者”,[3] 体例周详，论说严密，学术性与文学性兼重，少《读诗记》“疏缺涣散”之瑕疵，故被姚际恒称为“宋人说《诗》第一”。[4] 虽有溢美之词，但《诗缉》一书成就卓有，却是毫无疑问的。其对诗法的研究，是全书的一个亮点。

在《诗缉》中，严粲对《诗经》的技巧、方法做了相当精确的分析和论述，从诗歌方法论上对《诗经》的表现技巧、艺术安排等做了分析。先秦时期，人们对文学作品的语言、方法和艺术技巧有过不少的论说。《墨子·非命中》云：“凡出言谈，由文学为之道也，则不可不先立义法”，道出了义法在文学作品中的基础作用。《庄子·寓言》也说：“言而当法。”虽然说的是言语，未必不可当文学技法看。至南宋吕本中提出“活法说”，更是对诗法的无定性做了更进一层的归纳。其《夏均父集序》云：

> 学诗当识“活法”，所谓“活法”者，规矩具备，而能出于规矩之外，变化不测，而不背于规矩也。是道也，盖有定法而无定法，无定法而有定法，知是者，则可与语“活法”矣。

吕本中的“活法”说是对作诗而言的，移就在读诗上一样可行。可见，历代的论者在论诗时无不强调诗法。严粲在分析《诗经》的方法、技巧时，主要从字法、句法、篇法和赋、比、兴以及二雅文体观等方面进行分析、阐释。

---

[1] 严粲．叨第后日者自谓奇中索诗［M］//全宋诗．北京：北京大学出版社，1991：37397.

[2] 林希逸．诗缉序［M］//四库全书荟要本．长春：吉林出版集团有限责任公司，2005：8.

[3] 郝桂敏．宋代《诗经》文献研究［M］．北京：中国社会科学出版社，2005：195.

[4] 姚际恒．诗经通论［M］．续修四库全书本·62 册．上海：上海古籍出版社，2013：12.

一、字法、句法、篇法

诗文都是由字而句、由句而篇的，三者共同构成一篇完整的作品。明王世贞《艺苑卮言》云：

> 首尾开阖，繁简奇正，各极其度，篇法也。抑扬顿挫，长短节奏，各极其致，句法也。点缀关键，金石绮彩，各极其造，字法也。篇有百尺之锦，句有千钧之弩，字有百炼之金。❶

这说明篇法是一节诗中首尾联结、各章繁简和轻重缓急的艺术技巧。句法指诗中声律节奏对应诗句的关系。字法则是以字词突出诗歌的中心，精心选字炼字的方法。严粲《诗缉》一书，也有对字、句、篇法的精到论述。

（一）详解字词

字是一首诗的基础。刘勰在《文心雕龙》中云："夫人立言，因字而生句，积句而成章，积章而成篇。"可见字词在诗文中的根本性作用。严粲从以下几个方面论述《诗经》的字法。

（1）字义新注解。如《诗缉》卷一解《周南·关雎》"左右流之"之"流"字，注云：

> 流，流水也。流之谓于流水以洁之也，水流则清，故洁之必于流水。《释言》以流动为求，今不用。

对"流"字之义做出了不同于古人的解说，颇有新意。

（2）详别近似字。《诗缉》卷一注《周南·关雎》"钟鼓乐之"之"钟"字：

> 金旁从童之"鐘"，乐器也。金旁从重之"鍾"，酒器也，聚也。古字"鐘"通作"鍾"，监本《毛诗》皆作"鐘"。

详细分析了"鐘""鍾"之别。对于作为儿童读本的《诗缉》而言，无疑是十分有益且必要的。

（3）详解虚拟词。《诗缉》卷一注《周南·樛木》"乐只君子"之

---

❶ 王世贞. 艺苑卮言·卷一［M］//周维德. 全明诗话. 济南：齐鲁书社，2005：1888.

“只”云：

只，语已辞矣。如“仲氏任只”、“母也天只”，楚辞曰“白日昭止”是也，“乐只君子”盖“乐哉君子”也。

把语气词“只”的类似之例找出来（从《诗经》和《楚辞》中），并用“哉”字之音来解“只”字，连类比拟，恰当形象。

（4）字音详读。《诗缉》卷一解《周南·兔罝》之“椓之丁丁”云：

丁，陟耕反音，近“争”。伐木丁丁，为声之相应，此丁丁亦连椓也。

（5）举例详释。《诗缉》卷二总结《召南·采苹》云：

今考《本草》，水萍有三种：大者曰苹，叶圆，阔寸许，季春始生，可糁蒸以为茹；其中者曰荇菜；其小者曰水上浮萍，江东谓之薸。毛氏以苹为大萍，是也。

把诗中之“苹”详细列为三类，从大、中、小来区分，并认定其中一种为本诗所指，比较令人信服。

（二）细分句法

句子由字词构成，其本身又是构成诗篇的更高级的语法单位。句子本身可以表示一定的思想感情、意向、趣味等，对全诗的成败起着关键作用。大诗人杜甫早就认识到诗歌句法的重要作用：“为人性僻耽佳句，语不惊人死不休”“美名人不及，佳句法如何”（《寄高三十五书记》）。黄庭坚受杜甫的影响很大，作诗、论诗也十分注重句法，其《题韦偃马》云：“一洗万古凡马空，句法如此今谁工？”严粲在《诗缉》一书中，则有关于《诗经》句法的论述。

（1）论两句错综运用。《诗缉》卷一解《周南·桃之夭夭》之“桃之夭夭，灼灼其华”云：

“夭夭”以桃言，指桃之木也；“灼灼”以华言，指桃之华也。“桃之夭夭，灼灼其华”取相错成文也。言桃之少壮，故其华鲜明，木少壮则其华盛。

指出二句是错综之法，上、下相互交错表达一个完整的意思。钱锺书《管锥篇》云：

既曰花“夭夭”如笑，复曰花“灼灼”欲燃，切理契心，不可点

烦，观物之时，瞥眼乍见，得其大体之风致。❶

(2) 归纳句义之轻重。如词语之附加式，虽两词并说，但有主从之分。《诗缉》卷三十析《大雅·崧高》之“载脂载韦 ”云：

诗人之辞多以一事分两节言之，如“载脂载韦”止是脂韦一事耳，今言“载脂”则谓涂脂于韦，言载韦则谓设韦于车。“是剥是菹”止是以瓜分为菹，“于周于京”止言周京一事耳，今言于周则指国言，于京则指国所都之地，此“于邑于谢”语势正与“于周于京”同，《笺》以上“于”为“往”，下“于”为“於”，今不从。

以“载脂载韦”为例，归纳出“是剥是菹”仅是以瓜分为菹，句义重点在“菹”而非“剥”，“于周于京”只言周京一事；并详论“于周”指国而言，于京指国都而言，从而进一步归纳出“于邑于谢”语势与“于周于京”同。不仅如此，还在句末强调不从《郑笺》义，颇有新意。

（三）总括篇（章）法

篇（章）法是诗文谋篇布局的艺术技巧，具有决定诗文成就高下的重要作用。即使有佳字、佳句而无好篇，诗文也不会跻于一流境界。谢灵运乃两晋时期名诗人，但因其诗仅有佳句而无佳篇，故后人评价时未把其归于大诗人之列，未把其诗归于一流诗歌之中。严粲《诗缉》对《诗经》篇法艺术技巧的分析尤为突出，十分精彩。林希逸《诗缉序》中就对此做出高度评价：

余既悚然起敬，遂就求全书而读之，乃知其钩贯根叶，疏析条绪，或会其旨于数章，或发其微于一字，出入穷其机综，排布截其幅尺，辞错而理，意曲而通。❷

就全文而观之，实为精到之论。

(1) 指出章与章之间的承接关系。《诗缉》卷五谓《鄘风·君子偕老》之次章：

上章“子之不淑”既指宣姜，此章言其者，承上文，指宣姜也。

谓《鄘风·载驰》第三章：

---

❶ 钱锺书．管锥篇·第一册［M］．北京：中华书局，1986：70～71.

❷ 林希逸．诗缉序［M］//四库全书荟要本．长春：吉林出版集团有限责任公司，2005：8.

“我之所思”其说非閟而不通也。丁宁上章之意，欲言而未言也。

《诗缉》卷六谓《卫风·氓》第五章：

“言既遂尔”乃以暴虐加我，我兄弟不知之耳，若知我见暴如此，咥然笑我也。始为所诱，今为所暴，故恐兄弟笑之，承上文“渐车帷裳”，见弃而归，在途自念之辞，羞见兄弟也。

卷十七谓《小雅·常棣》第五章：

承上章之文，言而能与兄弟翕合则可以宜尔之室家，乐而之妻帑尔，试穷究之图谋之，庶几信乎之言乎，盖必深长思之而后以吾言为然也，言妻帑所在，妻帑即室家之人也。

说明了读《诗经》时应整体观照上、下章之间的关系和语义等的相承相接。读懂章法之间的起承转合之式，对诗歌的理解和认识自然能进一步深入。

（2）指出数章应作整体看。《诗缉》卷二谓《召南·采苹》：

此诗三章，当通作一章看，言大夫之祭其宗庙也。采苹于南涧之滨厓，采藻于流行之雨潦，所荐常物耳。

卷十七析《小雅·采薇》之末章：

言昔我往征戍之时，蒲柳依依然柔弱，即首章所言采薇之时也。今我来归遇雨下霏霏然，即首章所言“岁亦莫止”也。首尾申言之，亦丁宁以安其心也。

（3）指出章与章之间的顺次关系。《诗缉》卷九析《齐风·南山》之首章：

说者多以前三章刺齐襄，后二章刺鲁桓，后二章皆言取妻其为，刺鲁桓明矣。但以前二章为刺齐襄而后二章方刺鲁桓，上、下章辞意不贯，兼齐人以雄狐曰其君，于义有害。今解：一章以雄狐喻鲁桓之求匹，二章以屦緌喻鲁桓之得耦，三章、四章以艺麻析薪喻鲁桓以正礼取文姜；上、下章辞意乃归一。

卷二十五析《大雅·大明》之诗法：

旧说以“明明在下”为文王，非也。首章先泛言天人之理，然后及殷亡之由，为美文、武张本，次章乃述太任生文王，其后乃又述文王生武王及伐殷之事，以成首章之意，其言皆有次序也。

（4）指出首章为全诗奠定了情感基础，次章与首章相呼应，章与章之间是有一定的逻辑联系的。严粲还归纳了篇章的“言”与“意”关系，如《诗缉》卷二十三析《小雅 · 頍弁》：

> 有言古不言时而意在刺时者，如《甫田》、《采薇》之类；有言乙不言甲而意在刺甲者，如《叔于田》，全述叔段之事而实刺郑庄，《椒聊》全述沃之盛而实刺晋昭；有首章便见意，余章变韵成歌者，此类甚多；有前数章皆含蓄而末章乃见意者，如《载驰》之类；有首尾全不露本意而中间冷下一二语，使人默会者，如《硕人》、《猗嗟》之类；有言轻而意重者，如《凯风》言母氏劳苦而不言欲嫁；有先从轻处说起渐渐说得重者，如《四月》忧世乱而先叹征役之劳，《頍弁》刺危亡而先说不宴乐同姓。读《诗》与他书别，唯涵咏浸渍乃得之。

卷二十八言《大雅 · 板》之次章：

> 旧说辞为王者出令，然寻绎经意，上承“宪宪泄泄”之文，下接“我虽异事”之章，皆切责寮友之言，中间掺入王者出令之事，则上下辞意皆无伦序矣。此诗首章责同寮，出话不然，为犹不远，故二章因戒之以言论，之间宜相和协。……三章言“我即尔谋，听我嚣嚣”；四章言“匪我言耄，尔用忧谑”，谓己以为言告之……前五章皆说寮友议论，不相协，犹《小旻》诗六章，其前五章皆说谋“犹之不藏”也，达观上下章旨，知辞之辑佚，非谓王者出令矣。

字、句、篇（章）法相互关联，篇（章）中有句，句中有字。“由此看来，篇法为重，次为句法、字法。”❶《诗缉》一书，分析篇（章）法者在数量和深度上皆强于句法与字法分析，与此同理。

二、赋、比、兴表现法

赋、比、兴作为《诗经》的表现方式和艺术手法，其分类应该说既有内容方面的原因，也有艺术手法上的考虑。其中的比、兴二义，是历代《诗经》研究者较为头痛而又不得不说的话题。一直以来，都是仁者见仁、

---

❶ 吴建民．中国古代诗学原理［M］．北京：人民文学出版社，2001：171.

智者见智，没有哪种说法能让人都信服。同样，严粲的《诗缉》也面临这一难题。他以吕祖谦的《吕氏家塾读诗记》为本，以显隐说做出了解释，虽不完美，但在论说《诗》的诗味上却不失为一种有益的继承与发扬。

《诗缉》卷二解《召南·摽有梅》之首章云：

> 兴也，述女子之情，言击落之余尚有残梅，其实之在木者惟七，则其零落者多矣。兴女子盛年难久，当及时以嫁，勿使华色之衰落如彼梅也。

直言是以梅喻女之年华，言白意显，直接明快。

卷四解《邶风·谷风》之首章云：

> 兴也，来自大谷之风，大风也，盛怒之风也，又习习然连续不断……皆喻其夫之暴怒无休息也。

说明了此处的比兴是直喻主人公的丈夫无休止的暴怒、无休止地对妻子的欺压，直白而明显。

卷一解《周南·关雎》之首章云：

> 兴也，凡言兴也者皆兼比。兴之不兼比者特表之。《诗记》曰："风之义易见，惟兴与比相近而难辨。兴多兼比，比不兼兴，意有余者，兴也；直比之者，比也。兴之兼比者徒以为比，则失其意味也。兴之不兼比者误以为本，则失之穿凿也。"毛氏特言兴者，以其理隐故也。

严粲认为，《诗记》在比兴的论说上是比较可取的：凡《诗经》中起兴之处，一般都有比的手法；而有比之处，不一定都有兴。而且，二者之别在于：言有尽而意无穷者为兴（可称为"隐秀"），直接比喻者为比（可称为"外显"）。

《诗缉》卷一解《周南·麟之趾》云：

> 兴也，有足者宜踶，唯麟之足可以踶而不踶，是其仁也，今振振然信厚之公子即麟也。

婉言公子之忠厚，是比兴之隐，含蓄蕴藉。

卷四解《邶风·旄丘》之首章云：

> 兴之不兼比者也，黎臣子之初至卫，见旄丘之上有葛初生，其节甚密。及其后也，葛长而节阔，故叹云："何节之阔也！"感寄寓之久

也，尊称卫臣而问之曰："叔兮伯兮，何其多日而不见救也。"君臣一体，不斥其君而责其臣，婉辞也。

言此为"婉辞"，道出旄丘之葛的隐喻之意。

严粲以显、隐论比兴，力求剥除比、兴的神秘面纱。

虽不能说尽善尽美，但表现出了一种以诗歌论《诗》的文学思想，相对古人，还是离《诗》的文学性近了一小步，但对于学诗者来说，这一小步可能会帮助他们更快地了解《诗经》之美，从而爱上《诗经》。如果这可以作为洋洋《诗》学大观园中一点成就的话，那么严粲是功不可没的。❶

三、二雅文体论

严粲认为，《风》《雅》《颂》之别，在于文体之不同。但《风》并不只是《风》，《雅》也并非纯为《雅》，其中"每一种文体也并非很纯，有两两杂糅的现象"。之所以有《风》《雅》《颂》之别，盖因"以其中体大者为准。"❷《诗经》作为文学作品，自然有其内容的丰富性和复杂性，不能机械地、形而上地把《风》《雅》《颂》三者孤立地分开。在这点上，可以说严粲的以《诗》说《诗》把握住了《诗经》内在生命情感的搏动。

特别是对《诗大序》中大、小《雅》以政别之的说法，严粲有着一段十分精辟的论述。其《诗缉》卷一《论大、小〈雅〉之别》云：

以政之大小为二《雅》之别，验之经而不合。李氏以为《大序》者，经师次辑其所传授之辞，不能无附益之辞，其说是也。然二《雅》之别，先儒亦皆未有至当之说。窃谓《雅》之小大，特以其体不同耳。盖优柔委曲意在言外者，风之体也。明白正大，直言其事者，雅之体也。纯乎雅之体者为雅之大，杂乎风之体者为雅之小。今考《小雅》正经，存者十六篇，大抵寂寥短简，其首篇多寄兴之辞，次章以下，申复咏之，以寓不尽之意，盖兼有风之体。《大雅》正经十八篇，皆春

❶ 熊祥军，任菊．论严粲《诗缉》的以诗言《诗》［J］．昭通师专学报，2010（6）．

❷ 谭德兴．宋代诗经学研究［M］．贵阳：贵州人民出版社，2005：106．

> 容大篇，其辞旨大，气象开阔，不惟与《国风》敻然不同，而比之《小雅》，亦自不侔也，至于变《雅》亦然。其变《小雅》中雅体多而风体少者，然终有风体不得为大雅也。……咏“呦呦鹿鸣，食野之苹”，便会得《小雅》兴趣，诵“文王在上，于昭于天”，便识得《大雅》气象，《小雅》、《大雅》之别则昭昭也。

严粲一反汉、唐经学家的观点，抛开一贯的政教说，纯从文体角度对大、小《雅》进行区别和划分，认为纯为雅之体者（明白正大、直言其事）就是《大雅》，而在雅之中夹杂有风之特征者（有“优柔委曲意在言外者”）即是《小雅》。《小雅》正经篇幅简短，有兴寄之辞，反复吟咏同一事件，意在言外。与之相比，《大雅》气象恢弘，庄重严整。他还举出了具体的例子，让人在诗句的吟咏中感受二者的风格之异，进一步从诗歌的形式、内容和风格上来区分二《雅》，向着《诗》的文学本质靠拢和回归。在这一点上，可以说：

> 这种操作不但解决了六义相互间文体融合的问题，而且对文学批评的文体论发展也有巨大促进。❶

创新之论，自然会受到推崇。

可以说，严粲不但继承了汉儒的经学解《诗》传统，也体现了宋儒以理论《诗》的时学（另文论述）；同时，又不囿于二者之争，于稳步继承中进行一定的创新，有意识地在解《诗》时加入较强的文学性和文章学理论，有了较强的文体意识。他从字法、句法、篇（章）法入手，在论述赋比兴和大、小雅时尽量融入自己的见解，既承认《诗》的经学性，又发扬了其人文性和文学性。这应该是其受到后世学者认同的一个主要原因。

---

❶ 谭德兴．宋代诗经学研究［M］．贵阳：贵州人民出版社，2005：106.

现代文学与文化

平淡中见奇巧的田园牧歌*
——沈从文与汪曾祺的小说创作

陈　琳　邓　晨　华　蛟　韩锦钰**

【摘　要】 沈从文与汪曾祺是中国新文学史上不同历史阶段的京派作家，他们独特的田园风格和牧歌情调在文坛上产生了深远影响。本文旨在解读他们作品中以散文诗的方式所表现的人情美和人性美，探讨汪曾祺对沈从文风格的继承与发展，以及田园牧歌风格对当代小说创作产生的深刻影响。

【关键词】 沈从文　汪曾祺　小说　田园牧歌

在现代中国30年代的文坛上，沈从文是一个有着重要影响的作家。他不仅以丰富的创作成就了自己在文坛的声望，而且以独具东方意味的田园风格和牧歌情调表达了鲁迅等先驱者开创的“重铸民族灵魂”的思考；同时，还为现代文学乡土抒情小说树立了卓越的经典范式，成为当时文坛上颇具影响的“京派”一脉的领军人物。半个世纪后的当代文坛，沈从文的学生汪曾祺又一次举起了“京派”的旗帜，追忆早已逝去的故乡往事，执着于梦幻乡土的诗意抒写与美的心灵和性灵的发现，独树一帜。两位作家的前赴后继，构成20世纪中国文学现代乡土小说清新连绵的绝美景色。

一、田园牧歌式的写作风格中隐藏的“希望之歌”

沈从文作为京派一脉的主要代表作家，其创作往往是远离政治和商业

* 基金项目：贵州师范学院2014年大学生科研项目（项目编号：2014DXS013）。

** 陈琳、邓晨、华蛟、韩锦钰，女，贵州师范学院汉语言文学专业2012级本科生。

文化氛围的。他的创作多是赞颂湘西民俗风情的人情美和人性美的，主要讴歌“非启蒙化”状态下所焕发的人性之美，而这样的人性美往往是隐于自然山水之中的。作家在作品当中“极生动、传神地描写湘西的山光水色、风土人情”，❶ 给读者呈现出一幅幅世外桃园的景象。《边城》中的茶峒是一个依山傍水、清泉环绕的美丽小城，生活着古朴的人。这种生活是自然的、真切的，湘西人的朴实也在沅水的流淌中清澈易见。“爷爷”作为渡头唯一的管船人，不仅在船上备好茶水为渡河者解渴，而且从未收取他们一分一厘。《边城》中的爱情故事也让读者为之动容。翠翠和傩送之间的情感描写较为委婉含蓄，小说中甚至没有关于他们感情的过多描写；只是通过苗家对歌的原始浪漫方式，傩送便摘取了翠翠心中的“虎耳草”。正是这样看似委婉含蓄的交流，成全了两个年轻人真心不渝的爱情。傩送不要碾坊，翠翠挽起了秀发，决心用余生去等待那个令她刻骨铭心的男人。同样，沈从文的《媚金、豹子与那羊》中的媚金、豹子；《萧萧》中的萧萧、祖父等形象都散发着澄明质朴的原始人性光芒。作家把人物的情绪通通融于言语之中，“把风俗画的描绘紧紧和人物性格的刻画揉合在一起”，❷塑造了一个个鲜明的人物形象，无一不表现着人情美和人性美的主题。

在将近半个世纪之后的中国当代文坛上，师从沈从文的汪曾祺也在他的作品中暗合了这样的真善美品格。汪曾祺的创作被称为“流水体”。❸ 苏北水乡的潺潺流水浸透到他的创作中。他曾在《我的故乡》中说：“水影响了我的性格，也影响了我的作品。”汪曾祺先生透过对高邮乡镇旧事的记忆，以一种恬淡平静、和谐温馨的“田园牧歌式”的抒情笔法和“天国仙境般”的梦幻情调，抒发着他所追求的那种空灵闲适、清新超脱的儒雅境界和浸透着东方灵性之气的健康人性。同时，儒家思想对他的创作也有莫大的影响。汪曾祺曾说：“我认为儒家是讲人情的，是一种富于人情味的思想。”也正是儒家的这种“人情”，让他的作品中流露出浓浓的人情味。《大淖记事》中，锡匠们在生活上互通有无，在生意上童叟无欺。为救小锡匠十一子，巧云想尽一切办法，乡亲们也竭尽全力地帮助他。在他们眼中，

---

❶❷ 高云．沈从文论［J］．中国现代当代文学研究，1983（6）．

❸ 靳新来．汪曾祺的水情节与小说问题创新［J］．中国现代文学研究丛刊，2012（2）．

巧云和小锡匠的反抗是他们的骄傲。锡匠们以游行示威的方式逐出了刘号长，而巧云最终也一个人撑起了整个家庭。《受戒》里赵庄的荸荠庵，和尚可以娶亲，可以吃肉，可以调情。赵庄的人并没有觉得有何不妥，反而认为很正常。小英子的娘亲十分欢喜明海，还认了明海作干儿子。“《受戒》是一场青春和爱情的成长仪式，作家采用僧俗交叉的叙事策略，将自由的主题张扬的无加反复。”这是作家对健康人性的呼喊，也是真情、真性的解放。

沈从文和汪曾祺的田园牧歌风格不只是为了描摹不同的民俗风情，而是要用绝美山水晕染下的性灵去“重造民族品德”，进而探索“中国应当如何重新另造”的主题。汪曾祺曾说：“我有个朴素的古典的中国式的想法，就是作品要有益于世道人心。”《萧萧》中，萧萧作为童养媳被花狗诱奸并怀孕了，按照规矩是要被浸笼的。家人不忍便想把萧萧另嫁他人，萧萧不愿离去，小丈夫也舍不得萧萧，她便继续和婆家生活在一起。萧萧生下的儿子也同样深得婆家人的喜爱。就是在这样的爱与不忍中，我们看到了淳朴人性的熠熠光芒，也看到了沈从文理想中“人性的希腊小庙”。沈从文希望借小说中几个充满赤子之心的天真、纯粹的人物，重新燃起年轻人的自尊与自信，以此来重造民族品德，探究“中国应当如何另造”。作家在作品中希望：“在这种憧憬之中，以及憧憬扩大的努力中，一个国家的新生，进步与繁荣，也会慢慢来到人间”。

二、平淡冲和之下见绚烂的散文化与抒情化

沈从文是湘西的“诗人”，汪曾祺是苏北的“画家”。他们的创作用清新隽永的笔调讲述着柔江碧水上的故事。他们的小说在描写充满人情味和人性美的生活情景时，都力图淡化情节和冲突，用最富于诗意的语言去描绘生活中美到极致的、品味淡泊高雅的人生和风俗图景。两位作家笔下流出的是小说，也是散文，更是诗歌。这与作家的旨趣是分不开的。把小说当作诗歌来写，去采撷小说中的诗意。这便要求作家把作品写得很美、很健康、很有诗的意味。《受戒》中对赵庄芦花的描写：

芦花才吐新穗。紫灰色的芦穗，发着银光，软软的，滑溜溜的，

像一串丝线。有的地方结了浦棒，通红的，像一枝一枝的小蜡烛。

这样的文字淡然如水，却又有水的冲击力，久久萦绕于读者心头，令人读后似口留余香。

湘西“诗人”沈从文认为，在平凡的生活中，由泥淖至青云之间不断挣扎的小说家，在看尽了人世的平庸与卑微之后，还会感触到人性背后的信仰。小说家要把这种信仰幻化为诗，在诗中注入抒情色彩，以此来增加作品所描写的、诗意的人生深度。

沈从文和汪曾祺淡化情节的写法使得其小说呈现出别具一格的风貌。他们的叙述语言多以短句为主，没有长句的杂糅，给人以一种清新明快的感觉。沈从文的语言是明丽、澄净、晓畅、自然、峻洁的，像是用水洗过一般，使人感觉沅水上总是流淌着人间的气息，承载着人们对生活的希望和对美好爱情的向往与追求，人与水是交融为一体的。在与山水的交融之中，作家简洁明了地将人物的性格描摹得淋漓尽致。汪曾祺的语言也是通俗晓畅的。他的字与句纵向排列、一贯而下，似山间的溪水出涧一般，清流婉转。也正是在这样的清流婉转中，流露出了浓浓的诗韵。

二位水乡作家接受过同一种性灵的洗涤，那便是大自然。大自然的芳流婉转、清新明丽，赋予了他们作品以生命的性灵。也是这大自然，哺育了和它一样的人们，给予了作家灵感和素材。《萧萧》中写萧萧的成长、犯错、被宽恕，像花开花落一样自然，没有强烈的戏剧冲突。作者强调的是情绪的表达，意境的营造应着重于人与自然的融合。无论是竹木之于翠翠，还是荸荠庵之于明海，都是温情的、同一的存在。作家用最诗化的语言于无形中隐藏起他们的性格，却又不失人性的神韵。

三、汪曾祺对沈从文田园牧歌风格的承继与发展

田园牧歌风格对于两位作家来说，是他们理想化的蓝图和心灵深处的依托。现代文化对边地的渗透及二者的融合，使湘西、苏北早已失去了原来的面貌。只是作家凭借记忆还原了那些淳朴的民俗风情，并在这样的还原和追忆中去寻求民族精神和品德的范本。

由于作家观念的不同，其牧歌风格的呈现也不同。沈从文自称“乡下

人”。他以“乡下人”的眼光和态度看待城市，形成了“城乡二元对立的模式”。他在作品中“大力描绘湘西世界的人情美，这与城市文化的人性丑形成了鲜明的对照。一面真挚、朴实，一面是虚伪和尔虞我诈”。❶ 也有人说，这样的“城乡二元对立”模式是作家“受过长期压迫而又富于幻想和少数民族在心坎里那一股深忧隐痛”。正是这样的对立模式使得他笔下的乡村人物呈现出一种特殊的人生方式。乡村人物单一的朴实、包容，城里人无休止的阴险、狡诈，在某种程度上影响了作品对人性的深刻解剖。他笔下的“城市文化”使“湘西文化”更为理想化，而“湘西文化”使“城市文化”更显病态化。这应该是因为作家对湘西秀丽的自然美景以及淳朴的人文环境的亲近，导致他对“城市文化”中所显露的丑陋的文明而感到厌恶的结果。

汪曾祺也赞美人间的自然生命活力，他要向那“出世的，非自然的，充满虚妄的神的世界”进行挑战。他对笔下的乡村人物不再只是一味地讴歌、赞扬。他叙写了一个个真实的、立体的、不彻底的人物，凸显了人性的矛盾。《受戒》中的和尚们到村子里去唱情歌，便会有大姑娘、小媳妇跟着他们跑了。读者们看到了一个有着七情六欲、花言巧语的和尚。在这样复杂人性的描写中，表现了和尚们的另类人生。《大淖记事》中的巧云是个美丽的女子，她十七岁时父亲意外地瘫痪了，许多想要求亲的人望而却步，刘保长乘机强暴了她。但巧云坚强地活着，最终不顾流言，与真心爱她的小锡匠生活在一起，支撑起了两个贫苦的家庭。巧云的勇敢善良，刘保长的恃强凌弱，以及求亲者们的现实、势利，等等，都向读者展现了一个个真实、鲜活的乡村人物。作家的“现实主义方法显然以独特的二元性沟通了‘崇高’与‘世俗’”。❷ 小说是对人性的赞美，同时也是作家多维视角中真实乡村的缩影。他将芸芸众生置身于复杂的人情冷暖中，对这些如同蝼蚁般的平民百姓充满了关切与同情，让我们看到了一个既和谐又矛盾、既充满温情又不无世态炎凉的乡村社会。

---

❶ 笛论富．植根在民间——论沈从文小说的特有风格［J］．中国现代文学研究丛刊，1997（3）．

❷ 屠毅力．汪曾祺的“灰箱”——从“现实主义”转换看其在1980年代文学中的位置［J］．中国现代文学研究，2012（1）．

四、田园风格对中国当代乡土文学的影响

田园牧歌情调是在城市的繁华中沉淀了乡村的恬静生活，它代表着作家对家园和乡土的守望。沈从文和汪曾祺融诗、散文与抒情幻想为一体的清新俊逸的风格，对后来的小说创作产生了重要影响。他们以其田园牧歌型抒情小说，影响着整整一代作家……阿城、贾平凹、何立伟等便是自觉地以他们的小说为摹本，探索自己的道路，使新时期的田园牧歌小说表现出较丰富的形态。如当代著名小说家张炜是这样描绘他笔下的自然景物的："有一望无际的稼禾，有郁郁葱葱的林木，有汩汩流淌的小河。"这样的描写恰有一派"过春风十里，尽荠麦青青"的乡土田园风格，宁静而淡远。《九月寓言》中这样描述他家乡的平原景色：

> 疯长的茅草葛藤绞扭在灌木棵上，风一吹，落地日头一烤，像燃气腾腾的火。满泊野物吱吱叫唤，清生生的浆果气味刺鼻。兔子、草獾、刺猬、鼹鼠……刷刷刷奔来奔去。

张炜的小说意在还原一个未被工业浸染的、性灵的田间地头，其语言充满浓烈的诗性和独特的魅力；在这样的恬静中，停步去"寻找我们前进道路上的疏漏和遗落的东西"。作品中多是对故乡的挚爱，对道德情感的美化。

这种平淡中见奇巧的田园牧歌风格，带给人一种心灵的净化和人性的深思。他们描绘了一幅幅故乡的秀丽景色，赞美了那里的民俗文化，歌颂了美好的人性、人情。沈从文和汪曾祺在文学上坚守着自己的立场，创造了一种独具特色的表达范式。在他们的旗帜下，集合了一支规模不大但却引人注目的后来者队伍，形成了中国现当代文坛上独具魅力的亮丽风景。

【参考文献】

[1] 韩冷．京派叙事文学的伦理内涵［M］．北京：中国社会科学出版社，2011.

[2] 汪曾祺．美学感情的需要和社会效果［M］//晚翠文坛．杭州：浙江文艺出版社，1988.

[3] 沈从文．从文小说习作选集代序［M］//沈从文文集·第11卷．广州：花城出版社，1984.

[4] 沈从文．从现实中学习［M］//沈从文文集·第13卷．太原：北岳文艺出版社，2002.

[5] 朱光潜．从沈从文先生的人格看他的文艺风格［M］．广州：花城出版社，1980.

[6] 张炜．野地与行吟［M］．北京：中国社会出版社，2007.

论三毛作品的自然与人性

■ 鄢　旭*

【摘　要】三毛的作品体现出对自然的热爱和对人性的尊重。其对自然的热爱与对人性的尊重并不是分开的，而是将山川草木的自然与生命的自然融为一体，不露痕迹。由此，三毛的作品在写人时，充分体现出对人性的尊重，在看似平淡而浅俗的叙述中彰显出生命的活力。

【关键词】三毛　散文　自然　人性

一、前　言

三毛，台湾著名作家，本名陈懋平。三毛在读小学时嫌“懋”字难写，就自作主张将名字中的“懋”字去掉，改为陈平。父母对它擅自改名的做法未加干涉，予以默认。

三毛于1943年生于重庆。蒋介石政府崩溃前夕，5岁的三毛随父母迁居台湾。1967年，三毛去西班牙留学。1973年曾一度定居撒哈拉沙漠。三毛回到台湾后，曾在台湾文化大学任教，后辞职专职从事写作和演讲。

三毛的足迹几乎遍布全球。她游历过60个国家，亲身体验了不同民族的不同文化。对不同的价值观、不同的文化观和道德观以及不同的生活方式的比较，让她对人的存在有了深刻的思考。她尊重不同人种、不同民族的信仰，尊重贵族也尊重平民，尊重良民也尊重妓女。在她的眼中，存在

---

* 鄢旭（1992～），女，贵州遵义人，贵州远度律师事务所律师，研究方向为法律、文学。

即自然。三毛经历了与丈夫的生离死别，这使她对生命的思考变得深刻，使她对人的存在的思考变得深刻。三毛是一个虔诚的基督徒，但她对不同民族、不同文化的包容和认同，除了信仰的因素外，还源于她游历世界后的独特思考。正是这种思考，使她表现出对自然和人性的极大尊重。

三毛热爱生命，热爱自然，但却于 1991 年 1 月 4 日在台北荣民总医院自杀身亡，时年 48 岁。也许有人会问，既然三毛那样热爱生命、热爱自然，为什么要选择自杀！我想说，也许正是太热爱生命，太热爱自然，所以，当她发现本应纯净的生命遭到非自然的侵袭时，便选择用结束来保持生命的纯净。这，何尝不是三毛对生命的另一种热爱？

二、对自然的热爱是三毛作品的主旋律

（一）从尊重自然的一切存在中表现出对自然的热爱

在三毛的作品中，自然的一切存在都是美的。哪怕是令人厌恶的雨季，存在了，就该尊重；尊重了，就发现了美的存在。

三毛作品中对自然的热爱不是简单地赞美花草鱼虫，也不是单纯地歌颂河流山川，而是在赋予山川草木以情感的同时体现出对自然的尊重，是那种把生命的自然与山川草木的自然融为一体的状态。在她的作品中，生命的自然是联系天地与人性的纽带。也许，正因为如此，她的作品才是那样的平实、自然，没有雕琢，语言简单得没有了所谓的文采，轻松的絮语呢喃般的描述便能给读者一种无形的渗透和感染。当然，三毛作品的这种“自然”并不是没有对天地的赞颂，而是在赞颂天地的自然时没有刻意的刀斧痕迹，只需轻松地把人对天地自然的热爱的本性融进天地自然之中。

三毛对自然的热爱，从她的处女作《惑》中就已经开始体现了。可以说，对自然的热爱是三毛作品的主旋律。不过，在她的作品中，是看不出那种对自然的吟唱的。这种对自然的热爱被三毛融进一种自然的氛围中，一点不露痕迹。但是，作为读者，一定能够体会到文字背后那种对自然的亲切和依恋。《惑》中，“我”病了，在病中，渴望的还是田野，还是自然，于是，“也不经妈妈的同意，我提了画箱就想跑出去写生”。尽管妈妈哀求似地求“我”不要出门，“我”还是提着画箱，“一阵风似的跑出了家门”。

最后，“我”终于还是病倒在田野里，被一个农人找到后送回了家。在这里，与其说是三毛作品中对自然的热爱，不如说是三毛对自然的热爱。

继19岁发表《惑》之后，三毛在23岁时又发表了散文《雨季不再来》。从题目看，好像是作者不希望雨季的来临，好像是她已经厌倦了雨季，可是细细读之，你会发现，这种对雨季的厌恶，其实有着一种顺其自然的热爱。在《雨季不再来》中，三毛写道：当时，空气中充满着快乐的音乐和油漆味，群山在四周低低地围绕着。放眼望去，碧空如洗，阳光在缓缓流过。我独自坐在那儿，面对着这情景，觉得真像一个活泼安静的假日。我就认真地快乐起来，那份没来由的快乐竟是非常地震撼着我。日子一天天过去，接着，雨就来了。直到现在，它也没停过。我们起初是异常欢悦地迎接雨，数日之后显得有些苦恼，后来就开始诅咒它。直到现在，我们已经忘了在阳光下上学该是怎么回事了。

三毛不像多数女孩子那样有带雨具的习惯，相反，她喜欢被雨淋着的感觉：我们走在公路，车站马上要看到了，这时候我注视着眼前的雨水，心里想着，下吧，下吧，随便你下到哪一天，你总要过去的，这种日子总有停住的一天，大地要再度绚丽、光彩起来，经过了无数的雨水之后。所以，与其说她希望雨季过去，不如说是让自己的内心跟随着这气候的脚步，亦喜亦悲，亦悲亦喜，让心情随时令变幻。

三毛不是那种内心强大到可以驾驭时令的人，她是一个敏感而多情的小女人。在她看来，晴天也罢，雨季也罢，都没有厌恶与欢喜的定势。一切的一切，就是存在。高兴了，便喜欢；忧伤了，便厌恶。但三毛对自然总是有不舍的依恋，哪怕是面对危险，她也喜欢尝试着去亲近。这就是三毛作品的自然情节。

（二）用近似平淡的叙述传递出对自然炽热的爱

如果说以上只是三毛早期作品中对自然的态度的话，在其稍后的作品中，对自然的热爱就更加直接甚至是炽热了。当然，这种炽热的爱也不是赤裸裸的、对自然的吟诵，而是需要读者从作品所描述的生活中去感受。

在《荒山之夜》中，三毛对自然的爱的表达得显然直接多了：一片晴朗无云的天空那样广阔地托着他们的身影，猎狗戈利菲的黑白花斑在低低的芒草里时隐时现。如果说这样的、对自然的表达还没有直接的情感喷发的话，那么，接着，三毛说道：极目望去，是灰色的仙人掌，是遍地米黄的茅草，是突兀的黑石和粗犷到没有一棵树木的荒山，偶尔有一只黑鹰掠过寂寞的长空，这正是我所喜欢的一种风景。接下来：太阳没有完全下山，月亮却早已白白地升了起来；近晚的微风吹动了衰衰的草原，四周的空气里有一份夏日特有的泥土及枯草蒸发的气味。在这儿，山的庄严，草原的优美，大地的宁静是那么和谐地呈现在眼前。

在三毛的笔下，哪怕是黄昏，是夜色，大自然都是那样的和谐、美丽。也有最直接的时候，但那种直接没有一丝的造作，完全是水到渠成的内心流露：这是我回到加纳利群岛以后第一次上大山来走路，这使我的灵魂喜悦得要冲了出来；接近大自然对我这样的人仍是迫切的需要，呼吸着旷野的生命，踏在厚实的泥土上，总使我产生这么欢悦有如回归的感动。

前述《荒山之夜》是收录在《梦里花落知多少》这个集子里的一篇散文，还有一篇收录在《撒哈拉的故事》中的《荒山之夜》与之不同。该文写了一个三毛和丈夫荷西夜里在沙漠的沼泽历险的故事，但文章所表达的并非仅仅是历险。虽然文章并没有像前述《荒山之夜》那样直接赞美自然，但字里行间散发出对自然的热爱却是十分明显的。

三毛对自然的热爱，可以说在她的全部作品中都能看到。三毛出版的集子有 11 部，加上一些零散的、没有归集的文章以及剧本、歌词，总计有数百篇约 500 万字，无不充满着对自然的热爱。就像《橄榄树》这样的简简单单的歌词也充满着对自然的向往：

> 不要问我从哪里来/我的故乡在远方/为什么流浪/流浪远方/流浪/为了天空飞翔的小鸟/为了山间轻流的小溪/为了宽阔的草原/流浪远方/流浪/还有/还有/为了梦中的橄榄树小鸟。

小溪，草原，橄榄树，这些吸引着作者为之流浪的，不正是大自然的精灵吗？

不仅如此，生活中的三毛更是把对自然的热爱表现到极致。作为一个女人，她是不向往高跟鞋的。或许对很多女性来说，不管是出于漂亮还是自信的需要，高跟鞋一定是必不可少的。然而三毛不一样，她爱的是自然，她要的是自由，她不需要通过束缚双脚来表达她的美、她的自信。她喜欢的，是最简单、最舒服也最自然的平底鞋。在搬进有榻榻米的日式房间时，她是最欢喜的，因为她的脚终于可以得到最彻底的解放。如此地总总说来，三毛的诸多作品中，这种对自然的热爱是无处不在的。

三、对人性的尊重彰显了三毛作品的生命活力

（一）尊重生命的本源存在

如果说三毛作品中对自然的热爱是源于其内心的话，其作品中对人性的尊重同样是源于其内心。

在三毛的价值判断中，一切违背生命的本原存在的行为都是不能容忍的。她希望生命的存在如同自然一样轻松而自在，不愿意给生命课加毫无意义的负担。她对人性的尊重是最本色的感性需求，绝不是像某些文人或政客为了表现自己所谓的高度去空空的呐喊人性，更不像某些无聊文人为自身的兽性释放寻找借口。三毛是实实在在地尊重生命的自由，这从她很小的时候为自己改名的事例中可见一斑。不仅如此，她还把弟弟妹妹名字中间的那个“懋”字也给去掉了。三毛的父亲也是一个开明的父亲。母亲缪进兰在一篇题为《我的女儿，大家的三毛》的文章中提及，在 4 个兄弟姊妹里，次女三毛的性格最为特行卓立、不依常规，不能忍受虚假。所以，父母要在她身边看守着她的每一步是否踏稳。

也许正是缘于这种秉性——对人性的尊重，三毛在后来的作品中没有一点的矫揉。她尊重不同的人群，尊重不同人群的生活方式。在《搭车客》中，我们分明看见了三毛对那些撒哈拉威的态度——不认同但也不排斥。她绝不能像那些撒哈拉威一样生活，甚至当丈夫荷西带那些撒哈拉威的脏孩子去兜风弄脏了车时，她也会对荷西生气。这是三毛生活理性的表达。但是，当她自己开着车走在漫漫的沙漠公路上，看见一位牵着羊蹒跚而行的老头时，会连人带羊让他们上车，弄得车里拉满了羊粪。对那些在沙漠公路上揽客的妓女，三毛的作品里表现出来的也是尊重。她在黑夜的沙漠公路上，让那些做完营生或是想早一点收工的妓女搭车，并在车上和她们拉家常，聊她们的生意，比如价钱，比如为什么会到郊外来做这样的营生，等等。她并没有像一般人那样歧视她们，反而是看着这些可以和她谈笑风生的妓女，内心有一种轻松。在她看来，一群心甘情愿以这样一种常人不

能接受的方式生活的妓女既然可以过得这么花枝招展、这么满意，没有委屈，又有何不可呢？为什么人们就一定要瞧不起她们，就可以以一种高高在上的姿态同情她们呢？她并没有觉得妓女和一般人有什么本质的差别，相反，一群欢欢喜喜的妓女总比一群哭哭啼啼、怨天尤人的妓女让人轻松愉快。或许，在她的心底，并不认同这些妓女的生存方式，但是，既然这个群体存在，这个行业存在，三毛还是会表现出对她们的尊重。

（二）人性不分优劣地作为自然的存在受到尊重

三毛作品中体现出来的、对人性的尊重，不是选择性的标榜人性的美好，而是不分优劣的对人性的包容和肯定。哪怕是自己最反感的生命存在形式，只要在人类这一群体中存在，三毛就会表现出最朴素的尊重。

在《沙漠观浴记》中，三毛描写了她看撒哈拉人洗澡的经历。对于那些4年才洗一次澡的撒哈拉人，她感到无比的好奇。为了了解他们是如何在沙漠中洗澡的，三毛不惜花40元钱去体验那种充满恶臭的洗澡场景。在她看来，那种永远也洗不干净的洗澡方式是那样地好玩。不妨来看这样一段描写：

> 我看见每一个女人都用一片小石头沾着水，在刮自己身体，每刮一下，身上就出现一条条黑黑的浆汁的污垢，她们不用肥皂，也不太用水，要刮得全身的脏都松了，才用水冲。
>
> 四年了，我四年没有洗澡，住哈依麻，很远，很远的沙漠——一个女人笑嘻嘻地对我说，“哈依麻”意思是帐篷。
>
> 她对我说话时我就不吸气。
>
> 她将水桶举到头上冲下去，隔着雾气，我看见她冲下来的黑浆水慢慢淹过我清洁的光脚，我胃里一阵翻腾，咬住下唇站着不动。
>
> “你怎么不洗，石头借给你刮。”她好心地将石头给我。
>
> “我不脏，我在家里洗过了。”
>
> “不脏何必来呢！像我，三四年才来一次。”她洗过了看上去很脏。
>
> ……
>
> 一个女人已经刮得全身的黑浆都起来了，还没有冲掉。外面一间她的孩子哭了，她光身子跑出去，将那几个月大的婴儿抱进来，就坐在地上喂起奶来。她下巴、颈子、脸上、头发上流下来的污水流到胸

部，孩子就混着这些污水吸着乳汁。

我呆呆地看着这可怖肮脏透顶的景象，胃里又是一阵翻腾，没法子再忍下去，转身跑出这个房间。

三毛对这样的洗澡方式感到恶心，但她还是想去看个究竟。带着对这种生活方式的好奇，她不惜把自己混杂在这肮脏里。但她绝不仅仅是体验，体验过后表现出来的，是对人的尊重，对人性的尊重——既然存在，就应该尊重。这一点，从她继续去观看“洗里面”即露天灌肠的情景可以得到证明。在《沙漠观浴记》中，她对撒哈拉威的生存方式并没有太多的主观评价，但是从文字背后，能够看出她对人性的尊重。

（三）死亡同样是三毛尊重的一种存在

死亡是人类情感所抗拒的一种存在。虽然死亡对每一个人来说都是必然，但要做到坦然面对和尊重却非易事。三毛和所有的人一样，有着对死亡的恐惧。在和丈夫荷西一起许愿时，她许下的居然是“但愿人长久”。但是，当她以为自己会在不久就死亡时，她背着丈夫冷静地立下了遗嘱，安排好后事，然后若无其事地回到丈夫身边，依然微笑着面对生活。不巧的是，自以为会死的三毛没有死，倒是丈夫在一次潜水事故中死了，死在了三毛的前面。面对丈夫的死，她极度悲伤。但是，悲伤过后的三毛在她的作品中似乎也是极尊重命运的安排。三毛是基督教徒，某种程度上说，她是相信命运的，相信一切都是上帝的安排。当然，我们不是说，这就是三毛尊重人性的全部。但是，从她的作品中不难看见，凡是人的身上散发出来的最本原的气息，包括生活习惯、民族风俗、个性差异，等等，都得到了她最大的尊重。

三毛的作品中，除了尊重他人的“随性”——对他人利益的侵犯、或许是因贫穷导致的自私等，也认同自己的随性。在《尘缘》中，她写道：“母亲来信哀哀地问，下本书要叫什么?”三毛没有出书的打算，倒是父母尤其是母亲要把她写成的文字集结成书。她的态度大约正如《尘缘》中所说：“出书一向不是三毛的事，她只管写。写了自己亦不再看，不存，不管，什么盗印不盗印的，来说了三次，回信里都忘了提。”三毛的个性很自由，对生活也很随性。写文章也是随心随性，只想将自己的所见所闻所感写下来，不想刻意去成什么作家。她认为，生命是自由的，不应该给生命套上枷锁。正因为这样，所以她连自己名字中的繁杂笔画都不喜欢。

三毛尊重人性。她喜欢王洛宾，就拎了行李去投奔；住了两周，感觉不似想象的好，又独自离开。在她心里，最美好的感情应该是自在又舒心的。两个人在一起合适不合适，一下子就可以得出答案。如果一份感情需要很用心很努力地去苦苦经营，那么这么辛苦脆弱的感情反而是负担。这样的负担对于一个向往自由、热爱自然的人来讲，又何尝不是一种折磨，所以不要也罢。

四、结 语

肯定三毛作品中自然和人性的力量，有利于从文学评论的角度引导文学脱离虚伪和虚幻，引导文学走向真实、走向自然，进而引导公众尊重自然、尊重人性，培养真实质朴的社会风气。

三毛的作品，似乎让人看不到“高度”，但是，正是这种所谓的没有高度，成就了这些作品的高度，彰显出了生命的活力。也许，这正是三毛的作品能够热遍中国、热遍世界华人圈的真正缘由。

自然、人性，三毛作品不息的灵魂。

【参考文献】

[1] 三毛．雨季不再来［M］．北京：北京十月文艺出版社，2011.
[2] 三毛．撒哈拉的故事［M］．北京：北京十月文艺出版社，2011.
[3] 三毛．梦里花落知多少［M］．北京：北京十月文艺出版社，2011.
[4] 三毛．我的宝贝［M］．北京：北京十月文艺出版社，2011.
[5] 三毛．送你一匹马［M］．北京：北京十月文艺出版社，2011.
[6] 吕美云，陈芳．三毛研究［M］．北京：中国社会出版社，2010.

外国文化与文化比较

印度精神：泰戈尔的救世良药

■ 虞乐仲*

【摘　要】在印度独立运动期间，泰戈尔对不断高涨的民族主义情绪保持高度警惕。在他看来，任由民族情绪泛滥，世界将陷入战争泥沼。迷恋印度文化的泰戈尔希望印度能够为人类的发展提供精神上的指引，并把希望寄托于超越政治疆域、崇尚包容与合作的“印度精神”上。

【关键词】印度精神　泰戈尔　民族主义

在印度独立运动期间，泰戈尔对当时在印度乃至世界各地不断高涨的民族主义情绪保持高度的警觉并提出强烈的批判。在他看来，任由民族情绪泛滥，世界将陷入战争的泥沼。迷恋印度传统的泰戈尔希望印度能够在这个特殊的历史时期为人类的发展提供精神上的指引。1928 年，在写给安德鲁斯的信中，他表达了自己的期望：“今天世界历史已经发展到了一个关键时刻。印度能否超越自身界限，为世界提出能将地球上不同民族引向和谐与合作秩序的伟大理想呢？”❶ 学者甘吉亚·穆克荷吉认为，泰戈尔在对民族运动偏离正轨保持警惕的同时，对印度可以为世界不同国家之间的团结做出贡献的乐观期望源于他的印度观。❷ 从印度传统中提炼出的“印度精神”在泰戈尔眼中不失为解决人类问题的一剂良药。

---

* 虞乐仲（1973～），男，福建南平人，历史学博士，贵州师范学院历史与社会学院副教授，研究方向为知识分子研究。

❶ Sabyasachi Bhattacharya, Mahatma and The poet. Letters and debates between Gandhi and Tagore 1915 - 1941 [M]. India: National Book Trust, 2011: 60.

❷ Gangeya Mukherji. An Alternative Idea of India, Tagore and Vivekananda [M]. Delhi: Routledge, 2011: 116.

一、印度历史的独特性：政治缺席

泰戈尔认为，每一个民族的历史都是特殊的。在《民族主义》中，泰戈尔提出了历史特殊性的观点。他认为，人类的历史是随着人类自身在不同时间段所遭遇的不同困难而不断演进的。不同的困难给人类提出了不同的任务。这些任务需要人类想方设法解决；如果解决不了，就要受到惩罚——要么死亡，要么衰落。地球上各个民族遇到的困难各不相同，因此克服困难的方法也不一样。❶ 印度历史的特殊性之一是“民族国家”的概念从来不曾出现过。

> 印度的历史并不是某个特定族群的历史。它是一个不断创造的过程。来自世界各地的不同的种族——达罗毗荼人和雅利安人、古希腊人和波斯人、西方和中亚的伊斯兰教徒——在这一个创造过程都曾经做出不同的贡献。❷

如何调节不同族群之间的关系是印度有史以来就必须面对的问题。

印度的地域过于辽阔，种族成分过于复杂。在这块土地上，许多不同的族群被挤进了一个地理容器里。欧洲的情况正好相反，在完整、成片的土地上存在许多彼此独立的国家。因此，在文化和发展上，欧洲一直是多元与一元的好处均沾。

> 与此相反，印度本应该享有多元化的好处，却由于偶然原因被装进一个政治共同体，因而始终遭受由松散的多元和脆弱的团结所带来的痛苦。
>
> 尽管早期历史上充斥着斗争、阴谋和欺诈，印度仍然保持超然。在印度人的家庭、田野、寺庙和学校里，老师和学生共同生活在纯洁朴素、洋溢着奉献和求知精神的气氛中；它的乡村自治政府不是诉诸暴力，而是采用简便的法律与平和的行政系统来治理社会。印度人从来不关心他们的历代帝王。在印度人眼中，这些帝王不过是头顶上的浮云。❸

---

❶❷❸ Rabindranath Tagore. Nationalism ［M］. Norwood Mass. : Berwick & Smith Co. , 1917: 13, 27, 136, 17－18.

总而言之，“印度不相信什么单纯的政治利益”。[1] 政治在印度历史上一直是缺席的。

印度历史的发展过程其实就是一种社会文明的进化过程。它是对协调民族与群体之间的关系而做出不懈努力的结果。泰戈尔认为，印度社会错综复杂的种姓制度就是在这方面所做的一个早期的尝试。

> 它是按照社会普世性需要，把印度各个阶级安放到适当的地位，而不管他们在文化层次上有着怎样的鸿沟。在探讨印度历史的文章中，泰戈尔自信地指出，虽然“种族争斗”是印度的历史问题，争取种族团结的努力却是印度的理想。[2]

“印度历史从来不是王国兴衰的历史，也非争夺政治霸权的历史”，而是“围绕社会生活，实现精神理想的历史”。“这就是有史以来政治一直缺席的印度。它唯一的抱负就是了解宇宙灵魂。”[3]因此，在五千多年的历史上，印度一直力求平和地生活，平静地思考。

二、印度文明的特点：崇尚精神性

泰戈尔认为，古希腊文明与印度文明在对待人与自然的关系问题上存在很大的差异。古希腊文明是一种城市文明，它孕育于城墙之内。作为一种壁垒，城墙把人与大自然分割开来，使人不能自由地接触大自然。同时，这种壁垒也会使人养成一种习惯，对凡是壁垒以外的东西都不信任，甚至把它们当作异己或敌对的力量。

> 这些城墙还会投射到我们的心灵世界，使我们的意识中也建立起“分而治之”的原则，使我们养成一种把一切被征服和被占领的东西都用围墙保护起来并把它们各自隔离开的习惯。[4]

因此，希腊文明的特点是以征服自然、向自然索取为荣的。他们把城

---

[1][3] Rabindranath Tagore. Nationalism ［M］. Norwood Mass.：Berwick & Smith Co.，1917：117，16－17.

[2] 邬玛．达斯故普多对杜赞奇文章的评论［M］//王邦维 等．泰戈尔与中国．北京：中央编译出版社，2011：255.

[4] Rabindranath Tagore，Sadhana：The Realization of Life［M］. New York：The MacMillan Company，1915：3.

市以外的自然界看作异己，力求征服自然，向大自然索取和掠夺更多的东西。

> 西方人似乎只要一想到自己正在征服自然就感到自豪，好像自己生活在一个敌对的世界中，外在的事物都与自己格格不入，一切要靠自己去夺取。❶

与希腊不同，古代印度文明产生于森林。

> 由于时刻都在与充满生命的大自然打交道，人的意识中就不会产生一种拓展自己的领域，然后把自己的一切都用围墙圈起来的欲望。
>
> 印度人认为真理是贯穿于一切事物之中的。任何事物都绝对不是孤立的存在。获取真理的唯一办法就是通过我们自身的存在与一切事物互相贯穿、融合。古代印度居住在森林中的圣人们的目标就是要努力去感悟人的精神与宇宙精神的合而为一。❷

在西方，人们普遍认为，自然与人类是对立的，彼此之间存在无法逾越的鸿沟；自然是低级的，人类是高级的，因为人既有智力，也有道德。印度人则把自己看作大自然的一部分。他们不犹豫地承认："人类与自然存在亲缘关系。人与所有事物都存在不可割断的联系。"❸他们的一切重点都放在与大自然保持和谐、统一的关系上。印度人不像希腊人那样，认为大自然对人类活动构成障碍，因此对大自然有一种疏离感。相反，印度人在大自然中生活。他们依靠大自然，与大自然保持着最紧密、和谐的关系。他们把自然界的万事万物都看作是有生命、有感情、有精神的。在精神上，人与自然界的万事万物是相通的。人与自然之间可以相互交流和沟通。在他们看来，任何事物都是有精神的。

在西方，大量的精力都被用在加强人对周围环境的控制能力上。在这条道路上，人们要克服种种障碍，既要与大自然抗争，也要与其他民族抗争，以最终达到他们的目的。

> 在地域广阔的西方，我们可以看到，人的精神指向对外扩张。可以施展力量的地方都成了他们的舞台。他们完全偏向外部的世界，忽

---

❶❷❸ Rabindranath Tagore, Sadhana: The Realization of Life [M]. New York: The MacMillan Company, 1915: 5, 4, 7.

视内在的精神，全然不知道，只有在精神领域，人才能实现完满。❶

在印度，情况则恰好相反。

印度人过于偏向于内心世界，漠视物质力量和对外扩张。他们只想在禅定和冥想中认识梵的终极意义。❷

印度文明的最高理想是人与大自然保持和谐、统一。印度文明所滋养的人从不把追求财富作为主要的人生目标，而是追求认识宇宙的最高本质，实现人与宇宙的合而为一。印度文明的目标不是获得物质力量。所以，在印度，自古以来最受人尊重的不是国王、皇帝、军事首领，而是那些斩断私欲、抛弃财产、隐居森林静修的苦行僧，是那些彻底领悟了最高真理、充满智慧的人，是那些由于认识到自己与最高真理合一因而与周围完全和谐的人，是那些由于心中彻底领悟了最高真理因而不再有任何私欲的人，是那些由于在世间一切活动中都感受到了最高真理因而获得平静的人。总之，他们是与一切都合而为一、已经进入了宇宙生命的人。

三、“印度精神”的特质：包容与合作

崇尚精神性的印度文明不像西方文明那样极具侵略性和扩张性。在泰戈尔看来，“印度精神”包含如下特质。

首先，包容性强。1902 年，泰戈尔在马昌达图书馆研讨会上所作的发言中指出：

印度历来努力做的一件事是：在差异中求一致；把不同的路引向同一个目标，毫不迟疑地深刻地感悟多样性中的共性——不是铲平外部出现的所有差别，而是设法寻找其深隐的联系。❸

印度教传统具有极大的包容性。在西方人眼里，东方不过是一个他者。他者是一个外在于自身但又与自身不可分离的实体。对于西方来说，他者既让西方感到不安，又是一个它试图征服的对象。总而言之，西方人的世

❶❷ Rabindranath Tagore, Sadhana: The Realization of Life [M]. New York City: The MacMillan Company, 1915: 125, 126.

❸ 泰戈尔. 在马昌达图书馆研讨会上的讲话（1902）[M] // 白开元，译. 泰戈尔演讲选集. 北京：商务印书馆，2013：12.

界观是线性的和二元的，而印度则相信，团结才是人类的理想。

> 印度文明把团结看作内在的真理，把分离看作外在的假象。这种团结不是化零为整，而是包容一切。❶
>
> 印度不是拒绝所有族群，而是用爱和同情包容所有族群。和西方不同的是，他者对于印度绝非一个自我认同的参照物。❷

泰戈尔认为：

> 在历史上，印度人从不认为差异意味着冲突，也不把陌生人当作敌人，而是尽力在广阔的社会中为所有人安排位置，并且承认每一条既定的道路都有自己的伟大之处。❸

作为东方的代表，印度在历史上曾经有效地融合了不同的文化元素。这种容忍精神贯穿印度的全部历史。可以说，这是印度的光荣。

泰戈尔甚至认为印度的种姓制度也是这种容忍精神的产物，因为：

> 在种姓制度中，印度人认真地肩负起解决种族问题的责任。他们既力求避免一切不必要的摩擦，又给予每一个种族各自界线以内的自由。
>
> 将不同的职业与不同的种姓联系起来，可以永远避免竞争所引发的无休止的妒忌和仇恨。残忍、谎言和欺诈往往就源自群体之间的竞争。❹

泰戈尔承认种姓制度给印度带来了很大的问题，然而：

> 印度仍然设法对种姓关系进行调整，正视真正存在于种族之间的差别，并且寻求建立在某些方面能够缔造种姓团结的基础。我们的先哲那纳克、喀毕尔、柴特亚等人都为此做出过努力——他们倡导印度

---

❶ Sabyasachi Bhattacharya. Mahatma and The poet, Letters and debates between Gandhi and Tagore 1915 - 1941 [M]. India: National Book Trust, 2011: 61.

❷ Indra Nath Choudhuri. The Other and the Self: Tagore' s concept of Universalism [M] //Sanjukta Dasgupta Chinmoy Guha. Tagore - At Home in the World. New Delhi: SAGE, 2013: 107.

❸ Rabindranath Tagore. Society and State [M] //Rabindranath Tagore. Towards Universal Man. New York: Asia Pub., 1961: 65 - 66.

❹ Rabindranath Tagore. Nationalism [M]. Norwood Mass.: Berwick & Smith Co., 1917: 137, 138.

所有种族都信奉一个上帝。❶

其次，崇尚团结与合作。泰戈尔认为，印度文明的基础在于合作。

在印度，商品生产受到社会调节规律的支配。商品生产的基础是合作，它的目的是尽可能地满足社会的需要。与此相对，在西方，商品生产的动力来自竞争，商品生产的目的是为了获取私人财富。个人就像几何学上的一条线一样，只有长度，没有宽度，缺少海纳百川的深度。因此，它的贪婪或唯利是图是永远没有止境的。❷

在印度，人们一直在努力寻找不同种族之间的共同之处，以此来证明他们之间可以实现真正的团结。

那些仅仅以政治或商业为基础联合起来的民族是无法相信这是一种完满的解决办法的。只有拥有智慧和能力的人才会从中发现精神的团结，并会努力实现并倡导这种团结。❸

泰戈尔认为，印度与欧洲各国不同。

欧洲文明依附的一致是对抗性的一致，而印度文明依附的一致是团聚性的一致。欧洲的政治团结中的对抗的裂缝，把他拖向反对别人的立场上，而不会在自己内部寻求和谐。❹

相比之下，"印度没有强暴他人的武力，没有侵掠他人的政策，只有爱与文化"。❺

印度一直在尝试着缔造一种社会团结，使不同种族的人民可以凝聚在一起，同时尽情地享有保持各自特殊性的自由。印度总是试图让这一种结合方式保持尽可能的松懈，但在环境许可之时，又使其尽可能的紧密。这就产生了某种类似于社会联邦的体系。这一体系通用的名称就是"印度教"。❻

1924在中国的演讲中，泰戈尔说，他发现印度的毗湿那（Vaishanna）教是一种充满象征意象的宗教。在这个宗教中：

❶❷❸❻ Rabindranath Tagore. Nationalism［M］. Norwood Mass.：Berwick & Smith Co.，1917：119，141，127，137.

❹ 泰戈尔．在马昌达图书馆研讨会上的讲话（1902）［M］//白开元，译．泰戈尔演讲选集．北京：商务印书馆，2013：13.

❺ 泰戈尔．中国和印度是兄弟——在济南各界欢迎会上的露天讲演［M］//孙宜学．不欢而散的文化聚会——泰戈尔来华讲演及论争．合肥：安徽教育出版社，2007：17.

至高无上的情人手持情笛，用不同的调子，吹出自然、人间不同的美的音符。那些音符给我们送来了请柬，不停地呼吁我们走出以自我为中心的隐居生活，步入爱和真理的王国。❶

总之，“印度的历史目标不是建立印度教徒或其他群体的统治地位，而是确保一种特殊的人道主义得到实现。”❷

第三，追求精神自由。泰戈尔认为：

在西方，由于经济组织缺少道义目的，在商业幽灵的驱使下，人们把不断地追求财富当作人生的目标。在印度，我们的社会天性制约着我们的欲望。❸

他写道：

对于欧洲人来说，自由意味着获得、享受和工作。这种自由当然非常重要，但是我们东方圣人的追求却不仅止于这些。他们会继续质疑：“有了这些自由之后，又能怎么样呢?”对于这些东方圣哲来说，这种自由不是最终目的。他们寻求的是摆脱欲望和行动的自由。❹

在阅读宗教经典的基础上，泰戈尔认为：

印度所有的高级宗教都宣扬通过修行达到解脱，也就是实现灵魂的解放。❺

印度人从来就倾向于超验主义。

在超验主义者看来，宗教本身不是目的，它不过是通往更加遥远的目标的一种手段。这一目标就在于个体超越人性自身的界限，在宇宙精神中获得完全的解放。❻

泰戈尔认为：

---

❶ 泰戈尔．在中国的演讲（1924）[M] // 白开元，译．泰戈尔演讲选集．北京：商务印书馆，2013：345.

❷ Uma Das Gupta. Tagore：Selected Writings on Education and Nationalism [M]. London：Oxford University Press，2009：278.

❸ Rabindranath Tagore. Nationalism [M]. Norwood Mass.：Berwick & Smith Co.，1917：142.

❹ Rabindranath Tagore. What Then? [M] //Rabindranath Tagore. Towards Universal Man. New York：Asia Pub.，1961.

❺❻ Rabindranath Tagore. The Religion of Man [M]. New York：The MacMillan Company，1931：179，189.

印度所追求的最高的精神自由超越所有人格的界限，超越所有道德或审美上的差异。❶

印度所追求的自由理想建立在实现精神一致性的基础之上。印度的职责在于忠实于这一真理，而且永远不让当前横扫世界的狂风摧毁这一真理。❷

四、时代的需要与印度的使命

作为一个游走于东西方的知识分子，泰戈尔意识到：“当今世界所有地方都萌发了世界意识。”❸ 在作品中，泰戈尔以乐观的态度满怀期待地反复提及并赞叹的是“这个时代一个伟大的事实”——不同文化的相遇。

不论是在身体，还是在智识上，人类已经开始相互接触。再也无法回到只有在各自的小天地里才能感觉安全的时代。❹

然而，泰戈尔并非盲目乐观，他也看到了负面影响。随着人类相互交往的地理空间的扩大，人类在交流和融合的同时，内心的贪欲也在膨胀，由此导致的冲突也在增加。在新的历史情境下：

不同的族群是继续互相斗争下去，还是寻求彼此的和解并且互相帮助；是无休止的竞争下去，还是寻求彼此的合作呢？❺

随着全世界逐渐变成一个大家庭，人类必须缔造一个非政治的团结的基础。这是时代的需要。

泰戈尔认为：“人类相聚的基础应该是博爱，而不是仇恨。”❻

人类必须运用爱的力量，以卓越的远见，作另一次道义上的伟大调整。不仅各个分散的民族，整个人类社会，都必须做出调整。❼

---

❶ Rabindranath Tagore. The Religion of Man［M］. New York：The MacMillan Company，1931：190.

❷ 克里希那．克里巴拉尼．泰戈尔传［M］．倪培耕，译．桂林：漓江出版社．1984：356.

❸ 泰戈尔．国际大学［M］//刘安武，等译．泰戈尔全集·第21卷．石家庄：河北教育出版社，2001：127.

❹ Rabindranath Tagore. Towards Universal Man［M］. New York：Asia Pub.，1961：71.

❺❼ Rabindranath Tagore. Nationalism［M］. Norwood Mass.：Berwick & Smith Co.，1917：120，122－123.

❻ 泰戈尔．国际大学［M］//白开元，译．泰戈尔谈教育．北京：商务印书馆，2010：242.

人类的整体目标应该是“给予精神的特性以充分的自由，把内在的力量引向通往无限的征程。”[1] 泰戈尔坚信：

这一时刻正在到来。如果印度能够向世界提供自己对整个问题的解决办法，那将是印度对人类的贡献。[2]

泰戈尔坚信印度具备承担历史使命的能力。印度不断被外来民族入侵的历史，恰巧成为其得以调和世界各大文明的资本。在历史上，雅利安人入侵，与印度土著融合后，产生了印度教；在对印度教进行改革的基础上，产生了佛教；随后，穆斯林入侵，带来了伊斯兰教；最后，英国殖民者征服印度，又带来基督教。

四大宗教汇聚印度，使得印度宛如社会融合的实验场所。泰戈尔承认印度在佛教时代已然陷入闭关自守、缺乏创新的问题之中，但拥有这得天独厚的环境与历史背景，印度人应当重新发掘自己曾有的开阔精神，寻回往日荣光。[3]

从早期的奥义书时代直到现在，许多伟大的精神导师为实现人类团结做出了重要努力，他们唯一目的就是用我们对上帝的觉悟来蔑视人类的一切分歧。[4]

泰戈尔甚至认为：

毗湿奴派诗歌也是弘扬世界主义精神的。只是它带有特殊的韵味，使其普世主义具备一点特殊的形式。[5]

然而，泰戈尔并没有把目光仅仅局限在印度教。他认为，“印度精神”不是某一宗教教派的教义、信仰、仪式和传统习惯，而是“那些具有普遍意义的智慧和道德”。他阅读了很多印度古代的经典，如奥义书、佛经、历史著作等。泰戈尔及其家庭都信奉印度教，但泰戈尔突破了宗教信仰的樊

---

[1] Amulya Ranjan Mohapatra. Swaraj,: A Multi – Dimensional Concept [M]. New Delhi, Readworthy Publications, 2009.

[2][4] Rabindranath Tagore. Nationalism [M]. Norwood Mass.: Berwick & Smith Co., 1917: 119, 15 – 16.

[3] 黄威霖．文明差异与现代性——泰戈尔的政治理想及其对中国文明的期盼［M］．台北：翰芦图书出版公司，2011：55.

[5] Rabindranath Tagore. Poet Yeats (1912) [M] //Krishna Dutta and Andrew Robinson. Rabindranath Tagore: An Anthology. New York. 1997: 217.

篱，努力从其他宗教如佛教和锡克教中寻找答案。

泰戈尔从佛陀身上看到了大慈大悲。佛陀不仅有博大的同情心，更具有伟大的理性和大智慧；不仅有救苦救难的慈悲之心，更有坚定的意志和追求宁静寂灭的境界。他还从锡克教徒身上看到了印度民族永不屈服的精神。❶

印度应该致力于发现和实现自身文明的典型真理。几个世纪以来，印度先知、思想家和圣人一直在追寻这一真理。它弘扬的不是商业主义、帝国主义或民族主义，而是普世精神。❷

1961 年，一个访问印度的德国作家代表团把复制的录音带赠送给柏林大学文学院。在这段讲话中，泰戈尔表达了自己对“印度精神”的诠释：

印度所追求的自由理想基于实现精神的一致性上。印度的职责在于忠实于这一真理……这一真理的声音在印度的古老森林中压倒了一切竞争冲突的喧嚣声。《奥义书》提出这一真理，而在《薄伽梵歌》中阐述了这一真理。佛陀向全世界宣告，他将把这一真理喻告全人类。格比尔、纳纳格等印度的圣贡们继续传播了这同一信息。印度的伟大成就将是在积极合作的和谐之中，而不是用暴力和冷漠的屈从，实现印度教、穆斯林、佛教徒和基督教徒的团结。❸

对于人类的团结前景，泰戈尔深感乐观。他坚信“世界历史发展进程正进入亚洲特别是印度的时代”，❹“在新时代的黎明，人们将在全人类的精神团结中发现自己的灵魂”。❺ 为此，印度必须勇敢地承担起自己的历史使命。1921 年 7 月 12 日，在写给安德鲁斯的信中，泰戈尔说道：

我对祖国印度的期望是，印度人民带着自己的力量，参与当前世

---

❶ 王志艳．东方诗哲泰戈尔：走在印度与世界的连接线上［M］．延吉：延边人民出版社，2006：79.

❷ Radha Vinod Jalan. Tagore His Educational Theory and Practice and Its Impact on Indian Education［D］. The University Of Florida，1976：12.

❸ 克里希那．克里巴拉尼．泰戈尔传［M］．倪培耕，译．桂林：漓江出版社．1984：356－357.

❹ Michael Copllins. Empire，Nationalism and the Postcolonial World：Rabindranath Tagore's Writings on History，Politics and Society［M］. London：Routeledge，2011：88.

❺ Rabindranath Tagore. Nationalism［M］. Norwood Mass.：Berwick & Smith Co.，1917：123.

界的这一场伟大的精神运动。在这方面的努力所获得的任何一个成功，都将马上让我们直接体验到人类的团结……我们必须利用我们创造性的精神实现这个目标。❶

五、结　语

著名印度史专家王红生认为：

进入二十世纪，自由主义传统在西方已经面临严峻的挑战，一种深重的危机感蔓延欧洲的思想界，一些思想家们开始试图从非西方思想中寻求治疗的良方。在这种背景下，泰戈尔的思想和言论中开始越来越多讨论东方文化的精神性与西方文明的物质性，认为唯有输入东方文化，才能拯救危机中的西方文明。❷

台湾学者黄威霖认为：

通过把东方视为“精神文明”的代表，把西方视为“物质文明”的代表，泰戈尔找到了将他对人类世界的普世理想、印度的使命、印度文明特殊性以及国际形势的认识串联起来的论述方式。在这套论述之中，泰戈尔不否认当代西方文明的强大以及西方知识的实用性。他认为，这足以解释西方国家称霸全球的事实。但他同时指出，东方的精神理想和印度调和精神与物质的观念，才是最高级、也应该是最普遍的人类文明。❸

总而言之，通过提出人类自由增加的历史其实就是人类关系改善的历史这一假设，泰戈尔大力倡导自由和团结。在他看来，这是印度文明所包含的两个重要的价值。❹

---

❶ Tagore. Letter to C. F. Andrews ［M］ //Uma Das Gupta. The Oxford India Tagore：Selected Writings on Education and Nationalism. London：Oxford University press，2009：311.

❷ 王红生．论印度的民主［M］．北京：社会科学文献出版社，2011：57.

❸ 黄威霖．文明差异与现代性——泰戈尔的政治理想及其对中国文明的期盼［M］．台北：翰芦图书出版公司，2011：81.

❹ Indra Nath Choudhuri. The Other and the Self：Tagore’ s concept of Universalism ［M］ //Sanjukta Dasgupta，Chinmoy Guha. Tagore – At Home in the World. New Delhi：SAGE India，2013：108.

古希腊古罗马的公民精神

蒙妮珊　孟晓娜*

【摘　要】公民精神诞生于活跃的古希腊城邦公民政治活动中，自产生以来就不断发展。到了古罗马时期，由于国家的政治结构不同，公民精神的内涵已经存在很大的差异，由原来公民团体城邦整体主义转向了公民个人权利；公民身份的范围得到了巨大扩展，公民的政治权利也发生了一定变化。由于公民身份的限定，公民精神自诞生初就带有特权政治的色彩，并对西方精英主义政治思想产生了影响。

【关键词】公民精神　公民身份　公共政治　个人权利　精英政治

“公民”思想是西方传统政治思想中一个重要的概念，最早出现于古希腊时期。究其产生的原因，主要是古希腊的城邦政治生活，“公民”一词就是由“城邦”衍生而来的。西方对于古希腊城邦最为经典的定义是：

> 城邦本来是一种社会组织，若干公民集合在一个政治团体以内，就成为一个城邦。❶

公民精神最早出现在雅典，这是因为其民主政治制度为公民精神的诞生创造了良好的政治基础。雅典政治如其他城邦一样是从贵族制开始的，

---

* 蒙妮珊（1992～），女，贵州荔波人，法学学士，研究方向为西方政治思想史；孟晓娜（1981～），女，辽宁辽阳人，政治学硕士，贵州师范大学历史与政治学院讲师，研究方向政治思想史。

❶ 亚里士多德．政治学［M］．吴寿彭，译．北京：商务出版社，2011：121～122.

都是建筑在血缘之上的。

> 在早期共和政治中，所有公民都认为，凡是他们作为其成员之一的集团，都是建筑于共同血缘之上的。❶

随着民主政治制度确立和发展，公民的政治参与意识不断提高，公民精神在古希腊民主氛围浓厚的社会中孕育而生。因为民主政治在古希腊社会不断地完善，公民精神也随之变化、发展。

一、古希腊公民精神

（一）古希腊城邦社会结构

在古希腊，只有公民才能参与城邦政治，管理城邦事务。城邦大致可以分为三个阶层：奴隶、自由人和公民。奴隶没有独立的人格，只能依附于主人而存在，是主人的财产。自由人有着独立的人格，能按照自己的意愿生活，但没有政治权利；他们仍要遵守城邦的法律，主要是由外邦人构成。

> 他们与奴隶的区别在于有自由的身份，与公民的区别在于没有政治权利。❷

公民是指在城邦中能够参与司法事务和政权机构的人。这也就显示出他们在城邦政治中的地位。只有父母双方都是公民的成年男子，才能获得公民身份；父母中只有一方是公民的，也不能获得公民身份。

> 城邦形成之初，往往只有贵族或具备一定财产资格的人才能成为公民，下层平民在城邦民主较为发达的时代才获得公民权。❸

可以看出，拥有城邦公民身份、成为城邦主人参与城邦政治、管理城邦事务的公民只是城邦居民中的少数。也因此，城邦公民自治团体就成为实际的城邦贵族。

（二）公民与城邦的关系

公民在城邦政治中负责管理城邦的一切事务。在雅典，公民除了完成

---

❶ 梅因．古代法［M］．沈景一，译．北京：商务印书馆，1996：74.

❷ 丛日云．西方政治文化传统［M］．哈尔滨：黑龙江人民出版社，2002：36.

❸ 丛日云．古代希腊的公民观念［J］．政治研究，1997（3）：47.

其生存所需的必要劳动外，参与城邦政治成为他们日常活动的主要部分。公民的价值只有参与城邦政治、将个人融入城邦整体之中才能够体现。公民作为城邦的主人，当城邦强大时他们最先得利。他们所追求的自由只能在自己的城邦中才能实现。

在雅典极盛时期，公民内部政治平等，公民有着相同的参与城邦政治的机会。他们直接或间接地参与城邦的管理活动，这在心灵上给予了他们归属感。在这种整体社会思想中，孕育出了最初的公民精神。而当这种公民精神内化于公民心灵时，又推动了城邦民主政治的发展，促使公民积极参与城邦政治活动。这也就是最初的公民精神的诞生。

（三）公民精神与城邦教育的关系

公民精神在古希腊的发展是离不开城邦教育的。在智者学派宣扬和强调“知识即美德”的社会背景下，城邦尤为重视公民的教育。教育是被城邦垄断的，城邦的目的就是实现公民的善，从而实现城邦的正义。所谓的正义实际上就是城邦的秩序，而实现这一目标的根本途径就是教育，因此，教育就是实现正义的根本方法。

教育是柏拉图理想城邦思想中的重要组成部分。他认为，教育的目的是选拔和培养城邦未来的统治者；要想成为哲学王，就要不断地学习。当掌握足够的知识、拥有完备的美德后，才有资格成为城邦的统治者。同时，通过教育使每一位公民认识到城邦利益与其自身利益根本上的一致性，以保证每一个等级的成员都忠于他在城邦中的义务。公民的子女一生下来就要交给城邦，由城邦提供统一的教育，以保证他们对城邦的忠诚。

二、古罗马公民精神

公民精神随着古希腊政治的衰落而逐渐没落，但并没有消亡，而是摒弃了其局限，在古罗马时代重新焕发了生机。

（一）古罗马时期的政治社会结构

在希腊化时代和罗马共和国时期，对于公民政治生活的崇尚仍是当时的政治思想家所推崇的。波利比阿认为，罗马的强大与其稳定的混合政治制度是分不开的；这种混合整体使得社会中各种政治权力相互制衡，没有哪一种权力可以独大，由此达到了平衡。

> 罗马是一个以城市共和国征服世界……相较于希腊人不时地重新思考其政府……罗马人不耽于思考，实践上遂有相当余裕在政府程序上做些变革，并且在其征服的民族问题上因时制宜。❶

正是国家政治中存在的民主因素，为公民精神在罗马社会中的发展提供了有利的政治土壤。

罗马共和国时期，西塞罗对国家作了与古希腊时期不同的界定，认为："国家是人民的事业。"这体现了国家不再是古希腊时期的公民自治团体，反映了罗马共和国的特征，即共和国不再像城邦那样封闭，而是不断吸纳其他部族和城市。

（二）公民身份的扩张

古希腊时期，公民只是少部分人，公民精神也是公民阶层所特有的。到了罗马共和国时期，国家属于人民，人们都有责任参与到公共事务当中。"公民"这一概念得到了巨大的扩充，公民精神也因此能够在更大的范围得到发展。在罗马共和国时期，公民精神中的公民权仍然不是现代意义上的个人权利，个人利益仍与国家整体利益相交融。

> 从古希腊到罗马共和国时期，公民权都不是指称个人权利，它是一种地位、身份以及由此而来的权利与整体。❷

诚然，公民精神从古希腊发展至此，公民的领域、范围日趋扩大，所包含的平等精神的政治价值得到了普遍传播。

（三）自然法和罗马私法对公民精神的影响

罗马帝国时期，私法的产生首次出现了现代"权利"的概念，法律开始把目光投向个人权利。"法律的目的是确定权利和保护权利，而权利则是

---

❶ 约翰·麦克里兰．西方政治思想史·上［M］．彭淮栋，译．北京：中信出版社，2014：107.

❷ 陈义平．论古希腊罗马的公民政治哲学［J］．南京政治学院学报，2006（2）：74.

为法律所确定和保护的利益。”❶ 在古希腊时期，“希腊人认为他的公民资格不是拥有什么，而是分享什么”。❷ 因此，在古希腊，人们权利的获得往往是由他们的身份所决定的。罗马私法中个人权利思想的影响使个人成为权利的主体，虽然这时“权利”这一概念仍处于不完善的状态，只是少部分帝国公民才能获得，大部分人是没有权利的。但它已经与古希腊时期的公民“权利”概念不同了，它不仅仅指一种身份、地位、义务，更多的是强调个人权利与利益的保障。

通过对以上对古罗马时期社会结构发展、公民身份扩展的分析，可以看出，公民只是国家社会结构中的一部分，不能像古希腊时期那样拥有更多的管理国家事务的权利。古罗马的公民精神在范围上有所扩张，由整体性利益转变为个体公民利益，强调个人政治权利的保护以及个人在国家政治中的角色意识。相较于古希腊时期，公民精神更为深入人心，但由于君主专制的扩张，公民的政治权利也开始带有“臣民”的意味。同时，公民也只能在地方城市获得自治权利。

三、古希腊与古罗马公民精神的比较

到了古罗马时期，由于国家政治结构的发展、公民身份的扩展、自然法中人人平等的精神以及罗马私法中个人权利保障思想的影响，公民精神在内涵上已经有了很大的发展和不同。

（一）古希腊和古罗马公民精神的外部环境比较

古希腊社会等级森严，城邦处于小国寡民的城市国家状态，公民是城邦政治的中心。公民利益与城邦利益是一个有机的整体，离开城邦公民也就没有了存在的意义。公民这一特殊身份团体是城邦的特权阶层，他们掌握着城邦主要的政治权力。较小的城市城邦规模为公民团体内的每个个体平等、直接地参与城邦政治提供了先决条件。这也表明，公民在城邦政治中是无可替代的特殊存在。

❶ 徐大同．西方政治思想史［M］．天津：天津教育出版社，2005：78.

❷ 萨拜因．政治学说史［M］．盛葵阳，崔妙因，译．北京：商务印书馆，1986：33.

古罗马时期，疆土的扩大要求公民身份也要相应地扩张、发展，这种不同于古希腊的社会结构使得公民利益开始与国家利益相分离。罗马帝国时期，“公民”的内涵有了很大变化。古希腊时期，公民不仅是城邦社会的一部分，甚至可以说是城邦的主人，而到了罗马帝国时期，公民只是国家社会结构中的一部分，他们是受君王统治的。社会环境的不同，必然会造成古希腊和古罗马的公民精神在内涵上的不同。

古希腊的公民精神主要是随着其城邦公民政治的衰落而没落的，而公民民主政治的没落主要是由于公民集团的内部斗争。

> 城邦太小又太好争斗，使得它甚至不能对希腊世界实行统治，而且根本无法加以改善使之能够和它生活于其中的这个世界的经济相称。❶

在具有狭隘性和封闭性的公民集团内部，成员之间存在实际上的财产、地位、能力等方面的差异。因此，即使是在提倡公民团体的一体性的同时，其内部的矛盾也是不可避免的。这是古希腊公民精神没落的主要原因。同时，其整体的公民精神价值取向也阻碍了个人权利意识的生长，并且这种整体意识带着浓厚的理想主义色彩。基于趋利避害的人性本质，当人的欲望膨胀、个人的权利意识觉醒时，这种建立在美德基础上的整体性的公民精神的平衡状态是很容易被打破的。

（二）古希腊和古罗马公民精神内涵的比较

1. 古希腊公民精神的内涵

公民精神自产生之后，在城邦政治生活及其他活动特别是在教育的催化下，内涵不断充实。成熟的古希腊公民精神包括以下内涵。

首先，是公共政治精神。在古希腊，公民参与政治是权利也是义务。

> 一个人如果把他们的全部时间用于办理私事，就会被伯里克利时代的雅典人视为极其荒谬地，颠倒了社会准则。❷

在古希腊时期，公民积极主动地参与城邦政治，因为这是区别公民与外邦人的根本所在。从公共政治当中，他们找到了一种归属感。因此，他们十分珍惜公民身份，也极力维护公共政治生活。

---

❶❷ 萨拜因．政治学说史［M］．盛葵阳，崔妙因，译．北京：商务印书馆，1986：25，16.

其次，在古希腊时期，公民精神包含着自由、平等、民主的精神。在雅典的直接民主政治制度中，城邦采取的是一种“轮流执政”，它本身就是基于一种平等。在自由方面，公民拥有独立的人格，能够按照自己的意愿生活，他们只服从自己制定的法律而不是其他的权威。法律上的平等让他们感到自己是自由的。

> 权利也并不是分撒到个体市民手中，义务也不是由一个以维护公民个人利益为目的的国家来执行，而是公共权利和义务。❶

古希腊时期的公民精神是从整体性出发的民主意识，强调公民与公民团体及城邦的一体性。

再次，是公民自身价值的观念。在古希腊，公民与城邦是共存亡的关系，是一体的。在古希腊公民精神的内涵中，公民对于自身的价值认识是通过融入整个城邦当中才得以实现的。

最后，是个体之上的公共精神。当时的城邦社会中普遍存在一种超越自我的精神，因为公民与城邦的关系以及公民对自身价值的认识，使他们产生了一种超越自我的城邦公民精神，重视对城邦的忠诚。

2. 公民精神内涵在罗马社会的发展

罗马帝国时期，公民精神内涵发展的主要内容有：首先，由于罗马帝国的版图不断扩张，为了管理庞大的帝国，《万民法》应运而生；公民身份进一步拓展，公民精神也日益深入人心。随着公民数量的膨胀，各种不同阶层的公民都活跃在公民政治舞台上。

其次，斯多葛学派对自然法的解释与论证，使得自然法真正成为一个理论体系而存在。自然法的发展意味着人人都是上帝的子女，都受到自然法的约束。人人都是平等的，不仅对公民身份的扩展有着促进作用，对于个人权利意识的觉醒也有着重大意义。

再次，罗马帝国时期，公民精神是从个人利益从发的。公民参与政治生活更多的是为了个人权益，这体现出的是一种个人权利，而不再是古希腊时期的义务与权利相结合、个人利益与城邦利益整合的政治生活。这时，公民精神不再以美德和正义为基础，而是转变为以个人权利为基础。

---

❶ 赵映诚．古希腊公民社会与公民精神［J］．学术论坛·理论月刊，2005（5）：60.

最后，罗马共和时期，公民还是能够直接或间接地参与国家政治事务，而到了罗马帝国时期，公民则主要是参与地方层面的政治事务。但随着君主专制制度的强化，那些自由公民只能在表面上获得公民权利，实际上已经丧失了政治权利。

在古希腊，城邦是较为封闭的，因此，公民阶层也可以说是封闭的。政权为这个阶层所垄断，公民精神主要强调一种整体的共性，目的在于维护着整个公民团体的共同利益。而在古罗马时期，由于不断吸纳其他城市，国家的疆域不断扩展，公民阶层也由封闭走向开放，呈现出一种自由流动的状态。血缘因素不再那么重要，更多的是靠个人能力和对国家的贡献进入公民阶层，参与国家的政治生活。

总体来说，较之古希腊时期，罗马帝国时期的公民精神已经打破了公民与非公民之间的壁垒，使得全体自由人获得了一种形式上的平等，这至少是对城邦政治中平等概念的否定。从这方面看，公民精神还是得到了一定发展的。

（三）古希腊与古罗马的公民精神对西方政治文化发展影响的比较

强调个人与城邦利益高度整合的整体主义是古希腊公民精神的重要内容之一，虽然到了古罗马时期由于自然法中人人平等以及罗马私法中个人权利保障思想的影响，整体主义思想弱化而个人权利主义思想得到发展。但古希腊时期，整体主义思想在西方政治文化传统中一直存在，并且产生了重要的影响。

黑格尔的国家理论无疑是受古希腊整体性思想的影响。黑格尔把“国家政权力量”视为一个国家的本质：“国家的本质是公共利益和个人利益的结合，国家的目的在于普遍的利益本身。”[1] 他强调国家高于个人并且个人要服从于国家。同时，他极为强调国家的整体利益，认为个人只有成为国家中的一员才能实现其人格，才能拥有权利、享受到自由，而个人生命的意义和价值也只有融入国家中才能实现。

在古罗马时期，虽然奴隶制度没有真正瓦解，但由于国家疆域的扩大，

---

[1] 徐大同．西方政治思想史［M］．天津：天津教育出版社，2005：312.

公民与城邦利益的整体性思想已经开始弱化；同时，受人人平等的自然法影响以及罗马私法中个人权利保障思想的影响，个人的权利意识开始觉醒，个人主义思想也进而萌发。这种强调公民个人权利保护的思想，一直都是现代西方政治文化传统中的主流，它强调个人权利与国家利益的分离，认为国家应该对个人权利给予制度与法律上的保护。当然，这个时期的个人权利思想还处于萌芽阶段。到中世纪，受基督教思想的影响，个人权利思想才得以形成系统的理论。但无论如何，古罗马时期个人权利意识的萌发是理论渊源。

四、古希腊古罗马公民精神对西方精英主义政治思想的影响

（一）公民精神隐含的精英主义思想

无论是古希腊时期还是古罗马时期的公民精神，都体现出一种贵族精英政治的思想。在古希腊，公民团体就是城邦中的特殊身份集团，这一集团掌握着城邦的政治权利，管理城邦事务。公民身份作为一种特殊的存在，排除其他阶层甚至奴役其他阶层。在古希腊城邦政治中强调的民主、平等、自由的公民精神也只是限于城邦的公民阶层，并未涉及全体城邦居民，这就形成了贤人治国、能人治国的思想。以柏拉图为代表，特别推崇贤人治国的贵族精英政治思想。柏拉图在其哲学王治国理论中阐述，理想的城邦应分为三个等级即统治阶级、护卫阶级及劳动者阶级。统治阶级就是哲学王，他的职能就是治理国家。哲学王必须是高智慧、有完美品德的人，护卫阶级负责保卫城邦，劳动阶级负责劳动生产。

> 国家，其所以整个被说成智慧的乃是由于它的人数最少的那个部分和这个部分中最小部分，这些领导着和统治着它的人们所具有的知识。❶

柏拉图的贤人治国思想为以后的西方精英主义政治思想提供了思想渊源。

---

❶ 柏拉图．理想国［M］．郭斌和，张竹明，译．北京：商务印书馆，1986：147.

因此，在强调平等、民主的古希腊公民精神中，由于公民身份的特权意义和城邦中等级的存在，使得公民精神在实际中是隐含着特权主义、贵族政治、精英主义色彩的。古罗马时期，虽然公民身份得到了扩展，但公民人数仍然是全部人口中的少数。特别是到了罗马帝国时期，君主专制的扩张使得所谓的“公民”已经沦为实际的“臣民”。国家的政治权力掌握在君王手中，公民也只是在一些城市和地方获得自治的权利。

（二）公民精神对西方精英主义的影响

古希腊古罗马时期的公民精神在不同程度上隐含着贵族、精英政治思想，而这种思想也一直影响着西方的政治文化传统。在西方，精英政治主义思想最远可以追溯到古希腊时期的贤人政治思想。精英主义思想一直是西方社会的主流政治思想，即使是“大众民主政治迅猛发展的时候，精英民主政治总是在一旁冷静守护着西方政治传统中的一些原则”，❶ 等待复兴的机会。在古希腊古罗马公民精神中隐含的精英主义政治思想，一直在西方社会延续、发展。

公民精神自产生就开始不断发展，是古希腊民主政治的重要部分，体现了当时的政治文化特色。虽然随着城邦政治的消亡而没落，但公民精神还是延续了下来，并且在古罗马时期得到了发展。古罗马时期的公民精神随着社会结构的变化不断发展其内涵，吸收了私法中的个人权利保障精神，从根本上重新塑造了公民精神，并且开创了现代公民精神的个人权利传统。虽然古希腊与古罗马的公民精神在基础与内涵上已经有了很大的差异，但古罗马公民精神仍然是对前者的继承和发展，在内容上也还有相似之处，都强调公民对国家政治生活的参与。同时，理解其中所隐含的特权政治思想，对理解当时政治文化以及了解西方精英政治文化传统有着重要意义。公民精神自古希腊诞生以来发展到现代，每个时期都有其不同的特征，并且将继续发展、完善。

任何政治思想都不是凭空产生的，都有其生长的土壤和历史渊源。每个国家的政治发展都必须与本国的政治文化传统相适应。同时，国家政治

---

❶ 王焱．贵族政治文化传统的延续与重生——西方政治文化中的精英主义思想元素剖析[J]．社科纵横，2012（8）：64.

要根据外部环境的变化做出相应的改变以适应实际所需才能得到更好的发展。在当今中国，有很多要引进西方政治思想的呼声，但是在引进这些思想时，必须要考虑到中国政治文化传统和中国社会环境。毕竟，中西政治文化传统存在巨大差异，社会环境也不尽相同。只有根据现实环境的要求，才能使中国的政治都到高效的发展。

《安提戈涅》与《窦娥冤》悲剧性比较研究*

刘馨樯**

【摘　要】受各自传统文化影响，中西方悲剧在情节和悲剧精神方面均有不同。在情节方面，《安提戈涅》表现为激变毁灭和彻底毁灭，而《窦娥冤》则表现为渐变毁灭和毁灭后的圆满。在悲剧精神方面，《安提戈涅》表现出一种因求真而毁灭的大无畏牺牲精神，《窦娥冤》则表现出一种因护礼而毁灭的大无畏牺牲精神。

【关键词】安提戈涅　窦娥冤　悲剧情节　悲剧精神

一、前　言

《安提戈涅》和《窦娥冤》都是世界悲剧中的瑰宝。研究这两部作品的论文很多，但绝大部分是对其中一部的单独研究，甚少有学者对其作对比研究。截至目前，通过贵州省数字图书馆可以找到的相关成果包括：研究《安提戈涅》的学位论文 19 篇，文章 274 篇；研究《窦娥冤》的学位论文 47 篇，文章 1 849 篇；两者的对比研究仅 1 篇。因此，笔者尝试在前人研究的基础上，将这两部悲剧放在中西文化这一平台上作比较研究，希望能更深层地揭示中西方悲剧在情节、悲剧精神等方面的异同。

关于悲剧的情节结构，亚里士多德在《诗学》一书中明确指出，在悲剧艺术所包含的“形象”“性格”“情节”“言词”“歌曲”和“思想”6 个

---

* 基金项目：贵州师范学院学生科研项目（2014DXS023）。

** 刘馨樯（1992～），男，贵州贵阳人，文学学士，贵州普安县白沙乡白水小学教师，研究方向为美学。

成分中，最重要的是情节，即事件的安排。[1] 在情节的安排与布局方面，亚里士多德强调情节的完整性。他认为悲剧是对完整的、具有一定长度的动作的摹仿。

与亚里士多德相同，中国古典戏曲理论家李渔也认为，一个剧本最重要的就是故事情节的发展和结构的安排。李渔在《闲情偶寄》的第一卷就提出了“结构第一”的观点：“填词首重音律，而予独先结构。”为此，他还做了一个形象的比喻：“工师之建宅亦然，基址初平，间架未立，先筹何处建厅，何方开户，栋需何木，梁用何材，必俟成局了然，始可挥斤运斧。”[2] 可见，李渔和亚里士多德这两位戏剧理论家都非常重视情节。

二、激变式的大毁灭结局——《安提戈涅》的情节特点

（一）激变毁灭

《安提戈涅》作为西方悲剧的经典，其情节安排跌宕起伏，扣人心弦。它讲述的是俄狄浦斯刺瞎自己的双眼、自我流放后，安提戈涅与伊斯墨涅姐妹回到了忒拜城。不久，她们的兄长波吕涅克斯带领阿尔戈斯军队攻打忒拜，争夺王位，在与其弟弟埃特奥克勒斯的单打独斗中同归于尽。而安提戈涅的舅舅克瑞昂因守城有功被推举为忒拜城的新王。克瑞昂认为波吕涅克斯是王城的罪人，下令禁止埋葬他的尸体，违者判处死刑。安提戈涅为了埋葬哥哥，履行亲人的神圣义务，不顾生命危险，公然违抗国王的“禁葬令”，最终被判处死刑，在石室内自尽。她的未婚夫海蒙也因此殉情自杀。海蒙的母亲跟着上了吊。克瑞昂在悔恨中度过了余生。

《安提戈涅》的结构紧凑，情节突兀，矛盾冲突激烈、迅速。自安提戈涅违抗克瑞昂的“禁葬令”被抓，剧情急转直下。她受到审判后自杀，而王子海蒙也跟着自杀殉情，这又导致王后自尽。这一系列的悲剧都是突然

---

[1] 戴维斯．哲学之诗——亚里士多德《诗学》解诂［M］．陈明珠，译．北京：华夏出版社，2009：63.

[2] 李壮鹰，李青春．中国古代文论教程［M］．第二版．北京：高等教育出版社，2012：368～369.

发生的。剧情都发生在同一天内，矛盾冲突剧烈。情节的突转激变使得矛盾冲突瞬间爆发，悲剧瞬间发生。由此可见，《安提戈涅》的悲剧是一种“激变式”的发生过程。

（二）彻底毁灭

索福克勒斯笔下的安提戈涅在埋葬了波吕涅克斯后，就受到了国王克瑞昂的死亡审判。但是安提戈涅的死却引发了王子海蒙的殉情，海蒙的死又导致了王后在绝望中自尽。最终，只留下克瑞昂在悔恨和痛苦中苟延残喘。悲剧最终以安提戈涅、王子、王后的死亡与克瑞昂在悔恨和自责中度过余生结束。可见《安提戈涅》表现出来的是一种彻彻底底的“大毁灭”结局。

三、渐变式的圆满结局——《窦娥冤》的情节特点

（一）渐变毁灭

《窦娥冤》作为中国古典悲剧的代表，其情节安排前后照应，环环相扣，结构严谨。它讲述的是山阴书生窦天章因无盘缠进京赶考，又无力偿还蔡婆婆的高利贷，把7岁的女儿端云抵给蔡家作童养媳。端云不久随蔡家搬家并改名窦娥。窦娥长大后与蔡婆婆的儿子成婚。两年后，其丈夫病死。后来，蔡婆婆向赛卢医索债，被其骗至郊外欲图不轨，巧遇张驴儿父子搭救，并将其领进家门。张氏父子见蔡家没有男丁，心生歹念，携恩强迫蔡婆婆与窦娥招他父子入赘，遭到了窦娥的坚决反抗。为了与窦娥成婚，张驴儿设计谋害蔡婆婆，不想害死了自己的老子。张驴儿在与窦娥交涉不成的情况下，以“药死公公”的罪名诬陷她，并贿赂贪官桃杌冤杀了窦娥。后来，窦天章考取了进士，到山阴考察吏治。窦娥的冤魂告诉了他实情，他查明事实后为窦娥昭雪了沉冤。

《窦娥冤》的情节冗长，矛盾冲突平和、缓慢。窦娥3岁丧母，7岁替父还债做童养媳，不久搬家并改了名字，17岁成婚，19岁守寡……直至最后其父窦天章昭雪翻案，整个悲剧情节紧密相连、前后呼应。如果剧本开

始没有写窦天章向蔡婆婆借高利贷，窦娥就不会被抵债、成为童养媳；如果窦天章不进京赶考，这一悲剧也就不会发生。反之，正是因为窦天章进京赶考，他才会高中，才会在后来为窦娥昭雪。《窦娥冤》的悲剧情节就如同一张弥天大网，所有的矛盾冲突都在这张大网里慢慢织就，一步步地酿成悲剧。因此，《窦娥冤》的悲剧是一种“渐变式”的毁灭过程。

（二）毁灭后圆满

《窦娥冤》的情节安排可以分为两部分。前一部分讲述窦娥被迫害致死的过程，后一部分讲述其沉冤得雪。以西方的悲剧理论来看，在窦娥死去的那一折中，《窦娥冤》的矛盾冲突达到了顶峰，所有的冲突也因窦娥的冤死而化解。《窦娥冤》似应在这里结束所有的情节，可是峰回路转，关汉卿又安排了为窦娥平冤昭雪的情节，最终使得窦娥沉冤得雪、张驴儿和桃杌受到了应有的惩罚。悲剧以“善得善终，恶得恶报”的大圆满结局结束。

不可否认，悲剧源于西方，并拥有一套完善的悲剧理论。而中国传统文论却没有关于悲剧的任何论述。正因如此，当王国维先生将悲剧的概念引入中国学术界时，就引发了关于中国是否存在悲剧的大讨论。很多学者以西方的悲剧概念来评定时认为，中国并没有真正意义上的悲剧，这其中最大的原因就在于中国悲剧的“大团圆”式结局。综观中国古典悲剧，从上古神话《夸父逐日》《精卫填海》到民间传说《白蛇传》《梁山伯与祝英台》，再到文学作品中的《赵氏孤儿》《精忠旗》《汉宫秋》《鸣凤记》《清忠谱》等，其结局一直都以圆满收场。善人的善行得到了流传，恶人的恶行受到了应有的惩罚，幸福美满的结局已经成为中国悲剧创作的不成文规定。正因如此，朱光潜先生在《悲剧心理学》中这样描述：

> 事实上，戏剧在中国几乎就是喜剧的同义词。中国的剧作家总是喜欢善得善报、恶得恶报的大团圆结尾。❶

之所以产生这样的结局，是因为中国古典悲剧始终承担着以情动人、以理教人的道德教化使命，始终怀抱着劝诫人心、和谐美满的道德理想。

中国人相信，除了大自然可能给人带来灾难外，违背伦理道德的行为也可能招致悲剧。因此，中国古代悲剧更多地体现为伦理道德批判——对

❶ 朱光潜．悲剧心理学［M］．北京：中华书局，2012：218.

苦难人生的同情，对专制社会中腐朽官场、人与人之间剥削关系的伦理批判。所以，身世、遭遇凄惨的窦娥虽然谨守儒家礼法，为亡夫守节、为婆婆尽孝，但必须通过死亡的结局来达到目的，即对黑暗现实和腐朽败坏的封建官场的批判。同时，又因为中国的伦理观念以“善恶”为核心、以“和谐”为目的，重礼节、轻理法，讲求“中庸”原则，所以其悲剧不可能向西方那样一悲到底、以毁灭结束，而总会峰回路转，走向圆满结局。因此，《窦娥冤》中窦娥在被冤杀之后，最终被其父亲洗刷了冤屈，张驴儿和梼杌也得到了应有的惩罚——整部悲剧以圆满结局收场。

四、以《窦娥冤》和《安提戈涅》为代表的中西方悲剧的差异

（一）西方悲剧的“求真毁灭”精神与中国悲剧的“护礼毁灭”精神

西方悲剧从古希腊至今就一直充斥着求真毁灭的主题。求真不但需要超凡的勇气，而且需要付出巨大的代价。所以，索福克勒斯的《安提戈涅》中，安提戈涅尽管知道国王的“禁葬令”，仍决定违抗，即使面临被处死的结局也无怨无悔，因为那是她的哥哥。如果她不承担起埋葬哥哥的神圣义务，她的家族将因此蒙受羞辱，她将一直生活在悔恨与痛苦之中。所以，明知违抗禁令的代价是死亡，安提戈涅也义无反顾地去执行。在与克瑞昂的争论中，她这样说道：“我不认为你的法令有这么大的效力，以至一个凡人可以践踏不成文的永不失效的天条神律。”❶ 最终，安提戈涅成功了，埋葬了她的哥哥。在埋葬之时，她也受到了死亡判决。安提戈涅认为，死者的亲属对死者行葬礼是诸神不成文的法律，是永不失效的真理。为了实现这个真理，她选择同整个忒拜城现有的法律、秩序、观念相对抗，并在这种对抗中显示出城邦法律的局限性和片面性。她以死亡毁灭的极端方式获得了胜利，达到了一种求真超越的结果。因此，《安提戈涅》表现出的是一

❶ 埃斯库罗斯，索福克勒斯．古希腊悲剧喜剧集［M］．张竹明，王焕生，译．南京：译林出版社，2011：349.

种“求真毁灭”的大无畏牺牲精神。

西方悲剧中的这种极端求真方式源自西方传统文化。西方传统文化是一个在剧烈斗争中不断向前发展、进步的海洋型文化，因此造就了西方人喜欢挑战、冒险，崇尚个性、自由，勇于开拓、创新的性格，以及自我批判、怀疑真理和否定真理的勇气。所以，西方悲剧的主人公内心深处都包含着一股敢于直面苦难、一丝不苟地探寻真理的求真精神，拥有敢于牺牲的超凡勇气和敢于自我否定、自我毁灭的意识。也正是这种敢于自我毁灭的意识和牺牲精神，使他们在与苦难对抗的过程中达到了一种求真、毁灭、超越的境界。因此，西方悲剧的结局是用英雄的生命去做最后的抗争，以证明自身抗争的必要性与存在的价值。这是一种大无畏的牺牲精神——为了自身信念敢于同苦难作殊死搏斗的精神。所以，安提戈涅在得知国王克瑞昂颁布的“禁葬令”后就已经决定用自己的生命去换取埋葬哥哥的结果。安提戈涅虽然死了，但是她成功地埋葬了她的哥哥，洗刷了家族的屈辱，她死得光荣。她在抗争中超越，在毁灭中重生。她的灵魂得以重铸，精神得以升华，人生价值也得到了实现。她对真理破釜沉舟式的追求让人从心底里敬佩。

与安提戈涅不同，窦娥从小就被灌输了“三纲五常”“三从四德”“温良俭恭让”的观念。她知书达理，善良贤惠，孝顺有加，可以说是封建道德伦理观念的化身。所以，面对父亲和婆婆的决定，只要没有触及封建道德的底线，她都选择了遵从。直到张驴儿父子挟恩要求入赘蔡家时，她才据理力争，开始反抗。因为婆婆和张驴儿父子的做法已经触及窦娥所遵从的封建伦理道德底线，这是她所不能容忍的。窦娥宁死也要保证自身的清白，维护封建伦理道德，维护“礼”。窦娥自始至终都在表现“抗嫁”这一完整的行动，并为此付出了生命的代价。窦娥的抗争一直没有突破“礼”的束缚，反而一直维护封建礼教。由此可见，《窦娥冤》表现出一种“护礼毁灭”的悲剧精神。

（二）“卡塔西斯”的心灵拯救与“天理昭彰”的情感释放

《安提戈涅》中，安提戈涅一方面背负的是对哥哥的亲情伦理责任和家族的荣耀使命；另一方面，她面对的却是一个既是自己的王，又是自己公公的男人。她必须做出选择。选择前者固然可以履行自己身为亲人的神圣责任，不让家族因此蒙受羞辱，但是却伤害了公公，伤害了自己的王；选择后者，虽然可以像从前一样活着，却会因自己的懦弱和疏忽而使家族蒙受羞辱，使哥哥的尸骨弃于荒野，一生都要承受负罪感和愧疚感。因此，安提戈涅唯有死亡。也唯有埋葬了哥哥后自杀，才能既对得起自己的公公，又对得起家族，获得心灵的拯救。所以，安提戈涅正是因为这种两难的罪过而忏悔、赎罪，并以此消除心灵上的罪孽感，进而获得“卡塔西斯”的心灵拯救。

以《窦娥冤》为代表的中国悲剧则是以“天理昭彰”的情感释放方式来获得心灵的快感与安慰，进而得到一种心灵上的伦理道德自由。中国悲剧中的主人公虽因遭遇“恶势力”的伤害而身陷绝境甚至毁灭的结局，但是，恶人的罪恶最终都会得到清算和惩罚，好人的冤屈最终都会得到昭雪。关汉卿笔下的窦娥正是如此。面对诸多不幸，窦娥仍然一如既往地孝顺婆婆，与邻里和睦相处；即使后来因贪官、恶棍以婆婆胁迫而不得不认罪，也无怨无悔。在押赴刑场的路上，她甚至请求官兵绕过她家，避免婆婆看见、伤心难过。可见窦娥之“善”“孝”“美”“德”。作为“真、善、美”化身的窦娥虽然遭受了“邪恶势力”的摧残，但最终她的冤屈还是得到了昭雪，善名流传千古。所以，中国悲剧以惩恶扬善来产生愉悦和快感，并以此来释放心中因善良遭受磨难、最终被毁灭而产生的压抑、愤恨和遗憾之感。

五、以《窦娥冤》和《安提戈涅》为代表的中西悲剧的共性

（一）一样的毁灭——舍生择死

《安提戈涅》和《窦娥冤》中的两位女主人公都面临着一个相似的生存困境——生和死。她们是该屈服在恶势力的淫威下苟延残喘，还是怒拔恶势力的虎须舍身成仁？她们必须做出抉择，前者生，后者死。

两位主人公在痛苦、折磨中做出了同样的抉择。安提戈涅既要忍受“禁葬令”所带来的屈辱——“不准任何人埋葬他，让他死后没有坟墓没人哭丧，成为发现他的猛禽的美食，让它们群集在尸体上任意撕啄。要是有

谁违反，就要受罚——在全体人民面前被用石块砸死”，❶ 又要承受来自“古希腊神律”的折磨。❷ 而窦娥既要忍受张驴儿逼婚、婆婆许婚以及太守桃杌的黑心审判所带来的痛苦，又要承受根植于灵魂中的封建伦理道德观念的折磨。两位主人公都面临着相似的生存困境——生与死的选择。最终，两位主人公做了相同的决定——为自己内心所持的观念毅然同恶势力对抗到底，即使付出生命也在所不惜。

安提戈涅和窦娥完全可以选择生。安提戈涅可以安全地留在城内，可以接受她妹妹伊斯莫涅的劝告：“我们如果触犯了法律，违背了国王的命令，或者说权利，就会死得比他们更惨。”窦娥可以让步，可以接受张驴儿的要求：“你要官休？要私休？……你要官休，拖你到官司，把你三推六问，你这等瘦弱身子，当不过拷打，怕你不招认药死我老子的罪犯！你要私休，你早些与我做了老婆，倒也便宜了你。”❸ 可她们并没有如此，在“名”与“命”的选择中都选择了前者，选择用生命去捍卫内心的那份坚持。她们终究没有在外在力量的逼迫下做出违背本心的选择，宁死也要捍卫自身的价值观念。

（二）一样的不朽——向死则生

两位主人公的毁灭并不意味着其价值的毁灭，反倒意味着其价值的实现。面对尸骨未寒的哥哥，安提戈涅选择公然违抗国王的“禁葬令”，毅然承担起安葬亲人的神圣责任，只为了让哥哥的灵魂得到安息，不让家族因此而蒙受羞辱。为此，即使付出了生命的代价，她也不后悔，正如她所说：“为做这事而死，我以为死得其所。”窦娥面对婆婆无奈的许婚，据理争辩；面对张驴儿的无耻行径，她斥责相随；面对太守的残酷杖刑，她宁死不屈；面对即将到来的死亡，她为自己的遭遇愤慨不平，指责苍天不公，发下三桩毒誓：“血溅白练，六月飞雪，亢旱三年”，以证明自己的清白。安提戈

❶ 埃斯库罗斯，索福克勒斯．古希腊悲剧喜剧集［M］．张竹明，王焕生，译．南京：译林出版社，2011：341.

❷ 根据古希腊“神律”，人们对死亡的亲人行葬礼是最神圣的责任。因为死者如果得不到安葬，他的灵魂将不能安息，不能渡过冥河抵达冥土，这是对神祇的大不敬；同时，也会使死者的家族蒙受耻辱。能履行这个神圣的责任，将是最光荣的事情。

❸ 关汉卿．窦娥冤［M］．长春：吉林文史出版社，1997：10.

涅和窦娥都用自己的生命去抗争、去拼搏，虽死犹荣。前者出于与生俱来的责任，后者出于从一而终的信念；她们都用生命捍卫了自己的生存价值，在毁灭中获得了新生。

安提戈涅和窦娥为捍卫自身的生存价值而死，用生命完美地诠释了人活在世上的价值和意义，此大无畏的牺牲精神彰显的正是中西方悲剧的基本精神。正如邱紫华在《悲剧精神与民族意识》中所说：

> 悲剧性并非仅指生命的苦难和毁灭，更重要的是面对不可避免的苦难与死亡来临时，人所持的敢于抗争的态度和勇于超越的精神。❶

《安提戈涅》表现的是神律与城邦法律的对抗，《窦娥冤》表现的是善与恶的斗争。以此来看，《安提戈涅》所表现出来的悲剧精神虽然比《窦娥冤》更加震撼人心，但是不可否认，其悲剧精神是相通的。

六、结　语

索福克勒斯的《安提戈涅》与关汉卿的《窦娥冤》作为中西方悲剧的代表，都表现出了各自的特点。在情节安排上，中西方悲剧家都认可情节对于悲剧的重要性。《安提戈涅》情节紧凑，跌宕起伏，矛盾冲突迅速激化并导致了悲剧的发生；《窦娥冤》的悲剧则经过了长达 16 年的酝酿，所有的情节环环相扣，所有的人物息息相关，直到所有的矛盾冲突都达到了临界点才最终爆发，由此悲剧发生。在悲剧精神上，二者所表现出来的则大相径庭。安提戈涅为了诸神不成文的真理，选择同忒拜城现有的法律相对抗，最终以死亡的极端方式获得了胜利，彰显着“求真毁灭”的悲剧精神。而窦娥在与“恶势力”的对抗中宁死也要维护封建伦理道德，从始至终都在维护，甚至不惜付出生命，表现出“护礼毁灭”的悲剧精神。总之，两位悲剧主人公为了坚守内心的信念都选择了与“恶势力”相对抗，即使付出生命的代价也在所不惜。此大无畏的牺牲精神让人敬佩。

---

❶ 邱紫华．悲剧精神与民族意识［M］．武汉：华中师范大学出版社，2000：40.

【参考文献】

[1] 张法. 中西美学与文化精神 [M]. 北京：中国人民大学出版社，2010.

[2] 马小朝. 历史与人伦的痛苦纠缠 [M]. 北京：中国社会科学出版社，2008.

[3] 吴泽琼.《安提戈涅》与《窦娥冤》比较研究 [D]. 海口：海南大学，2009.

[4] 王国维. 宋元戏曲史 [M]. 上海：上海古籍出版社，1998.

[5] 叶朗. 美学原理 [M]. 北京：北京大学出版社，2009.

[6] 伯特兰·罗素. 西方哲学史 [M]. 马家驹，贺霖，译. 呼和浩特：远方出版社，2010.

[7] 方克立，张岱年. 中国文化概论 [M]. 北京：北京师范大学出版社，2003.

[8] 黑格尔. 美学 [M]. 朱光潜，译. 北京：商务印书馆，2012.

[9] 雷立柏. 西方学者眼中的中西文化 [M]. 北京：中国书籍出版社，2010.

现代传媒与文化

网络对西南城镇现代化生活的影响*

■ 皮海兵　林　茜**

【摘　要】今天，网络与我们的生活息息相关。因为网络所拥有的海量信息，网络的传播特性对我们的生活具有更为积极的影响。尤其对于西南城镇的居民来说，网络给他们带来的变化同样是不可小觑的。因为网络的影响，居民的生活进入了一个全新的现代化时代。因为网络的参与，他们的生活无论是从物质上还是精神文化上都有了很大的提升和变革。网络为他们提供了一种新的生活方式，即现代化生活。

【关键词】网络　网络传播　现代化生活　西南城镇居民

一、前　言

城镇，这个词在生活中经常提到，是低于城市级别的一个称呼。目前，城镇主要指以非农业人口为主且具有一定工商业规模的居民点。从人口数量上说，拥有 2 000 ~ 10 万人的就可以称为城镇。城镇的发展以城市为依托，由城市带动城镇发展。

在科技飞速发展的今天，网络不只是大城市人的专利，在西南城镇居民的生活中，它同样成为不可缺少的一部分。对他们来说，以前网络的覆盖率和普及程度不及现在，很多居民接触网络的时间晚，对网络也不太了

---

* 基金项目：教育部人文社科青年基金项目（11YJC860035）。

** 皮海兵（1976 ~），男，湖南常德人，博士，重庆邮电大学传媒艺术学院副教授，研究方向为审美文化、传媒美学；林茜（1991 ~），女，重庆人，重庆邮电大学传媒艺术学院学生。

解。而时至今日，网络让曾经消息不流通的小镇变得畅通，让没有走出过小镇的人们看到了外面的广阔天地，让曾经欠发达的经济飞速发展。人们开始发家致富，提升自身修养，逐步学会了将网络运用于生活之中。

本研究主要探讨网络和网络传播的发展与西南城镇居民生活变化的关系，分析他们如何通过网络来提高生活质量；同时，分析网络对他们思想、行为等方面的引导，深入研究网络对其生活的影响。本研究采取实地采访与调查问卷相结合的方式，深入西南城镇，选取了万盛区、江津区、涪陵区作为调查重点，采访了50余人；共发放问卷600份，收回580份。

二、网络与网络传播

（一）网络的定义

网络的种类有很多，除了常说的因特网外，还有电信网络、有线电视网络以及计算机网络。因此，人们平常所说的网络只是指狭义上的因特网。这里所谈及的因特网就是互联网，是指由广域网、局域网及单机按照一定的通信协议组成的一个计算机网络。

（二）网络传播

现如今，人们依靠网络的强大力量将世界各国各地区联系在一起，构建出了一个巨大的网络世界。在这样一个世界里，人们能够更快地获取信息，获取更大的数据。网络推动着社会的进步与发展。随着的网络的发展，世界也处在网络传播革命的进程之中。网络传播有以下几个基本特征。

1. 丰富性与时效性

目前，人们在网络上所能观看到的文字、音频、视频、图形都是通过网络传播实现的。网络传播的丰富性其实也体现于网络的海量兼容性。无论哪种个性化的选择、何种文化形态，甚至不同语言、不同民族，都能够通过网络将其融合在一起，真正达到了一种传播无边界的状态。此外，还可以看到，网络传播能够更好地融合报纸，广播媒介的优点，具有更大的覆盖范围。在如今的生活中，人们获取信息的渠道不仅限于传统媒体。信息通过网络传播突破地域的限制，无论何时何地人们都可以获得自己所需的信息。同样，网络传播的时效性特征也使得新闻更符合人们对于新闻的感觉，即第一时间传达信息。网络新闻不断地滚动播出、实时转播，信息量增大，渠道便捷，大众与网络的联系也更为紧密。

2. 交互性

传统媒体作为传播者只是单向地将信息传播给受众，受众只能被动地接受。而通过网络这一新兴媒体，人们有了选择的权利。人们可以选择是否接受信息，在接受后也能通过网络进行反馈。在这一过程中，就实现了传播学所说的交互性。也就是说，在网络传播中，传播者与接受者并不是固定的，二者的身份可以相互交换。之前作为传播者的一方可以作为接受者，同样，之前的接受者也能够作为传播者来传播信息。例如，我们在上网时看到一个优秀的视频作品，也许会将它转发出去。在这一过程中，其实就完成了一次从接受者到传播者的互换。

3. 开放性与全球性

前面说到，通过网络可以将世界各国各地区都紧密地联系起来，打破地域、国界、空间的限制。这其实就说明了网络的全球性特点。而不同国家、不同地区的文化和习俗不尽相同，每个人也有着自己的个性和个性化选择。网络对人们所持的是一种完全开放、认可、接受的态度。在这个世界里，人们可以畅所欲言、表达思想，实现技术与信息的自由共享。这种开放性的特征，使得网络传播的格局更加多元化。

（三）网络传播的参与者

从广义的角度来说，网络传播的参与者指的就是网络用户（网民）——既包括网络媒体也包括受众群体。在传播的过程中，受众作为接收方，接受传播者发布的信息。可以说，一切传播活动的目的都是满足受众的需求。网络传播的发展，也彻底改变了传统的传受关系。网络传播中的受众不再只是信息的接受者，他们同样可以作为信息的发布者，作为网络传播中的参与者来进行活动。在生活中，每个人都是网络的参与者，拥有自己的权利，能够分享，同时，接收来自网络的任何信息。

三、网络构建西南城镇的现代化生活

（一）网络与西南城镇网络化

近几年来，网络在西南城镇得到了普及。城镇作为紧接城市的区域，对于城市的发展有着巨大的推动作用。我国城镇网络的普及，也使得西南城镇的居民能够享受到网络带来的不同感受。

作为区域经济发展的一个要素，西南城镇具有良好的地缘基础，并且，各城镇之间紧密联系，在一定程度上有利于构建一个地域经济系统。以强大的互联网络为纽带，将西南城镇联结起来，实现了整个城镇的网络化发展。这一网络的建立，不仅使得网民的数量不断增长，其区域经济也在不断地提升、发展。同时，网络传播也带动了当地人思想的变化，推动了其生活方式的转变。人们的思想开始逐步与世界接轨，带有了全球化的色彩。

（二）网络开启了西南城镇的现代化生活

城镇网络化的发展，将西南城镇网络的普及率大幅提高。人们的生活因为有了网络的参与，变得丰富多彩，更加现代化。在这里，现代化生活是指人们能够利用新的技术、渠道、方式、方法对原来的生活进行革新，迎来一种不同的生活。在我们所知的领域中，生活不只有物质生活，还包括精神生活。西南城镇的居民们借助网络的力量，将他们的生活变得更加现代化。

1. 生活方式的转变

网络发展到今天，为人们的生活带来了巨大的变化。网络与人们的生活息息相关，二者存在相辅相成的关系。人们在网络中得到所需信息，网络也给人们提供了一个平台。通过网络，人们开始探寻新的生活方式，不断提高生活质量。这一点，对于西南城镇的居民来说体现得更为明显。

（1）学习方式。说到学习方式，无非两种：一种为教师授课，一种为自主学习。在学习上，无论是城市还是西南城镇的人，绝大部分都会选择教师授课这一传统方式。但在这个蓬勃发展的时代，网络将“电子课堂”“网上图书馆”“网络远程学习”“视频教学”推到了人们面前，人们可以通过网络随时随地进行学习。这种学习方式突破了传统的地域、时间的限制，同样能够达到与教师课堂授课一样的学习成果。这种新的学习方式，在西南城镇地区也得到了运用。

对当地居民来说，拥有的教育力量和教育资源都不如城市，而网络则为他们提供了良好的契机。通过网络，可以直接聆听权威专家、学者的授课，学习效果也会得到极大的提升。同时，网络也为那些渴求不断丰富自己的人提供了条件。无论年龄大小、学习能力强弱，只要想学习，通过网络就一定可以找到自己想学的。

通过网络，人们可以在相关的大学注册，向顶尖的教授请教，了解各种知识的最新进展，还可以按照自己的时间安排学习进度，选择何时上课、交作业，甚至何时毕业。这为人们的终身学习提供了方便。我们发现，很多西南城镇居民之前并没有受到很高的教育，但是通过网络学习提升了自己的知识文化水平。同时，有些人还利用自己的知识致富，有些不会跳舞、唱歌的人变成了舞蹈达人、歌唱明星。

我们通过调查问卷发现，18 岁以下的居民中，约 81.3% 的人用网络来查阅学习资料。他们大多表示，因为处于读书时期，所以使用网络的时间也较少；而网上学习需要大量时间，所以对他们来说不太现实。但除了上课时间外，他们也会通过网络为自己“充电”。大部分同学在采访中提到，他们在课堂上学习的内容不够全面，不够有趣，而网络上有很多课程设置，具有趣味性而且很全面，对于学习也很有帮助，能够使所学知识巩固得更好。

对于成人来说，则较少使用网络来学习，但也不乏其人。在采访中，来自涪陵的付女士就说：

> 我是一个下岗职工，50 多岁了，平时就喜欢去跳跳广场舞啊，自己还组织了一个老年舞蹈团。我们那些都是业余爱好者，编舞对我们来说不太实际，所以我就经常上网查一些广场舞的视频，自己照着视频学习然后再教给别人，又省钱又省时间，挺方便的。

（2）致富方式。此前，西南城镇的大多数人会选择背井离乡，到大城市去打工，但随着网络的普及，一种新的致富方式流传开来：开网店。在网络传播的引导下，越来越多的人都了解并看到了开网店的好处，越来越多的人开始从事这一职业。

调查显示，约67%的居民对这样的致富方式持积极态度。江津地区的居民认为，开网店对自己的生活没什么大的影响；对于有工作且收入稳定的人来说，并不太适合，因为在时间的分配上有困难。江津地区的王老师说：

> 我是一位老师，所以平时时间被安排得非常紧，网购也比较少，大多也就是买书、买点衣服，一个月也就一两百块。所以，网购对我而言并没有太大的吸引力。也不太考虑用网络致富，毕竟自己有稳定的工作。如果要开网店的话，我觉得我可能没有那么多的时间与精力放在网店上。

来自万盛地区的王女士也持相同观点，认为网店虽然比实体店更方便，但需要花更多的时间和精力；鉴于自己也有着不错的工作，收入也稳定，所以不太考虑这样的方式。

相反，对于没有工作或是想致富的居民来说，则认为开网店是个不错的主意。如万盛地区的王女士说：

> 我本来就是服装店的老板，有一家自己的服装店，所以，如果在网上开店的话，可以增加销路。并且，我自己还有实体店，经营起来也方便，一举两得。

（3）娱乐方式。作为最流行的一种娱乐方式，上网可以聊天、看电影、玩游戏、看杂志、看小说、购物。这些，更加充分地说明了网络传播的特性。在网络上，不是单一的交流，而是一种交互的关系，比如说，微博是一个现在最流行的娱乐平台，大家能将自己看到的、听到的，包括视频、图片、音乐、文字等上传、分享，相互交流。再如网上购物。西南城镇的经济不是很发达，相对来说消费水平也较低，因此，很多大型的商店不会在这里营业，购物条件不那么便利。而网上商店的出现，为城镇居民提供了便利。在网店里，人们可以随时查询到自己想买的货物，选择范围变大，物美价廉，足不出户就可以买到自己想要的东西。因此，网上购物也慢慢演变成居民生活、娱乐的一部分。

越来越多的西南城镇居民选择以这样的方式来丰富生活，有几个原因。其一，现实生活中的一切活动都是线性的，而网络传播有着交互性的特征。

比如，在网上看电视剧，可以随时搜出演员的背景材料以及以前的剧情介绍；还可查看以前的剧集，可以连续观看。同时，还可以通过网络留言等方式与他们喜欢的演员互动。与普通的观众不同，他们不只是欣赏者，而且是参与者。这正是电脑网络的最大优势。在网上玩游戏也是一大乐趣。不只是青少年，一些成年人也体验着这样的网上生活，让自己的生活变得丰富多彩。

其二，网络的海量信息蕴含，提供给网民想要的所有东西，可以说是“没有找不到，只有想不到”。调查问卷显示，高达90%的人会选择上网聊天、打游戏、打牌。在18岁以下的群体中，因为受家长限制，上网娱乐的时间较少。在19~30岁的群体中，使用最多的就是QQ、微博和网购。就网购来说，他们算得上是中坚力量，平均每人每月网购的花费在300~500元。江津地区的马女士说：

我每个月都会网购，大概消费金额占了总开销的三分之一。我不太喜欢逛街，觉得选来选去的特别麻烦，而且总是选不到自己想要的。通过网上购物，既能找到自己想要的，价格又便宜，十分方便。

此外，我们也听到了不一样的声音。江津地区的王老师说：

我自己也总会去网购，一般都是淘宝或者当当网，大概每月都会花费500块在网上。虽然这样的方式很方便，但是总觉得因为太方便，让自己变得越来越宅了，越来越懒得出去走动走动、逛逛街了。

虽然变“宅”了，但是不可否认的是，网上购物的确成了人们生活中重要的一部分，并且对生活有着很大影响。

就30岁以上的人来说，对于网络的应用也同样不少。他们虽然不如年轻人一般对网络操纵自如，但是也有着属于自己的一片网络娱乐世界。超过半数的人会在网上看新闻，此外，还会通过网络电视等方式来丰富生活。来自涪陵的李先生就说：

我现在50多岁，快60了。网络对于我们来说还算是蛮新鲜的，使用也没我儿子孙子那么熟练，但是也经常上网，也就去看看新闻，电视什么的，真的方便得很，而且当天的新闻没有看到的，还可以在网上重看。生活一点都不枯燥，充足的很。

（4）社交方式。说到网络，就得谈及网络的人际传播作用。网络的人际传播优势就是不受空间、时间的限制，有着广阔的覆盖面以及交互性。比如现在的社交网站，扩展了人们的联系方式，壮大了人们的社交圈，一定程度上改变了人们的生活方式。

当然，根据调查，人们对这种社交方式大多还是持一种保守态度。万盛地区的张先生说：

> 我自己就关注了社交网站，曾在百合网注册过ID，但是总认为这样的社交方式不太可靠。我比较偏向于传统的社交方式，觉得人与人之间通过面对面的交流才是比较妥当且安全的方式。网络提供的环境太过虚拟和缥缈了，我们在网络中很难去分辨真假。而且我认为，这种通过网络建立起的人际关系远远不如实际相处时建立的牢固。

但是，也有一部分居民表示，当前网络规范得比较好，社交网站的发展是一种主流，我们应该持积极的态度。涪陵地区的郭先生根据自己的亲身经历说：

> 我自己就曾通过社交网站谈过一个朋友。其实就我个人的经验来讲，社交网站并没有大家想象的那么危险，社交网站上的人并不全是骗子，也有值得我们信任的人。我不反对通过网络交朋友，这是社会中人际交往的一个很正常的渠道。

2. 生活文化元素的转变

网络是人们生活方式转变的巨大推手，但也有其自身的不确定性。这种不确定性就是，网络包罗万象，信息数不胜数，人们身处其中很难去分辨其可取性和真实性，容易被误导。但总体看来，网络信息之于思想观念的转变还是发挥了极大的作用。下面，主要就舆论文化和语言文化来谈谈。

（1）网络引导的舆论文化。网络传播的开放性与全球性使得全球信息广泛传播，受众面越来越广。作为信息传播的受众，同时又是信息的传播者，人们有了言论自由。人们在网络上发表言论，形成了网络舆论。例如，之前在网络上走红的“凤姐”一事，引起了广泛的讨论。在网络环境中，凤姐本来是普通人，但网络舆论将她推到了大众面前，成了公众人物。

在本次的调查中发现，西南城镇居民对于网络舆论的引导作用也有着自身的体会。他们认为，网络舆论对于社会的影响还是很大的；有时自己也会参与，但保持理性的态度，并不盲目跟从。涪陵地区的罗女士说：

有时我自己也会通过网络参与一些舆论讨论，我也会关注网络舆论，但是我认为这只是消息传播的一种方式。网络有着两面性，这是个仁者见仁智者见智的东西。我们只要用理性的态度去对待网络舆论，不受网络舆论的影响就行了。

另有一部分居民则表示自己不会去关注网络舆论，多半也是作为一个旁观者，认为受舆论影响不大，这是一个需要自己去衡量的东西。万盛地区的陈先生说：

网络舆论，我自己都喜欢去关注些，但是我觉得这影响不大。毕竟这是在网络上，我们是不可能100%的去相信它，更不用说受到这种舆论的驱使。所以，舆论是好是坏，是自在人心的。

因此，舆论虽然会对大众带来负面影响，但人们也会通过网络舆论提高自己的辨别能力，取其精华，弃其糟粕。

(2) 语言文化的转变。近些年来，网络用语已经成为人们生活的一部分，如“官二代”“白富美”，等等。这些流行语在生活中随处可见，也丰富了人们的语言文化。

在调查中，中老年人表示，也知道一些网络流行用语，但是使用得很少。江津地区的涂先生说：

我也知道好多流行用语，像什么“元芳，你怎么看”，这句不是现在很火的。但是我觉得我这一把年纪的人说话用这些不太实际，人家要看笑话了，这是人家年轻人的权利了。

另一些成年人表示，也知道些流行用语，但是用得比较少，大多是朋友之间聊天、缓解下气氛时。

调查中发现，网络流行用语在青少年中的使用频率是最大的。江津中学的施同学说：

网络流行用语是流行的标志，我当然会使用了。有些用语很幽默又好玩，用在平常说话时挺好玩的，又能给同学带来欢乐。我有时还会特地的看看有哪些流行用语呢。

通过采访可知，网络流行用语虽然使用频率不大，但即使是年纪大些的也知道那么一两句，足可见其对人们思想的渗透。

四、网络对西南城镇居民现代化生活的意义

随着网络技术的发展与普及，人与人之间的交流方式发生了改变。网络传播这种新方式逐渐替代了报纸、书籍、杂志、电视等传统媒体的社会功能。自此，人类也逐步迈入信息时代。网络与人紧密地联系在一起，为人们创造了一个全新的虚拟空间。据统计，在短短几年的时间内，网络使用者的数量就达到了5亿左右。网络以其特有的集声音、文字、图像为一体的优势逆袭传统媒介，被认为是超越了传统媒体的存在。网络就在人们的生活中编织着一个巨大的网，一步一步地铸造了一个新世界。

（一）网络对构建生活方式的意义

在构建西南城镇居民现的代化生活中，网络具有重大的意义。之前，人们生活在城镇狭小的关系圈里，获取信息大多是通过朋友、亲戚等的口口相传。网络普及后，其传播特性使得人们获取信息的渠道更为广阔。同时，与传统的人际传播方式相比，网络传播可以使人与人之间的交流更为方便、快捷。

网络为现实世界中的人们构筑了一个虚拟的世界，虽然是虚拟的世界，却真真实实地把人们联系在了一起。换句话说，网络传播从某种意义上来讲，是凭借大众传播的模式进行的人际传播。因为网络传播本身的特点，使得传播者与受众交流不受限制，两者之间的点对点交流不存在障碍。在采访中，这也得到了体现。如刘女士说：

> 我跟我老公不在一个地方上班。老公经常在外出差，有时候一两个月都见不到，用网络聊天跟老公联系，方便得很，只要有网就可以跟老公视频。想当年我们两个谈恋爱的时候，网络不怎么普及，想联系哈见个面麻烦得很，打电话又要找人转而且又贵，写信时间又长，真的不方便。这样一对比起来，网络给我们的生活真的带来了不少的好处。

相对于之前，网络传播给居民们带来了海量的信息，他们与外界的联系更为紧密，足不出户便知晓世界大事。换个角度来说，大众传媒、网络传媒与日常生活之间具有相互作用。网络传播给人们所带来的不仅是一场

技术革命，更是一种受众与传播者角色互换的过程，是一种能够将全球连接在一起的交流方式的革命。互联网作为生活中不可缺少的一部分，将单一的传播方式多样化，将网络的传播深度扩大并实现了多渠道传播，极大地拓展了现代生活的空间，提供了更多的自由选择生活的机会。

（二）网络对引导大众思维方式的意义

除了可以在物质生活上增添财富外，网络在人们的文化思想上也做出了巨大贡献。对于城镇居民来说，网络的出现，使得他们可以利用其传播特征，获取更为广泛、即时的消息，能够积极地参与网络生活。从这一方面来讲，网络对引导大众的思维具有重大意义。同时，网络传播的内容多种多样，更新的速度快。通过网络传播信息就要用一种植入的方式来进行，从而给大众带来一定的冲击，引导大众的思想观念。

1. 信息发布的自由和“把关人”的职能

在网络传播中，受众不再是被动接受信息的角色，他们可以跳过不愿意看的信息。不仅如此，他们还能主动报道甚至发布信息。在西南城镇网络化改革之后，城镇中的任何人都可以通过网络来发布信息，涉及电信、新闻以及电子报纸。这一改革对他们来说是有决定性意义的。他们不会再丧失自己的选择权利，可以无拘束地发表看法，充分地表达自己的意见。这种变化，无疑是人类传播史上最深刻的变化。

但同时，由于信息的发布没经统一或者不是由权威组织发布的，也不可能完全做到真实、客观、公正。一些鸡毛蒜皮、不堪入目、恶意中伤的有害信息等，也会不受限制地大行其道，使众多网络受众深受其害。

在调查中，有很多人表示，对于信息的内容有着自己的判断。万盛的况女士说：

> 我平时比较关注服装这方面的信息，也喜欢发表一些对于服装的看法，所以，我对于时尚这方面的信息特别关注。网络为我们提供了一个很好的平台，有着各类平台让我们去获取信息、发表看法，真的很好。

但也有人提到，网络信息太过复杂，有时候看到的一些新闻无法知道是否是真的。为此，有必要建立一个完善的网络把关制度，将有利的、正面的信息传达给人们，而不是充满污秽的、负面的消息。

2. “使用满足”

“使用满足”理论指出，网络与人是一种互动关系。网络给人们提供一切信息，人们从中获取信息，二者互相作用。受众能够自主地选择信息，掌握着自己的权利；网络给予他们的不仅是需求的满足，更是地位的提升。江津地区的林先生说：

网络对于我来说，真的是好东西。我是个上班族，工作时间十分稳定，但是每到世界杯的时候，想看球赛但是一想到第二天又上班，就很烦躁。但是网络提供了很多信息，我就算当天无法看到，只要是输入“世界杯足球赛”这样的字眼，就出现了大批的信息。我能够在这些信息中进行筛选，然后留下自己想看的内容。

3. “拟态环境”

所谓“拟态环境”，指的是存在于人们大脑中的一种“假象”。人们往往会把这种“假象”当作现实，在一定基础上影响了人们的日常的生活与行为。换句话说，大众会将自己所看到的“图像”转化为“假象”；媒介在这个时候对相关“图像”进行报道，就会引起关注。由此，大众媒介就在人们与现实之间建立起了“身外世界和拟态环境”。

在城镇居民的生活中，自不乏其例；在网络中，这样的例子更是数不胜数。网络媒体在一段时间之内的集中报道，无疑会引起人们的关注，进而在他们的意识中自然而然地形成一种固有的思维模式。网络媒介的出现起到了推波助澜的作用，让这个“身外世界和脑海图景”更加丰富多彩。在调查中，有人说：

我们在这个网络世界之中，有时会分不清什么是真什么是假。尤其是网络的舆论，当它兴起的时候，我们对它不以为然。然后，舆论越演越烈的时候，我们无法抗拒它给我们带来的吸引力，我们对它的重视程度也越高。

五、结　语

网络的发展一天比一天迅速，带给人们的影响也不可小视。网络为人们铸造新的生活提供了便利，从生活上、思想上对人们进行了引导。在西南城镇中，人们学会了在网上学习、充电，关注新闻，关注国家大事，发表自己的言论，充分发挥了受众者的权利；学会了通过网络致富，通过网络为自己的生活增添乐趣。同时，网络是一把双刃剑，人们应保持理性的态度，提高辨别真假的能力，在利用好网络的同时规避掉可能的风险。

【参考文献】

［1］赵海霞，陈毓超，乐建兵．基于网络的协作式自主学习模式研究［J］．电化教育研究，2004（2）.

［2］王广新，白成杰．网络虚拟学习共同体的形成与发展［J］．电化教育研究，2005（1）.

［3］刘成新．网络教学资源的设计、开发与评价［J］．电化教育研究，2000（3）.

［4］孟君，王光艳．浅论网络传播对生活的冲击［J］．科学新闻·学术周刊，2001（1）.

［5］彭兰．网络传播概论［M］．北京：中国人民大学出版社，2006.

［6］田胜立．网络传播学［M］．北京：科学出版社，2001.

［7］曾新菊．现代城乡网络化发展模式［M］．北京：科学出版社，2001.

［8］刘艳娟．网络与生活方式的革命［J］．哈尔滨学院学报，2001（22）.

［9］尹莉莹．基于多维度网络引导式教学的研究［J］．东莞理工学院学报，2011，（18）.

［10］梁菁菁．网络传播对大众的影响［J］．新闻传播，2011（11）.

［11］曲畅．浅议网络传播与大众传播的关系［J］．学理论，2010（29）.

［12］孙武．解读大众文化与网络传播［J］．吉林省教育学院学报，2009（1）.

［13］唐魁玉，贺芳．网络传播与生活方式的现代性［J］．哈尔滨工业大学学报：社会科学版，2000（4）.

［14］屈勇．互联网络中的人际互动［J］．当代青年研究，2000（2）.

［15］石艳红．网络传播中的受众诠释［J］．国际新闻界，1999（3）.

［16］陈相光．网络生活的虚拟关系指导［J］．社科纵横，2011（12）.

论新闻漫画的特点与审美意涵*
——以“周周漫看”为例

吕　菁　吴　俊**

【摘　要】“周周漫看”是贵州省报刊中少有的新闻漫画专栏，代表了贵州新闻漫画的发展水平。本文汇总了2015年2~6月的100篇“周周漫看”专栏作品，从审美的角度对新闻漫画的创作和传播过程、社会功能及媒介形式进行分析，总结其特色和不足，就其未来的发展方向提出意见和建议。

【关键词】新闻漫画　周周漫看　审美

一、新闻漫画的概念及其影响力概述

漫画家沈同衡先生认为：

> 新闻漫画就是以新闻为题材内容，通过报纸等大众传播媒介而产生功能作用的一种漫画。❶

这一概念表明，新闻漫画的题材非常广泛，可以涵盖政治、经济、文化等方方面面的内容。漫画家华君武曾说过：“漫画是一种批评的艺术”，❷强调了新闻漫画的针对性和批判性。2015年1月7日，法国《查理周报》的4名时评讽刺漫画家遇袭身亡，用生命为言论自由祭旗。这一事件从反面

---

* 本文系贵州省教育科学规划课题“新闻美育实践研究”（2013A057）成果。

** 吕菁，女，贵州师范学院文学院讲师，研究方向为传播学、广告学；吴俊，男，教授，贵州师范学院文学院院长，研究方向为美学。

❶ 余镇帮．谈新闻漫画的鉴赏［J］．新闻爱好者，2003（4）：24.

❷ 徐健民．报纸新闻漫画的传播优势与创新［J］．中国报业，2011（11）：47~48.

证明了新闻漫画是具有非凡战斗力和巨大影响力的言论武器。

随着读图时代的到来，受众接受信息的习惯发生了变化，如重图轻文、求异求新等，这从正面证明了新闻漫画的发展恰逢其时。

二、“周周漫看”简介及其特色

“周周漫看”是《贵州商报》第16版每逢周日推出的新闻漫画专栏，每期刊发5幅漫画。其作者和编辑皆为贵州省美术家协会会员周滔。“绘事业余欲以专业为准绳，逢遇世故妄求保留些许血性”是周滔对人对事的态度写照。也正是这种略显桀骜的态度，使得画家在作品中表现出了较强的创作个性。

作为贵州日报集团旗下报刊中唯一的新闻漫画专栏，“周周漫看”在形式上独树一帜。其他报纸偶有漫画配图，但主要起丰富版面和补充说明的作用，不如“周周漫看”作为专栏如此系统、稳定，有较大的影响力。作为《贵州商报》的最后一版，读者在翻阅了前文之后，极易被色彩斑斓的漫画专栏吸引。用漫画的形式对一周的各种新闻事件进行回顾和总结，让人倍感新意，意犹未尽。

本文汇总了《贵州商报》2015年2～6月所有周日的报纸，除了过年假期和2月第一个周日无漫画专栏外，共有20版“周周漫看”，100幅漫画。通过对比，总结出如下特色。

（1）简明直观，突出图像的主体地位。“周周漫看”作为漫画专栏，与一般新闻中所配发的图片的地位是不相同的。一般新闻在大版面的文字内容中插图主要是为了调剂版面，或者丰富内容的呈现方式——文为主，图为辅。而在“周周漫看”中，图为主，文为辅。图文相比，图更具有视觉冲击力，画面简洁，主旨鲜明易懂。嬉笑怒骂、善恶美丑，在漫画中一目了然，让人记忆深刻。

（2）构图灵活，表现力强。漫画的构图有许多讲究，最基本的原则包括均衡、对称、对比和视点等。这些原则在“周周漫看”中都有所体现。如3月29日的《都亏了谁在赚》，用3位大汉分别代表水电、石油和收费公路，而身材矮小的百姓势单力薄地站在中间，形成了鲜明的体量和数量对比，产生了强烈的讽刺效果。又如4月12日的《买了百万保险，碾人肆无忌惮》，来势汹汹的大货车从画面深处闯出，人们纷纷抱着头左右闪躲；画面的纵深感有利于表现动态效果，逼真地描画出运渣大货车的疯狂和不计后果。

除了漫画作品，构图灵活也表现在版面设计中。《贵州商报》每版“周周漫看”有5幅漫画，其排版方式和呈现形式常换常新。在排列上，横向加纵向、长短配横斜，文字布局与图片相穿插，有时候还取消漫画边框，直接将漫画填充于版面空白处。如3月8日的5幅作品依照自上而下顺序：第一幅《红包乱战》和第三幅《出家不误投资》皆去掉了边框，与旁边3幅有边框的相呼应，使版面充满了变化的趣味。灵活的构图加强了版面的视觉冲击力和漫画的表现力。

（3）主题丰富，重点集中。通过汇总、归类和统计，“周周漫看”的漫画主题涉及政治、经济、文化三大方面。具体而言，依特定主题类别、漫画数量多少进行排序，从高到低依次为：贪腐现象、各级行政部门办事作风问题、医疗行业相关问题、教育问题、行业垄断、股市万象、娱乐圈怪相、国人陋习及其他。其中，贪腐问题高居榜首，说明了几个问题：一是近年来此类问题频频见诸报端，漫画的数量与相关案件的高发成正比；二是漫画的选题与作者的创作偏好有关。作者周滔对此类新闻具有较强的敏感度，能有效地激发创作欲望。第三，“周周漫看”作为时评漫画，对政治议题并不避讳，其作为言论武器的定位是准确有效的。

（4）信息来源广，时效性较强。“周周漫看”搜集全国各大报纸、重要新闻网站和新闻微信公众号等新老媒体中的各类新闻信息，作为漫画时评热点的来源。新闻事件的发生地遍及全国，漫画的创作时间距各大媒体刊发新闻的时间保持在一周以内，体现出了较强的时效性。读者在周日阅读“周周漫看”，实际上也是对一周国内新闻时事的回顾。

（5）理性与感性相结合。时评漫画是理性与感性相结合的产物。新闻报道讲求客观中立，以理性见长，而漫画则需要对理性的新闻信息进行二次加工，在理性的基础上加入态度和感情，使之更富有感染力。首先，在选题上，漫画作者会选择能打动他，能产生创作激情的新闻信息。作者用真情创作，读者才会被打动。其次，在创作过程中，作者须将感情转化为漫画元素进行展现，既要保留情绪的感染力，又要精心设计、巧妙构图。其间，必须体现理性的控制力。

三、新闻漫画中的审美意涵

（一）创作（编码）与观看（解码）新闻漫画的过程需要审美的参与

“周周漫看”的制作和传播过程，符合传播学中多级传播理论的表述。在新闻漫画的传播链条中，每一个环节都离不开审美的参与。

首先，漫画家对新闻信息进行选择性接触。媒体发布的新闻信息是新闻漫画创作的基础，漫画家本身就是信息的接受者之一。画家要以审美的眼光发现和捕捉漫画素材。能打动画家或是激发其创作欲望的新闻，是漫画创作的来源。

其次，画家在表现新闻事件的过程中必须融入自己的理解和认识，以平民化的视角对普通百姓的生存状态给予人文关怀，歌颂真善美，抨击假恶丑。画家依据美学原则进行信息的二次加工，用点、线、面的表现形式浓缩复杂的新闻事实，将其概括在画面中，才能形成一幅幅精美的漫画。

其三，受众观看（解码）新闻漫画的过程，符合传播学中“使用与满足”的理论解释。与观看新闻相比，受众观看（解码）讽刺时评漫画所获得的满足是不同的。较之新闻信息的客观、中立，时评漫画的意义不在于重述事实，而在于以漫画的形式提供一种视角、观点和立场。这样做的目的是丰富人的感受，提升人的认识。受众在看漫画的过程中感受到情感冲击、智力激荡或观念启示，进一步体会到社会的丰富性和多元性。新闻漫画中体现出的人文关怀与审美关切是相互呼应的，这也正是新闻漫画提倡审美传播的主要原因。

以 2015 年 2 月 8 日的作品《同情心大 PK》为例。该漫画以《南方日报》2 月 6 日的报道为创作依据：过年期间，网友的微信被两张图片刷屏，一张是呼吁少放鞭炮的。图中，一对环卫工夫妇手举心形卡片，上面写着“年轻人，少放点鞭炮！让我老伴早回家过年！谢谢体谅！”。另一张是卖鞭炮的老农，他祈求大家多买些炮仗，好让他早点回家和老伴儿过个团圆年。

两张图片形成了鲜明对比，使读者陷入了抉择的矛盾。这篇报道中蕴含的戏剧性冲突激发了画家的创作灵感，于是将其纳入创作选题。通过对新闻素材的深加工，昭示了隐含的主题。但很显然，画家并不认同这种泛滥的同情心。他采取了反讽的方式，进一步深化了矛盾。在漫画中，除了再现原有的人物外，又加入了防毒面具生产厂商的形象。厂商说："都不污染空气，我们厂职工的生计怎么办？"漫画配发的文字说明是："如果同情心可以无限泛滥，那么下一步就该同情防毒面具厂生意萧条、肺病专科医生收入不算高、火葬场员工福利不够高。"同情链条的拉长和荒诞情节的设置，凸显出了该事件中的不合理之处。受众看完后，之前陷入困境的思路便会豁然开朗，并获得美的享受。

（二）新闻漫画的功能："美和善的统一，以功用为标准"

苏格拉底在与亚里斯提普斯的交谈中论述了美与善的关系："美与善的统一，它们都以功用为标准。"❶ 换言之，实际功用并不与精神层面的善和美相矛盾，反而是统合美与善的重要标准。

相比纯粹个人化的艺术创作而言，新闻漫画的功用性表现得比较明显。在以往的研究中，对于这点已经有了较为明确的阐述。其功能主要体现在：（1）传播新闻信息；（2）评论新闻事件；（3）参与舆论监督；（4）报刊版面审美。❷ 同时，从宏观的角度来说，新闻漫画也是大众传播的社会功能中娱乐功能和整合功能实现的重要途径。

首先，大众传播具有为受众提供娱乐资源的功能。娱乐信息带来的体验，既包括相对肤浅的感官愉悦，也包括相对深刻的精神愉悦。以新闻漫画为例，在观赏的过程中，受众能感受到三个层面的体验：视觉的观赏愉悦、情感的宣泄愉悦和思想的碰撞愉悦。把"周周漫看"安排在周日，就是充分考虑到读者在周末有旺盛的娱乐需求。其次，通过在新闻漫画中表现具有思想性和教育性的内容，发挥舆论的引导作用，这是大众传播整合功能的体现。新闻漫画能有效地将娱乐功能和整合功能合而为一。这些功

❶ 北京大学哲学系美学教研室．西方美学家论美和美感［M］．北京：商务印书馆，1980：18.

❷ 刘一丁．论新闻漫画的四大功能［J］．新闻实践，2003（7）：69～71.

能，成为评价新闻漫画是否为有益的审美形式的重要标准。

（三）新闻漫画的媒介特性体现分寸美——冷热之间，自成一派

麦克卢汉的“冷热媒介论”说明，媒介的清晰度与受众的参与度成反比：高清晰度的信息，完整丰富，想象空间小；低清晰度的信息，简单明了，想象空间大。将报纸中的文字、新闻漫画和新闻照片等信息表现形式进行比较，会呈现出从冷到热的变化趋势。

读图时代，受众对图像信息的敏感度往往高于文字。新闻漫画将线性表述的文字新闻进行视觉化呈现。虽然它与新闻摄影同为图像形式，但新闻摄影讲求真实、客观和现场感。此外，新闻漫画的清晰度较低体现在：信息的丰富程度和细节的完善程度较低，演绎的成分更多，能为编码者和解码者提供更多的想象空间。新闻漫画比文字热、比照片冷的特点使其自成一派，既能吸引眼球，又能激发想象，体现了分寸美。这三种“温度”不同的信息表现形式相互穿插，使受众在阅读报刊的过程中感受到视觉的冲击力和思维的参与度此消彼长，丰富了心理体验。

四、“周周漫看”存在的不足

作为贵州省报刊中少有的新闻漫画专栏，“周周漫看”填补了报刊内容和形式上的空白，获得了读者的广泛好评。但同时，它也存在一定的不足。

（1）讽刺对象舍近求远。“周周漫看”的新闻信息来源于国内各家知名媒体，却无一来自《贵州商报》。翻遍 2015 年上半年的所有漫画，甚至没有一幅是结合贵州地区的新闻事件创作的。其讽刺的枪口一致对外，再辛辣的语言也仅停留在别人家的事情上，对身边的新闻视而不见。这不能简单地归结为漫画家的选择性注意，而是媒体的把关原则使然。在中国，跨地域的舆论监督现象不鲜见，这和媒体受当地宣传部门的意识形态控制有密切关系。作为地方媒体，维护地方形象是重要使命。回避自身问题成为难以根除的顽疾。“周周漫看”作为贵州本地特色漫画专栏，在选题上却体现不出这点，实为遗憾。

（2）漫画创作受到画家态度、情感以及对信息理解程度的影响，部分

漫画存在导向或尺度偏差的问题。由于画家对部分新闻事实的理解不全面，导致其讽刺的矛头指错了对象，或讽刺的尺度过大。如5月31日的漫画《医生嫌钱少 病人吓尿了》以中国医师协会5月27日发布的《中国医师执业状况白皮书》的调查结论为创作依据。该调查称：超六成被调查医生不满自己的收入，抱怨付出与回报不符。在漫画中，绘制了一幅医生在诊室里磨刀霍霍、病人吓得瑟瑟发抖的景象。医生普遍抱怨付出与回报不符，是对现行医疗制度存在不满的体现，和是否会提高诊疗费用并无必然联系。漫画将医患关系形容成刀俎和鱼肉的关系已经超出了夸张的范畴，可以判断为误读、存在导向偏差，同时也不利于建构和谐的医患关系。

（3）画家和编辑角色重叠，使漫画版面的审核制度流于形式。周滔既是漫画作者又是“周周漫看”的版面编辑。换言之，就是周滔本人能完全决定漫画作品的去留和呈现方式。这暴露出报社对新闻漫画的审查工作不够重视，或者是缺乏专业人才对漫画作品进行把关。

五、结　语

作为独特的新闻评论形式，新闻漫画的创作和传播过程具有审美意涵，其发展更符合读图时代的社会需要。“周周漫看”作为贵州新闻漫画的代表，在过去的发展中取得了一定的成绩，获得了读者的好评，但依然存在较多不足亟待改进。在将来的发展中，期待“周周漫看”进一步提升漫画品质，增强审美意味，导向把握正确，选题更加大胆，体现贵州特色，凸显新闻漫画的社会价值。

【参考文献】

[1] 郭庆光．传播学教程［M］．北京：中国人民大学出版社，2011.

[2] 周怡．华君武新闻漫画研究［J］．新闻界，2008（6）.

《爸爸去哪儿》的“编码”与“解码”

——电视综艺节目制作和接受的解读

王瑞兰*

【摘　要】湖南卫视重磅推出的亲子节目《爸爸去哪儿》自播出以来收视率居高不下，好评如潮，并形成了“爸爸产业链”。从传播学的角度来看，《爸爸去哪儿》的成功源于其制作和接受的统一，在符号学理论的视野下，即编码与解码的成功。节目的制作是一个编码的过程，包括表层编码和深层编码。节目的接受是受众解码的过程。不管编码者传达出的是表层符码还是深层内涵，都得到了观众或平行或超越的解读。

【关键词】爸爸去哪儿　符号　编码　解码

一、引　言

《爸爸去哪儿》是湖南卫视于2013年第四季度首次面向全国播出的大型亲子类综艺节目。湖南卫视凭借其强大的制作团队和播出平台的优势对韩国MBC电视台的《爸爸，我们去哪儿!》节目进行了引进与创新。据索福瑞调查数据显示，节目播出当晚，全国网的收视率为1.1，城市网为1.4，在全国同时段综艺类节目中居首位，并创下“零差评”的记录。❶

该节目并非国内类似节目的先河。之前，深圳卫视就曾推出真人秀亲

---

* 王瑞兰（1993～），女，甘肃陇南人，文学学士，研究方向为广播电视新闻学。

❶ 详参文末附录3。

子类节目《饭没了秀》，央视也有类似的《全家总动员》，但一直都不温不火。之后，诸如《人生第一次》《好爸爸坏爸爸》《爸爸回来了!》等类节目更是层出不穷，但都没取得那么好的效果。《爸爸去哪儿》能在前后夹击的同类节目中一枝独秀，原因何在？

已有的相关研究多是从该节目的表层内容、本土化创新以及社会教育意义来分析。中国传媒大学的宋仁智在《从“爸爸去哪儿”看电视节目本土化》一文中，着重分析了该节目的中国化、本土化以及湖南卫视适应中国观众需求的过程。河北大学的赵爽在《探讨“爸爸去哪儿”成功的因素》一文中，从受众、节目制作平台、节目创新等方面分析了其成功的原因。也有从传播学角度分析的。如陈骞、冯小宁的《“爸爸去哪儿”的传播学解读》、闭文莲的《从传播学视角解析“爸爸去哪儿”》，主要从拉斯韦尔的两级传播理论和营销传播的角度分析了其热播的现象。❶

上述研究给出了该节目大热的部分原因，也涉及传播学方面的分析，但仍有不足。本文从该节目的制作元素出发，运用符号学理论，探讨节目元素、制作策略和受众接受、理解等各种关系的统一，即该节目的“编码”与“解码”如何实现的过程。

二、《爸爸去哪儿》的编码分析

编码，指传播者对电视节目构成符号的编制，即制作者根据自己对客观事物的理解赋予符号意义的过程。编码是传播者传达信息的内在体现，也是影响受传者解读信息的外在因素。《爸爸去哪儿》的编码可细分为表层编码和深层编码。

（一）《爸爸去哪儿》的表层编码分析

表层编码是符码编制的基本形式，由此建构的视觉符号和听觉符号构成了一档节目的基本框架。在节目中，除了视觉和听觉符号外，表层编码

---

❶ 宋仁智．从“爸爸去哪儿”看电视节目本土化［J］．新闻世界，2014（2）．赵爽．探讨“爸爸去哪儿”成功的因素［J］．今传媒，2014（1）．陈骞，冯小宁．“爸爸去哪儿”的传播学解读［J］．2014（4）．闭文莲．从传播学角度解析“爸爸去哪儿”［J］．现代交际，2014（1）．

还包括游戏的设计。

1. 视觉符号制作

视觉符号主要是指制作者传达各种可视信息的媒介载体，如图形、图像等。

（1）图像主体的选择。首先，是人物的选择。节目组根据“4～6岁，外形可爱，性格各有不同”的原则在全国所有的“星二代”中选择了台湾演员、职业赛车手林志颖及其子Kimi，西安知名演员郭涛及其子石头，重庆的世界游泳冠军田亮及其女Cindy，以及国际名模张亮及其子张悦轩，导演王岳伦及其女Angela。由于不同的生活背景和文化差异，造就了爸爸们不同的教育理念和孩子们突出的个性特征。比如，黏人萌宝Kimi、爱哭萝莉Cindy、超级甜妞Angela、贴心棉袄张悦轩、暴走爷们儿石头，这些标签式的人物本身就具有冲突性和趣味性，为节目提供了看点和笑料，为受众的解码提供了对象。

其次，地点的选择得天独厚。一个完整的户外真人秀节目单靠光鲜亮丽的明星是不够的，景点作为组成元素也不可或缺。对此，节目组也是煞费苦心。为了保持节目的真实性，节目组坚持既要风景秀丽，又要绕开已经成型的经典，最后选择了6个风景迥异的农村，分别是北京灵水村、宁夏沙坡头、山东鸡鸣岛、云南普者黑、湖南白寺村和东北梅林雪乡。这些以原生态风景为节目背景，既展现普通人平凡的日常生活，也充斥着野外生存活动的刺激感，使得节目更接近观众。将人物选择的明星定位与普通受众之间的距离通过背景中和，赋予了节目人情味，为编码者和解码者基本对等的传播平台奠定了基础。

（2）宣传海报。《爸爸去哪儿》的宣传海报主要由温馨有爱的父子组合画报和趣味盎然Q版动画组成。画报以5对父子为主体，聚焦的是他们或有爱或搞怪的温馨画面，着色鲜艳，制作精美。Q版动画以5对父子为原型，萌化明星形象，营造轻松、温馨氛围，强化了节目效果，为受众解码做了铺垫。

（3）图像制作。一个完整的图像制作过程包括视频拍摄和后期剪辑。由于《爸爸去哪儿》是湖南卫视纪实类节目制作导演谢涤葵和娱乐类节目总策划人洪涛强强联合、共同打造的，所以融合了纪实性和娱乐性并有所创新。也因此，其前期拍摄主要体现纪实性，后期制作则侧重娱乐性。如总导演谢涤葵在接受采访时就强调：

> 《爸爸去哪儿》，它有纪实类节目的特征，也有综艺节目的痕迹，有一些桥段的戏剧化设置又带有故事类节目甚至电影的剪辑手法。❶

在前期拍摄中，节目组采用了纪录片的拍摄方式，有40多个机位、100余名工作人员，对父子们在农村的日常生活进行24小时的跟踪拍摄，弱化了把关人的作用，如节目中爸爸郭涛换裤子都要用衣服遮住镜头。这说明《爸爸去哪儿》的编码者对素材的摄取比较客观、真实，很少有人为的过滤，使得观众的被尊重感瞬间生发。这些看似弱化了把关人作用的、粗糙的原生态镜头一出场，就博得了受众的好感与信任，给他们的接收铺下了通道。这无疑是制作组对纪实性节目编码的一大创新。

而后期制作阶段，编码者对已获得的符号进行创造性的意义赋予。这种创造性是编码者综合其知识结构、操作技术、职业观念以及社会制度等因素对原材料进行的排列组合。在这期间，编码者的思维定式决定了节目的质量。在节目中，则表现为蒙太奇手法的广泛运用。节目组围绕父子亲情、趣味互动的主题，以时间为主线，每3个大故事中穿插1个小故事，将不太完整的情节链接起来，尽可能体现浓郁的父子亲情。比如，当节目中的父子出现矛盾冲突或温馨的场景，接着的画面就是爸爸对当时情景的解说。这样的剪辑，通过镜头以互补解释的形式把编码者的选择告诉观众，避免单一的线性组接造成传播阻碍。

具体到娱乐性，《爸爸去哪儿》剧组深谙保持持续吸引力的影视叙事规则，每隔3分钟就插入一个兴奋点。因此，除精准地捕捉到亲子互动过程中的每一个笑点和泪点外，还通过后期的剪辑合理设置，突出节目的娱乐效果。这种合理设置主要体现在剪辑中，通过交叉使用对比剪辑、平行剪辑、交叉剪辑、对立剪辑、快慢镜头、叠印画面、分割画面等方式，使节目呈现出类似于电影的艺术张力。比如，看到爸爸落水后王诗龄痛哭，几秒钟后田亮落水王诗龄又瞬间止哭的爆笑点，就是将河面上爸爸们的比赛场景与河岸上宝贝们观赛的反应穿插在一起进行平行剪辑，产生了交相呼应的

---

❶ 谢涤葵．我和真实贴得比较近［J/OL］．综艺报，2014（4）：4~7.

对比效果，以至于豆瓣影评上出现了“田亮落水，王诗龄瞬间止哭”的热门讨论话题。从这点来看，受众对符号意义的解读与编码者的目的达到了基本统一。就拍摄和剪辑而言，这种真实记录与适度加工的完美结合，为受众营造了真实感与戏剧感交错共生的收视体验，为他们的正面解码提供了可能。

(4) 字幕制作。总体来看，该节目的字幕配制点睛，动漫设计幽默。据笔者调查，字幕配制绝对是《爸爸去哪儿》的闪光点。❶ 节目组后期负责人姜佳就解释说：

> 因为字幕需要轻松幽默还得熟悉网络语言，因此节目组挑选了一个比较有想法的年轻编导带着三个实习生负责字幕的制作，平均为一期节目从撰写到添加字幕需要三天时间。❷

这样的制作分工迎合了时尚潮流，体现了时代性。其中，字幕和各种符号的运用，是对被录者的语言、动作和内心独白的二次加工及外显。由此，再一次突出了人物关系，增添了节目的故事情节和戏剧效果，弥补了单调记录的不足。比如在第一集，Kimi 不愿意上交玩具小黄时，字幕组就配以 Q 版小狗和“至亲”的字样，这种组合瞬间笑点倍增。此外，伴随字幕出现的动漫表情添加得也很到位。如在沙坡头找食材时，Cindy 口中念念有词“葫芦娃”，伴随字幕出现的是 Q 版的葫芦娃。诸如此类的还有很多，既衔接了故事情节又营造了轻松愉悦的氛围，方便了受众解码。

2. 听觉符号的制作

听觉符号是指影片中出现的各类有声语言，如配乐、现场同期声、音响特效等。具体到《爸爸去哪儿》中，主要有播音语言、现场同期声以及配乐。

(1) 播音语言：主持人非引导式交流，旁白配音解释性说明。鉴于《爸爸去哪儿》独特的制作理念，弱化主持人成为这一节目的最大特色。主持人李锐出镜的时间并不多，基本上只是在开场、游戏主持、与孩子互动等环节。这种不同于“后选秀时代”快语速、相声式的主持风格，其亲切

---

❶ 详参见文末附录 2 第 11 题。

❷ 王瑞兰．“爸爸去哪儿”制作全程大起底 [DB/OL]． [2013－10－28]．http://news.k618.cn/yl_37061/201310/t20121028_4098478_2.html.

幽默的语气适合与孩子交流。同时，为避免弱化主持人造成受众对内容的误解，节目组以旁白配音作为补充。比如，每一集开始会有几秒钟对赞助商“999 小儿感冒灵”的旁白介绍。此外，根据情景需要还会配置一些说明性的文字及配音，如介绍某集拍摄地点的旁白、对游戏规则的解释等。这种主持人加旁白的设置，既丰富了声音源又突出了嘉宾的主导作用，为受众的正确解码提供了保障。

（2）现场同期声：人物语言风格多样，环境音响切入恰当。人物语言主要以5对父子为主，收入的是爸爸们或吴侬或港台或京味儿的发音和孩子们特有的、稚嫩的表达。最明显的是林志颖和Kimi的台湾腔，尤其是Kimi软糯糯的“爸比”叫法，一时间风靡全国，俘获了大批女性观众。田亮变味儿的英文发音也极具特色。这些风格特异的声音丰富了节目的音响效果。在同期声剪辑中，环境噪声的切入也是一大亮点。每一期的环境特写中都融入了动物的声音，如知了的叫声、青蛙的叫声、风声、狗吠、羊咩咩等，不胜枚举。这种乡村元素的加入，无形中拉近了编码者与解码者的心理距离。同时，在同期声的处理方面，还将人物语言和环境音响进行了合理、成功的搭配。

（3）配乐：主体音乐质朴、点题，背景音乐应景、搞笑。《爸爸去哪儿》同名主题曲新歌首发就迅速占据酷狗新歌排行榜前三的位置，对节目的宣传绝不亚于海报。主题曲是由《爸爸去哪儿》节目组制作，由5对父子共同演唱，曲风质朴，内容感人。其中稚嫩的童音、父子对话式的演唱风格也为节目加分不少，更是深得观众的青睐，成为节目的一大标志。

配乐中最突出的亮点，当属背景音乐。《爸爸去哪儿》的背景音乐多选用轻快、多元、应景、合题的乐曲。如在灵水村，大家一起推石磨时的背景音乐是《星际流浪》；张亮大展料理身手时，观众听到的是《大长今》的主题曲，等等。这些节奏欢快的背景音乐契合了画面中的情景，让原本平凡的镜头立刻鲜活，笑料猛增。

3. 游戏的设计

《爸爸去哪儿》的游戏设计，围绕简化游戏难度、放大感性因素、突出父爱这条线索进行。传统的户外真人秀节目在设计游戏时，一般采取西方经典的真人秀叙事模式，将人物放在特定的情境中去接受挑战。而《爸爸去哪儿》不同于这种模式，因为其韩国摹本在游戏设计上就重情感渲染、轻游戏难度。因此，建构在此模式上的《爸爸去哪儿》将比赛结果一笔带过甚至忽略不计，将关注点聚焦在游戏过程中亲子间的情感互动，以引导观众将目光集中到父子和群体之间的关系维系上。这样的设计，实现了情感渲染的最大化，弱化了比赛机制，赋予了游戏超越其本身的意义，成为亲子间情感交流的媒介，减少了受众解码过程中可能出现的主题多元化。

（二）《爸爸去哪儿》的深层编码分析

深层编码是编码者对已编制的表层符号进行排列组合，赋予符码意义。与表层编码相比，深层编码是《爸爸去哪儿》的编码者所要传播的核心内容。

1. 深层主题设置

总导演谢涤葵在接受采访时透露：

> 这是一档走心的节目，是对中国长期“女主内，男主外”文化中存在“父亲角色失位”的重新审视。❶

《爸爸去哪儿》以“父爱”为主题，聚焦现阶段中国青少年成长过程中严重缺失父爱的现象。节目中呈现的所有符号都是为这个主题服务的。节目组将摄像机对准明星及“星二代”，借助父子二人的旅行，让一直以来对照顾孩子望而却步的爸爸迈出第一步。整个第一季让观众看到了爸爸们的艰难转型，也看到了他们的努力和进步，更看到了一幅幅越来越和谐的父子关系图。通过这一幅幅图画，对长久以来固化的、中国的父亲形象进行了全新的解读，引发了受众对亲子关系和孩子教育的思考，让观众在解码的过程中加入了更多的自身体验和感情因素。

2. 角色符号定位

在日常生活中，人们在不同阶段、不同场合所扮演的角色不尽相同。在家庭这个集合体中，每个成员扮演着不同的角色，并随着时间的推移而发生变化。一个父亲、丈夫/母亲、妻子几年前可能是还儿子/女儿。这种变化对一个家庭至关重要，家庭矛盾的产生很可能就是因为某一个体没扮演好自己的角色，严重的甚至会造成家庭破裂。如何印证自己扮演的角色

❶ 何源亭．荧屏“爸爸秀”引发幼教热议［N］．东方早报，2013-10-24（B02）．

是否合适，或者如何来完善自己，被公认为正确的行为对象便成为参照的标准。

《爸爸去哪儿》中的5位爸爸都有着较高的知名度和影响力，他们的一言一行都会成为观众模仿的对象。电视机前的观众，尤其是年轻的父母，在观看过程中就会自觉不自觉的模仿、对比、学习，将认同的部分内化为自己的行为准则，扮演好自己的角色，构建出和谐美满的幸福家庭。这也就是导演谢涤葵所说的“最好的节目是实现口碑和收视双赢，并能够对社会某个群体产生正面影响”。❶ 由此，明星角色成了《爸爸去哪儿》的代表性符号。

3. 节目展现策略

总导演谢涤葵认为，“好的娱乐节目首先要好看，不能面目可憎”，❷ 即娱乐节目要具有娱乐性。这一点在节目制作过程中得到了体现。《爸爸去哪儿》节目组在制作过程中广泛采用了各种娱乐符号，不管是视觉元素还是听觉元素，都主要以娱乐的形式呈现。最突出的是字幕，被网友戏称为“神字幕”。由这些符号组成的节目自然就不乏娱乐效果。同时，5位爸爸在节目中退去了明星光环，面对一些问题也会措手不及。如王岳伦3次给女儿扎头发都失败了，不得不求助于摄像人员；林志颖一边生火做饭一边冲奶，手忙脚乱。这些回归普通人的窘态与他们以往高高在上的明星形象对比鲜明，娱乐效果瞬间生发。

三、《爸爸去哪儿》的解码分析

在电视传播中，解码可理解为观众解读节目制作者所传达的信息的过程。在这个过程中，由于观众不同的生活背景和知识经验，对同一信息的解读会出现两种乃至多种结果。斯图亚特·霍尔根据社会和阶级背景的不同将观众的解码立场划分为三种：一是支配、霸权立场；二是妥协立场；

❶ 张明宇. 好的娱乐节目是实现口碑和收视双赢——专访“爸爸去哪儿”总导演谢涤葵［DB/OL］.［2013-12-28］. http://finance.people.com.cn/n/2013/1228/c70846-23967255.html.

❷ 许青红. 明星爸爸去哪儿都好使［N］. 京华时报，2013-10-28（A33）.

三是对立、抗衡立场。❶ 通过对《爸爸去哪儿》的目标受众接受情况的分析，结合其表层解码和深层解码，可以得出结论：受众对该节目的解读属于第二种，即妥协立场。

（一）《爸爸去哪儿》的表层解码分析

表层解码就是观众对传播者传来的信息的接收。在这个过程中，观众无须挖掘符号的深层内涵，只要能接触到电视传播的文本符码（影片中的声音、语言、图像及其他符码）就算完成。具体到《爸爸去哪儿》，就是观众通过收看几期节目，知道《爸爸去哪儿》是什么。根据媒介平台的不同，受众对《爸爸去哪儿》的表层解码可分为中心式解读和分布式解读。

1. 中心式解读

在电视传播中，受众对节目的解读主要基于电视媒介。那些最重要的播出平台在某种意义上就成为权力中心，它们控制着节目的传播，也控制着观众解读节目的广度和深度。因此，受众围绕某一单一平台解读节目的方式被称为中心式解读。

按照这种解读方式，以湖南卫视为播出平台的《爸爸去哪儿》，其目标受众可以是湖南卫视的"粉丝群"。这里的"粉丝群"主要指喜欢湖南卫视其他栏目的观众，如快乐大本营、天天向上等。《爸爸去哪儿》则在节目播出之前利用这些已成型的品牌栏目进行宣传，将其他栏目的观众群转移、过渡成本节目的目标受众。这一群体的接收情况直接反映出《爸爸去哪儿》表层解码的完成程度。从节目播出第1期到第12期，据央视索福瑞调查显示，其收视率一直排名全国第一。❷ 可以说，观众对它的表层解码完成得很到位。

2. 分布式解读

在新媒体时代，尽管以电视媒介为支柱的单一节目的播出平台在多元媒介的冲击下呈现出分裂的特征，但"权力中心"依然存在，由此衍生出的其他媒介依然控制着电视节目的传播和扩散。在此基础上，形成了观众

---

❶ 邹威华．斯图亚特·霍尔的文化理论研究［M］．北京：中国社会科学出版社，2014：268～270.

❷ 详参文末附录3。

对电视节目的分布式解读。

《爸爸去哪儿》的分布式解读主要基于传播平台的多渠道化，其高清、立体的节目画面也适应了新时代下受众的多元化需求。为了尽可能地扩大其受众范围，湖南卫视通过对传播策略的多元整合，实现了电视、院线、手机应用、视频网络等媒体多渠道、全方位、立体式的覆盖和传播，不断吸引着受众的注意力。

例如，节目组为《爸爸去哪儿》的参赛嘉宾拍摄了风格各异的宣传海报、宣传片以及主题MV，在各大媒体、多个时段滚动播出；为配合近百家媒体的宣传报道，还在首都机场全天候滚动播放《爸爸去哪儿》的宣传片。同时，除了开设官方微博和微信发布最新动态外，节目组还利用参赛明星的特殊身份挖掘其背后的“粉丝”和他们身边的明星朋友，更好地促进了节目的二次传播。此外，《爸爸去哪儿》还采用了丰富的互动形式——“院线+呼啦APP+视频网络”，并联合国内各大视频网站同步直播，以期让所有观众都感受到电视屏、院线屏、手机屏、电脑屏4屏联动的魅力。

无论是人际传播还是社交媒体和新媒体传播，这些措施实现了《爸爸去哪儿》的受众全覆盖、零遗漏，使其迅速上升为各搜索引擎的头号关键词。笔者据调查得知，约一半以上的受众是通过各类媒体的报道和朋友推荐知晓该节目的。[1]

（二）《爸爸去哪儿》的深层解码分析

深层解码是观众对信息符码深层含义的解读、理解和反馈，是编码者与解码者世界观和意识形态的交流。只有完成深层解码，才能实现一个完整的大众传播过程。对《爸爸去哪儿》的深层解码即观众对该节目深层编码的接受和实践。

《爸爸去哪儿》在制码阶段就希望通过寓教于乐的形式使受众在消遣娱乐、舒缓解压的同时思考家庭关系和儿童教育。从传统媒体和新媒体有关《爸爸去哪儿》的话题发酵来看，观众对该节目的深层含义进行了深入的挖掘。

---

[1] 详参文末附录2第4题。

1. 在娱乐中接受

《爸爸去哪儿》在真实摄制的基础上融入娱乐元素，满足了观众在快节奏生活压力下对娱乐的渴求。节目力图让观众在轻松愉悦的状态下接受，同时，也使其深层主题在不知不觉中渗入人心。

在豆瓣网上就出现了很多评论，类似于网友 Never - land 所说：

> 从秋天到冬天，两个月多，12 期节目的陪伴，带给我们太多的欢笑和感动。每周五晚和家里人一起看《爸爸去哪儿》也成了固定的节目，一期都没有落下。❶

这是受众从自身情感需求的角度解读的，他们的“欢笑和感动”源自对节目深层的理解和接受。

2. 被唤回的父亲

节目中的娱乐环节为受众的深层解码提供了契机，当明星爸爸们在镜头前努力展示他们如何回归父亲的角色时，也唤回了屏幕前千千万万父亲的父爱和责任感。

《爸爸去哪儿》的标题就别有深意：爸爸去哪儿——爸爸到底去哪儿了？这实际上是对那些忙于养家糊口、很少有时间陪孩子的爸爸们的发问。在笔者的随机采访中，一位爸爸就曾这样感叹道：

> 我儿子都 10 岁了，但我好像今天才懂得，儿子是这么需要我。我现在还是不知道儿子的想法，觉得我这个爸爸当的有些不称职。

节目以比赛的形式让明星爸爸们照顾孩子、洗衣做饭、替代母亲的角色，是对传统的“男主外，女主内”模式的颠覆。爸爸们不同的教育方式也引发了亲子教育大讨论，如网友“康三三”说：

> 以前总觉得到处都是熊孩子，看完了第一集才发现，其实熊孩子哪家都有，就看家长怎么教育了。很喜欢各个小朋友，也喜欢爸爸们做爸爸的方式——虽然各有不同，但是有一点是一样的：和孩子做朋友比打骂永远来的有效。也突然好想有个自己的熊孩子，看他/她一天天长大。❷

---

❶ 详参文末附录 1（8）。
❷ 详参文末附录 1（9）。

3. 亲情的增进

受众从父爱教育的角度对《爸爸去哪儿》的解码并非仅限于此，而是在此基础上，由感动上升到对家庭生活乃至社会责任的思考。其中，家庭关系中的核心——夫妻关系由此得到比以往更多的关注。

这主要表现为大多已为人父的爸爸们对妻子的敬佩。尤其是节目中郭涛对妻子诚挚地感谢后，好多爸爸都在微博、QQ空间感谢妻子。在笔者的随机采访中，一位郑先生抱着1岁多的孩子说：

> 好久没有带过儿子，一般都是老婆带着，这突然让我来带，真的措手不及。每天要给孩子冲奶粉、换尿布，现在才知道老婆真的不容易呀，明天一定要好好感谢她。

而由此引出的对亲情的诠释还不止如此，儿女们对爸爸也有着一直未说出的爱。在笔者的采访中，还是学生的小王就说：

> 跟节目中的几个小孩一样，小时候我也会缠着爸爸闹。一转眼爸爸已经白了头发，花了眼睛。我爱你，爸爸！

正是节目星爸平民化的拍摄视角和真实自然的表现手法，引出了儿童教育中父爱缺失的思考和对家庭关系、亲情的经营。这种解码方式已超出了编码者的期待，是受众对编码者预设主题的升华。

4. 受众对编码的超越

《爸爸去哪儿》给观众呈现了"亲子教育"，让观众感受到了节目中的娱与寓，感受到了亲情的重要，但观众在解读的过程中却超越了编码者的预设，依据其生活背景、知识结构赋予了节目更多的内涵。有网友评价：

> 很有意思的节目！孩子是天真的，孩子的表现都直接反映了家庭大人的面貌，是家庭大人的一面镜子。❶

这种"镜子"论显然超出了制作者的初衷。作为一档真人秀节目，虽崇尚"真"，但距真实还是有一定的距离，而且节目中所呈现的内容始终在制作者设定的范围内——不管是孩子还是爸爸，都只是演员，比传统意义上更接近自身的演员。而观众会做出这样的解读，完全是在其生活经验的基础上总结出来的。

---

❶ 详参文末附录1（10）。

由于受众的复杂性及其兴趣爱好、生活经历的多样性，面对同一节目，就会有各种各样的解读。同时，因节目效应而出现的微博“刷屏”、景点走红、“爸比”语体的兴起、淘宝网相关物品的热销等，也让“爸爸产业链”开始形成，引发了人们的对比式思考。这些都说明，受众在解码过程中占据着主导地位。而正是这种充满争议的、超越性的解读，才让这档娱乐性节目有这么大的活力与生命力。

四、结　语

湖南卫视于2013年10月推出大型野外生存真人秀亲子类娱乐节目《爸爸去哪儿》带给了观众不一样的视觉体验。节目编码一改传统亲子类节目单一的兴趣元素，在编制中加入了多元符号系统，聚焦社会主题，将我国现阶段的家庭、亲情关系以独特的编码方式展现，寓教于乐，让观众看到了“父子关系”，思考“孩子教育”。编码者独特的编码方式、合理的角色建构、平民化的拍摄视角呈现了高质量的节目内容，为受众的成功解码提供了条件。

受众对《爸爸去哪儿》的接受是一个解码的过程。他们通过电视、网络、手机等媒体平台完成了节目的表层解码，了解了节目的基本信息和内容。在深层解码的过程中，首先，伴随着娱乐心理的满足，受众达到了情感上的共鸣；其次，受众深入体会到节目的深层主题，开始认识并增进父爱和家庭亲情的实践；最后，受众从娱得意，摆脱固定思维，超越“父子”“亲情”等主题元素，上升到“角色定位”“人生得失”的主题解读。这些引申式的解读，让受众摆脱了解码过程中的从属地位，占据了主导地位。

可以说，《爸爸去哪儿》的制作和接受是一个编码和解码的过程；正是这种编码者与解码者在意义上的碰撞和统一，才是该节目成功的原因。

【参考文献】

[1] 郭庆光．传播学教程［M］．北京：中国人民大学出版社，2011.

[2] 谷良，刘勇正．爸爸去哪儿［M］．长沙：湖南文艺出版社，2014.

［3］周传基．电影、电视、广播中的声音［M］．北京：中国电影出版社，1991.

［4］尹鸿．娱乐旋风——认识电视真人秀［M］．北京：中国广播电视出版社，2006.

【附录1：观众评价选录】

1. 么么的小白：“5小孩选得太好了，个性鲜明。不愧是变形记团队交出来的答卷，狂点10亿个赞。”（2013－10－12）

2. http：//movie. douban. com/people/daimirror/马路：“没有胡言乱语的主持人，没有奇形怪状的嘉宾，没有恶意搞笑的游戏，却能让人笑到哭的综艺节目。要看!”（2013－10－14）

3. http：//movie. douban. com/people/64813784/独省：“作为被全能老爸带大的孩子表示，超级真实好看。爸们的囧，娃们的萌，相映成趣，自然不做作。”（2013－10－14）

4. 姜小鱼：“看了几集，再也看不下去了。100人的团队，去人家村子浩浩荡荡的糟蹋东西＋破坏生态平衡……”（2013－11－27）

5. 五公子子子子子：“题材挺好，拍得太烂。不单是技术差，意识和节奏差导致一个好题材显得很无聊。”（2013－10－18）

6. http：//movie. douban. com/people/meiyang/meiya：“虽然该节目的原版模式购自韩国MBC电视台的《爸爸！我们去哪儿?》但是还是觉得节目非常有创新和价值。关注亲子关系和儿童成长，内容制作精良，几个明星爸爸和孩子都选择得比较有特色。好吧，我喜欢田亮的女儿森碟!”（2013－10－27）

7. http：//movie. douban. com/people/56237449/蒙太奇：“小朋友是很可爱没错，但是考虑到他们个人的成长，我还是对拿小朋友做消遣这件事持否定态度。在媒体的监视下，他们有一天是否会后悔终身失去自由的代价，而这一切并不是他们有能力选择的。”（2013－11－27）

8. http：//movie. douban. com/people/Never－land－lee/Never－land：“从秋天到冬天，两个月多，12期节目的陪伴，带给我们太多的欢笑和感动。每周五晚和家里人一起看《爸爸去哪儿》也成了固定的节目，一期都

没有落下。喜欢天天，喜欢石头，希望下一季还能再见。”（2013－12－28）

9. 康三三：“以前总觉得到处都是熊孩子，看完了第一集才发现，其实熊孩子哪家都有，就看家长怎么教育了。很喜欢各个小朋友，也喜欢爸爸们做爸爸的方式——虽然各有不同，但是有一点是一样的：和孩子做朋友比打骂永远来的有效。也突然好想有个自己的熊孩子，看他/她一天天长大。”（2013－10－18）

10. http：//movie. douban. com/people/pinky78827/pinky：“很有意思的节目！孩子是天真的，孩子的表现都直接反映了家庭大人的面貌，是家庭大人的一面镜子。”（2013－10－29）

【附录2：关于“爸爸去哪儿”第一季观众满意度的问卷调查表】

调查人：王瑞兰　时间：2015年2月21日　调查方法：网络问卷调查

开始时间：2015－2－20　结束时间：2015－2－21　样本总数：300份

第1题（单选题）您的性别是：

选项	小计	比例
男	100	33.33%
女	200	66.67%
本题有效填写人次	300	—

第2题（单选题）您是否看过亲子类互动真人秀“爸爸去哪儿”？

选项	小计	比例
是	262	87.33%
否	38	12.67%
本题有效填写人次	300	—

第3题（单选题）您向他人推荐过“爸爸去哪儿”吗？

选　项	小　计	比　例
是	181	69.08%
否	81	30.92%
本题有效填写人次	262	—

第4题（多选题）您是如何知晓并开始观看“爸爸去哪儿”的？

选　项	小　计	比　例
广告推荐	81	30.92%
朋友介绍	139	53.05%
媒体报道	152	58.02%
通过关注参加的明星而知晓	63	24.05%
看过韩国节目	15	5.73%
因是湖南卫视忠实粉丝而关注	32	12.21%
其他	25	9.54%
本题有效填写人次	262	—

第5题（单选题）您的观看频率是？

选　项	小　计	比　例
每期都看	112	42.75%
挑感兴趣的几期看	74	28.24%
看过前期、后期没看	31	11.83%
看过片段	38	14.5%
其他	7	2.67%
本题有效填写人次	262	—

第6题（单选题）您认为以下因素中影响您对“爸爸去哪儿”满意度最大的是？

选　项	小　计	比　例
节目内容	184	70.23%
宣传	20	7.63%
制作	41	15.65%
其他	17	6.49%
本题有效填写人次	262	—

第7题（量表题）该节目设计了有益于促进亲子交流的游戏和活动

（本题平均分：4.1）

选　项	小　计	比　例
完全不同意	2	0.76%
不同意	4	1.53%
一般	43	16.41%
同意	129	49.24%
完全同意	84	32.06%
本题有效填写人次	262	—

第8题（量表题）该节目播出期间在微博、微信等社交平台上发布话题引发网友讨论

（本题平均分：3.98）

选　项	小　计	比　例
完全不同意	2	0.76%
不满意	9	3.44%
一般	49	18.7%
满意	134	51.15%
完全同意	68	25.95%
本题有效填写人次	262	—

第9题（量表题）该节目播出期间推出的手机游戏等周边节目，会引起观看欲望

（本题平均分：3.1）

选　项	小　计	比　例
完全不同意	24	9.16%
不满意	47	17.94%
一般	94	35.88%
满意	72	27.48%
完全同意	25	9.54%
本题有效填写人次	262	—

第10题（量表题）该节目通过参与明星的转发得到广泛传播（本题平均分：3.79）

选　项	小　计	比　例
完全不同意	3	1.15%
不满意	18	6.87%
一般	67	25.57%
满意	117	44.66%
完全同意	57	21.76%
本题有效填写人次	262	—

第11题（量表题）该节目的配图文字选择了萌萌的可爱字体，富有童趣（本题平均分：4.11）

选　项	小　计	比　例
完全不同意	1	0.38%
不满意	8	3.05%
一般	37	14.12%
满意	130	49.62%
完全同意	86	32.82%
本题有效填写人次	262	—

第12题（量表题）该节目的配乐随着情景变化而变化，让观众身临其境（本题平均分：3.81）

选　项	小　计	比　例
完全不同意	1	0.38%
不满意	17	6.49%
一般	72	27.48%
满意	112	42.75%
完全同意	60	22.9%
本题有效填写人次	262	—

第 13 题（量表题）该节目的剪辑突出了亲子间互动的萌点（本题平均分：4.01）

选项	小计	比例
完全不同意	2	0.76%
不满意	11	4.2%
一般	49	18.7%
满意	121	46.18%
完全同意	79	30.15%
本题有效填写人次	262	—

第 14 题（多选题）您不观看"爸爸去哪儿"的原因是？

选项	小计	比例
对亲子类节目不感兴趣	28	70%
不喜欢其中某明星	2	5%
对湖南卫视印象不佳	8	20%
看过韩国节目而对中国节目的制作质量不放心	2	5%
没时间	16	40%
其他	7	17.5%
本题有效填写人次	40	—

【附录 3："爸爸去哪儿"第一季收视率】

收视情况

由CSM索福瑞调查，调查范围是四岁以上收看电视的观众.数据由央视索福瑞全国网、46城、48城测量仪提供。

	播出日期	收视率	收视份额	全国排名	收视率	收视份额	全国排名
收视率类别		全国网收视率			城市网收视率		
第一期	2013年10月11日	1.11	7.67	1	1.423	6.74	1
第二期	2013年10月18日	1.67	11.45	1	2.588	11.53	1
第三期	2013年10月25日	1.80	13.47	1	3.116	14.43	1
第四期	2013年11月1日	2.16	13.70	1	3.471	15.26	1
第五期	2013年11月8日	2.13	14.47	1	3.851	16.73	1
第六期	2013年11月15日	2.30	15.92	1	4.024	18.16	1
第七期	2013年11月22日	2.69	18.37	1	4.748	20.68	1
第八期	2013年11月29日	2.81	18.51	1	4.760	21.11	1
第九期	2013年12月06日	2.90	18.68	1	4.980	22.12	1
第十期	2013年12月13日	3.21	20.37	1	5.300	23.22	1
第十一期	2013年12月20日	3.40	21.41	1	5.008	22.16	1
第十二期	2013年12月27日	3.64	22.45	1	4.916	22.06	1
平均收视		2.85	18.52	1	4.671	20.98	1
注：		本综艺节目为2013年综艺节目收视率最高[2]					

评系列电影《叶问》

■ 袁 武*

以叶问为主角的电影已推出5部：甄子丹主演的《叶问》《叶问2》，邱礼涛执导的《叶问前传》《叶问：终极一战》，王家卫执导的《一代宗师》。据说，甄子丹主演的《叶问3》即将在2015年年底上映。

之前，对甄子丹没有多少印象，是看了他主演的叶问后才喜欢上他，发觉原来他演过很多电影。虽然觉得他在别的电影中武打的场面血腥了一点，但在两部《叶问》中，武打不仅不暴力，反而很过瘾。可能是因为这个年代，不要说中国，就是别的国家也很难出英雄，所以人们特别渴望英雄。在现实生活中难以找到，就到文学、艺术作品中去寻找。也正因为他演了这位现实中确实存在过的英雄，让我们对他充满了好感。但尽管如此，还是觉得他演的叶问缺了点什么，和心中的大侠有一点差距。

最近，看了邱礼涛执导的《叶问：终极一战》，黄秋生演的叶问确实是大侠风范。原来也看过很多黄秋生演的电影，觉得不错，但可能因为他都不是主角，所以也没有特别关注。这回看了他演的叶问，那演技真是好。当然，这也和导演有关。邱礼涛作为香港的知名导演，不用我在这里啰唆介绍。他爱拍小成本电影的风格在他的两部《叶问》中都有持续表现。《叶问前传》在大部分写实的基础上，编了一个老套的故事，但还不错。而《叶问：终极一战》就达到了很高的高度了。简约、洗练，好像周氏兄弟的白话散文，是艺术的一流境界。黄秋生的出演完全实现了导演的意图，并

---

* 袁武（1968～），男，贵州天柱人，文学博士，贵州财经大学文化与法律学院副教授，研究方向为中国俗文学。

且增添光彩。他演的叶问大气、朴素，展现出了地地道道的大师风采。这些，都通过电影中质朴而富有深意的语言、简洁有力的动作和演员炯炯有神的目光表现了出来。邱导的这部电影基本上忠实于史实，通过淡中出奇的电影语言，把一个乱世中自甘淡泊却又卓立不凡的奇男子形象展现在我们面前，令我们大饱眼福。

叶问的走红，让国际级大导演王家卫也参与进来，而他就风格就迥异了。他以一贯的华丽风格、一贯的男主角帅哥梁朝伟，讲述了他一贯的男欢女爱的故事。可能是借鉴了《黑客帝国》中用水珠、雨线来表现武打的场面，他更加强化了武打的视觉效果，使这种本来“来无踪去无影”的“功夫”更加清晰可见。这部电影就像他以往的很多作品一样的华美、好看。但究其实质，这并不是一部武侠片，而是一部王家卫一贯的爱情电影；梁朝伟演的也不是一代宗师，而是一个多情男。

《文化论丛》征稿

文化作为人类生存样式及其产品的总和是一个外延极广的概念，而文化研究也正在成为一个被越来越多学者所关注的人文与社会众多学科共建的开放性学术领域。鉴于此，贵州师范学院文学院、贵州民族审美文化研究所推出一份以文化研究为主题的学术刊物——《文化论丛》。

《文化论丛》秉持“追求真理，交流创新”的学术理念，确立“特色学科与多学科共建”的学术定位，以文化研究为主题，设立“黔地文化”“民族民间文化”“中国传统文化”“外国文化与文化比较”“现代文学与文化”“现代传媒与文化”“理论前沿与文化热点”等栏目。

本刊突出贵州地方文化研究，设有专栏“黔地文化”。该栏目下设三个子栏目（“文学研究”“民族艺术与审美文化研究”“民俗研究”），以彰显本刊在民族文化和地方文化研究方面的特色。欢迎广大学界同仁不吝赐稿。

本刊接受的稿件可以是研究论文、评论论文、研究纪要，也可以是田野调查报告、结合理论诠释与评论的影像论文、重要学术思想或人物的专题访谈、书评、影评、社会热点问题或重大事件评论等。

来稿请将邮件主题命名为“作者姓名 + 文章题目”，发送至邮箱：wenhualunc@163.com

投稿注意事项：

一、紧扣本刊主题，观点明确，文字精练，遵循学术规范，具有创新性。文责自负，严禁抄袭。

二、为方便编辑，来稿请一律采用 Word 格式电子文档，通过电子邮件以附件形式发送到本刊邮箱。

三、稿件应包括：题目、作者、摘要、关键词、正文、注释等。文后请附作者简介，包括姓名、出生年月、性别、民族、籍贯、单位、职称、学位、研究方向。

四、文章具体排版格式请参考附件 1，参考文献一律列于文后。

五、本刊将视情况对文稿进行修改，如不同意修改，请在来稿时注明。因编辑工作量较大，请作者自留底稿，恕不退稿。

附件1：《文化论丛》征稿稿件格式

论××××××××××××*

张　三　李雷雷**

【摘　要】在中国当代文学史上，××××……

【关键词】××　×××　××××……

一、××××

汪××❶的作品数量不多，××××……（正文，五号，其他层级请作相应调整）

（一）××××

他有着深厚的中国古代文化和民间文学的修养……

1. ×××的影响

（二）××××

……

二、××××

……

五、结　语

……

注释格式（文中注释一律采用脚注形式），如：

①毛峡，丁玉宽．图像的情感特征分析及其和谐感评价［J］．电子学报，2001（12）：55.

②刘国钧，王连成．图书馆史研究［M］．张三，译．北京：高等教育出版社，1979：65.

③张和生．地质力学系统理论［D］．太原：太原理工大学，1998：42.

……

---

* 项目说明（若无，则本项从略）。如：贵州省哲学社会科学一般项目（项目号：××××）。

** 张三（19**～），男，贵州贵阳人，文学硕士，贵州师范学院文学院教授，研究方向为当代文学。

❶ 汪××，当代作家……